有问题，就找问答精灵！

新媒体时代网络营销实战系列丛书

新媒体
营销教程

黑马程序员 / 编著

人民邮电出版社

北京

图书在版编目（CIP）数据

新媒体营销教程 / 黑马程序员编著. -- 北京 ：人
民邮电出版社，2017.9（2021.6 重印）
（新媒体时代网络营销实战系列丛书）
ISBN 978-7-115-45875-9

Ⅰ. ①新… Ⅱ. ①黑… Ⅲ. ①网络营销－教材 Ⅳ.
①F713.365.2

中国版本图书馆CIP数据核字(2017)第176036号

内 容 提 要

本书在细述新媒体营销理念与规则的基础上，结合实例深入探讨新媒体营销的具体策略与方法。通过对本书的学习，读者能够掌握新媒体营销的基本知识，并将这些理论知识应用到实际工作当中。

全书共 7 个模块，模块 1 "新媒体营销概述"，主要讲解新媒体和新媒体营销的概念、内涵、特征、作用、趋势等相关知识；模块 2 "微博营销"，主要讲解微博营销的概念、内涵、优势等基础知识，以及企业微博运营和企业微博推广；模块 3 "微信营销"，主要讲解微信营销的基础知识、企业微信营销认知、微信公众平台攻略、企业微信运营与推广、微信运营数据分析及第三方平台使用攻略等；模块 4 "APP 营销"，主要讲解 APP 营销的基础知识、APP 营销模式、APP 运营活动策划和APP 推广；模块 5 "社群营销"，主要讲解社群营销的基础知识、如何搭建社群和社群运营；模块 6 "新兴自媒体营销"，主要讲解自媒体的基础知识、资讯媒介营销、网络直播营销和网络电台营销；模块 7 "户外新媒体营销"，主要讲解户外新媒体的基础知识、户外 LED 营销、楼宇新媒体营销和移动车载新媒体营销。读者通过这 7 个模块的学习能掌握不同平台的营销策略与方式。

本书配套资源包括教学 PPT、题库、教学视频、教学补充案例、教学设计等相关资源。为了帮助初学者及时解决学习过程中遇到的问题，本书还提供专业的在线答疑平台，以帮助学生更好地学习和掌握这些知识。

本书既可作为高等院校本、专科相关专业的网络营销课程的教材，也可作为网络营销推广的培训教材，是一本适合初学者阅读与参考的读物。

◆ 编　　著　黑马程序员
　　责任编辑　范博涛
　　责任印制　焦志炜
◆ 人民邮电出版社出版发行　　北京市丰台区成寿寺路 11 号
　　邮编　100164　电子邮件　315@ptpress.com.cn
　　网址　http://www.ptpress.com.cn
　　山东华立印务有限公司印刷
◆ 开本：787×1092　1/16
　　印张：14.75　　　　　　　　　2017 年 9 月第 1 版
　　字数：365 千字　　　　　　　2021 年 6 月山东第 7 次印刷

定价：35.00 元

读者服务热线：(010)81055256　印装质量热线：(010)81055316
反盗版热线：(010)81055315
广告经营许可证：京东市监广登字 20170147 号

本书的创作公司——江苏传智播客教育科技股份有限公司（简称"传智教育"）作为第一个实现 A 股 IPO 上市的教育企业，是一家培养高精尖数字化专业人才的公司，公司主要培养人工智能、大数据、智能制造、软件、互联网、区块链、数据分析、网络营销、新媒体等领域的人才。公司成立以来紧随国家科技发展战略，在讲授内容方面始终保持前沿先进技术，已向社会高科技企业输送数十万名技术人员，为企业数字化转型、升级提供了强有力的人才支撑。

公司的教师团队由一批拥有 10 年以上开发经验，且来自互联网企业或研究机构的 IT 精英组成，他们负责研究、开发教学模式和课程内容。公司具有完善的课程研发体系，一直走在整个行业的前列，在行业内竖立起了良好的口碑。公司在教育领域有 2 个子品牌：黑马程序员和院校邦。

一、黑马程序员——高端 IT 教育品牌

"黑马程序员"的学员多为大学毕业后想从事 IT 行业，但各方面条件还不成熟的年轻人。"黑马程序员"的学员筛选制度非常严格，包括了严格的技术测试、自学能力测试，还包括性格测试、压力测试、品德测试等。百里挑一的残酷筛选制度确保了学员质量，并降低了企业的用人风险。

自"黑马程序员"成立以来，教学研发团队一直致力于打造精品课程资源，不断在产、学、研 3 个层面创新自己的执教理念与教学方针，并集中"黑马程序员"的优势力量，有针对性地出版了计算机系列教材百余种，制作教学视频数百套，发表各类技术文章数千篇。

二、院校邦——院校服务品牌

院校邦以"协万千名校育人、助天下英才圆梦"为核心理念，立足于中国职业教育改革，为高校提供健全的校企合作解决方案，其中包括原创教材、高校教辅平台、师资培训、院校公开课、实习实训、协同育人、专业共建、传智杯大赛等，形成了系统的高校合作模式。院校邦旨在帮助高校深化教学改革，实现高校人才培养与企业发展的合作共赢。

（一）为大学生提供的配套服务

1. 请同学们登录"高校学习平台"，免费获取海量学习资源。平台可以帮助高校学生解决各类学习问题。

高校学习平台

2. 针对高校学生在学习过程中的压力等问题，院校邦面向大学生量身打造了 IT 学习小助手——"邦小苑"，可提供教材配套学习资源。同学们快来关注"邦小苑"微信公众号。

"邦小苑"微信公众号

（二）为教师提供的配套服务

1. 院校邦为所有教材精心设计了"教案+授课资源+考试系统+题库+教学辅助案例"的系列教学资源。高校老师可登录"高校教辅平台"免费使用。

高校教辅平台

2. 针对高校教师在教学过程中存在的授课压力等问题，院校邦为教师打造了教学好帮手——"传智教育院校邦"，教师可添加"码大牛"老师微信/QQ：2011168841，或扫描下方二维码，获取最新的教学辅助资源。

"传智教育院校邦"微信公众号

三、意见与反馈

为了让教师和同学们有更好的教材使用体验，您如有任何关于教材的意见或建议请扫码下方二维码进行反馈，感谢对我们工作的支持。

前　言

新媒体行业发展迅速。我们每天获取的新闻资讯，都是通过新媒体平台传递的，例如，数字报纸、数字杂志、数字电视，以及各种互联网媒体。而 4G 时代的到来，更促使新媒体发生了一个质的飞越，它将手机与互联网结合在一起，形成"新媒体现象"。新媒体企业无论在营业收入年增长率和总资产年平均增长率上，都超过 50%，行业规模发展速度惊人。

为什么要学习本书

随着通信技术的发展和大数据的兴起及新颖的文化消费终端的出现，以移动媒体（包括手机电视、手机广播、手机报、手机短信、手机游戏等）和网络媒体（包括网络游戏、网络广告、网络视频、博客等）为代表的新媒体在我国呈现出了蓬勃发展的态势。与此同时，随着多渠道、炫产品的新媒体消费形式日趋流行，抢占了越来越多的"眼球"，冲击着传统媒体的垄断地位。

面对如此快速发展的市场，我们觉得有必要推出一本可以帮助读者快速入门的新媒体营销教材，使读者能对新媒体营销有全面的了解，同时掌握新媒体营销的基本技能。

本书从新媒体营销基础知识讲起，将新媒体营销涉及的几个载体分为不同的模块进行讲解。由于部分内容属于理论知识不好理解，所以本书在理论知识中添加了很多实际案例，以期通过理论结合实际案例的方式使读者尽快将所学知识应用到实际工作中。

如何使用本书

本书对新媒体营销知识体系进行了系统整合，详细地介绍了新媒体营销中不同的营销平台。全书以新媒体营销的业务流程为主线，共分 7 个模块。下面分别介绍各模块的主要内容，以帮助读者更好地了解本书的知识架构体系。

* 模块 1：主要介绍了关于新媒体营销的相关知识，重点以新媒体营销为核心，详细讲解新媒体营销的内涵、特征、主要载体、对企业的作用及其现状和发展趋势等相关知识。使读者了解新媒体，树立新媒体营销的意识。

* 模块 2：主要讲解微博营销的相关知识，从微博与微博营销的基础知识开始讲解，再基于基础知识讲解企业微博营销的运营、推广及数据分析。

* 模块 3：主要讲解微信营销的相关知识，包括微信营销的含义、特点等基础知识，同时详细讲解了如何选择订阅号与服务号、企业微信运营与推广、微信运营数据分析及第三方平台使用攻略。通过本模块知识的学习，读者能够熟悉微信营销过程中的操作流程以及技巧。

- 模块 4：主要讲解 APP 营销的相关知识，其中包括 APP 及 APP 营销的基本概念、APP 营销模式、APP 运营活动策划及 APP 推广。通过本模块的学习，读者除了能对 APP 营销有全面的了解之外，还能够策划 APP 营销活动的方案，能够运用 APP 常见的推广方式进行推广。

- 模块 5：讲解了社群营销的相关知识，主要包括认识社群与社群营销、如何搭建社群和社群运营。通过本模块的学习，读者可以正确认识社群及社群的构成，能够运用社群搭建的方法进行社群的搭建和运营。

- 模块 6：讲解了新兴自媒体营销的相关知识，如资讯媒体营销、网络直播营销等。通过本模块知识的学习，读者能了解和熟悉新兴的自媒体营销渠道，掌握新兴自媒体营销的方法和技巧。

- 模块 7：讲解了户外新媒体营销，主要包括户外 LED 营销、楼宇新媒体营销和移动车载新媒体营销等方式。

上述 7 个模块中，模块 1 为基础知识，能够为读者学习新媒体营销相关知识打下坚实基础，模块 2 至模块 7 是以"知识储备→案例引入→相关知识→案例分析"的结构形式进行讲解，通过案例引入和问题带入的形式对知识点进行介绍。

通过对本书的系统学习，读者可以对新媒体营销有一个全面的认识，了解新媒体营销的基础知识和关键运营思维，具备新媒体营销相关技术的应用能力，成为满足市场需求的新媒体营销应用型人才。

致　谢

本书的编写和整理工作由传智播客教育科技有限公司研究院内容与资源组完成，主要参与人员有吕春林、张鑫、陈卫栋、王哲、连蕊蕊、韩旭、陈东琦、王秋莎、高镇国、吴喆。全体人员在近一年的编写过程中付出了辛勤的汗水，在此对他们所做的大量工作表示衷心的感谢。

意见反馈

尽管我们尽了最大的努力，但本书内容难免有不妥之处，欢迎各界专家和读者朋友们来函给予宝贵意见，我们将不胜感激。您在阅读本书时，如发现问题或有不认同之处都可以通过电子邮件与我们取得联系。

请发送电子邮件至：itcast_book@vip.sina.com。

声　明

本书引用或借鉴了大量商业广告案例和企业营销文案，主要用于教学过程中分析案例，帮助读者学习，但并非赞同其产品功效和宣传内容，敬请读者注意。

黑马程序员

2017 年 6 月 24 日于北京

专属于教师和学生
的在线教育平台

让 IT 学习更简单

学生扫码关注"邦小苑"
获取教材配套资源及相关服务

让 IT 教学更有效

教师获取教材配套资源

教学大纲　　教学设计　　教学PPT

考试系统　　教学辅助案例　　在线编程

教师扫码添加"码大牛"
获取教学配套资源及教学前沿资讯
添加QQ/微信2011168841

目　　录

模块 1
新媒体营销概述

【学习目标】

知识目标	➤ 了解新媒体的内涵及特征 ➤ 掌握新媒体营销的内涵、特点及主要载体
技能目标	➤ 能够专业地界定新媒体，正视新媒体的特征 ➤ 能够树立新媒体营销的意识

　　新媒体的快速发展，不仅使用户视线由传统媒体转向新媒体，更改变了用户获取和传播信息的方式和习惯，对人们的生产、生活产生了深刻影响。同时，这也让不少企业看到了蕴藏在其中的营销机会。过去的传统媒体投放大户，开始调整以前的营销策略和预算分

配，纷纷转战新媒体，尝试和探索企业网络营销的新模式。

本模块作为全书的基础储备知识，由认识新媒体及新媒体营销两部分组成，旨在引导读者在前期学习和了解新媒体，树立新媒体营销的意识。其中，认识新媒体部分属于基础中的基础知识，向读者简要讲解了什么是新媒体、其特征及发展趋势等知识。重点以新媒体营销为核心，详细讲解新媒体营销内涵、特征、主要载体、对企业的作用及其现状和发展趋势等相关知识，使读者了解新媒体，树立新媒体营销的意识。

1.1 认识新媒体

人类社会发展的每一阶段都会有一些新型的媒体出现，它们都会给人们的社会生活带来巨大的改变。这在今天的信息社会环境下表现得尤为明显，伴随着互联网的高速发展而产生的一系列新型媒介正在将用户带入一个众语喧哗、瞬息万变的新媒体时代。毫无疑问，新媒体时代的到来对于人们的思想观念、生活方式产生了深远影响。那么，新媒体到底是什么？新媒体时代到来又意味着什么？这些问题看似简单，却又真真切切地摆在人们面前，需要我们去面对、去解决。因此，理解新媒体在当下就显得尤为重要。

1.1.1 新媒体概述

新媒体是一个相对的概念，与媒介技术的不断推陈出新紧密相关，相对于报刊、广播、电视等传统媒体而言，新媒体主要基于新的数字和网络技术，使传播更加精准化、对象化，例如，互联网、手机、移动电视、IPTV 等都是新媒体。对于新媒体，业界和学界给出了多个定义。

对于"新媒体"这一概念的定义可以追溯至 20 世纪中叶。1967 年戈登马克最初提出了"新媒体"（new media）一词。之后，美国传播政策总统特别委员会主席罗斯托在向当时美国总统尼克松提交的报告中再次提到此概念。"新媒体"一词就这样在美国传播开来，很快扩展到全球。

美国《连线》杂志将新媒体定义为"人对人的传播"。这个定义突破了传播媒体对传播者和受众两个角色的严格划分，在新媒体环境下，没有所谓的"听众""观众""读者""作者"，每个人既可以是接受者，也可以是传播者，信息的传播不再是单向的。可以说，《连线》杂志将新媒体互动性的特征揭示了出来。

基于上述认识，我们将"新媒体"这一概念从广义与狭义角度进行定义。广义而言，新媒体是指以网络数字技术及移动通信技术为基础，利用无线通信网、宽带局域网、卫星及互联网等传播渠道，结合手机、PC、电视等设备作为输出终端，向用户提供文字图片、语音数据、音频、视频动画等合成信息及服务的新型传播形式与手段的总称。狭义上讲，"新媒体"可以理解为"新兴媒体"，即通过技术手段改变了信息传送的通道，只是一种信息载体的变化。

实践是人类认识的来源，人们对于新媒体的认识也是随着媒介技术的发展而不断深化的渐进式的发展过程。要准确地界定新媒体必须以历史、技术和社会为基础综合理解。本书所以称之为新媒体，是指它是建立在数字技术和网络技术之上的媒体形式，较之以往的媒体具有全新的传受关系性质和全新的技术手段。

1.1.2　新媒体的特征

报纸是基于印刷术而出现的纸质媒体，广播是基于无线电传播技术发明的声音媒体，电视是在电信通信和卫星传播技术基础上发明出的电视媒体，新媒体则是在网络技术和智能终端基础上出现的一种新兴媒体。

每一种新媒介的出现都依赖于新的媒介技术，每一种媒体都会表现出其所基于的媒介的特性。新媒体被形象地称为"第五媒体"，同报纸、杂志、广播、电视等传统的大众传媒相比，具有自己独特的传播特性。主要表现为以下几方面。

1. 传播主体多元化

大众传播时代，报纸、广播、电视等传统大众媒体作为主流的信息传播媒介，受众使用它们的机会和可能较小，通常是以受众的身份单向地接受信息，大众传媒以传播者的形态自居。然而新媒体的出现，打破了这种局面，用户不仅可以在社交网络上获取各种新闻消息，例如，微博用户可以通过关注社会热点等了解时下的热门话题，而且还可以在社交应用上发表自己的观点、想法，分享自己的所得感悟。一改过去单一的信息接受角色，成为传播者和接受者双重身份，这使得传播者的形态从传统大众传媒走入寻常百姓家，传播主体变得更加多元化。

此外，传播主体的多元化也带来了传播者主体地位的弱化与泛化，传播者与受众之间的关系变得模糊，并且二者之间的身份可以随时相互转化：受众接收到传播者信息后可以利用新媒体及时对消息进行转发，进而转化为新的传播者；原来的传播者通过类似的形式接收到其他传播者转化来的信息，进而转化为新的受众，传播者与接受者之间形成循环互动。

2. 及时互动和共享信息

伴随着新兴媒介技术的推陈出新，用户获取和传播信息变得更加便利。一方面，用户不仅可以用智能手机或者平板电脑等智能终端在微博、微信等新媒体上快速获取各类新闻信息，提高自己对社会环境的认知；另一方面，用户通过这个新兴的社交网络，还可以直接对新闻信息发表个人的观点和评价，参与到事件的讨论当中，行使公民的言论权利，而不再是传统大众传媒环境下单向的信息接受者，而这也是新媒体最大的特色。

此外，新媒体对于受众来说，还是一个信息共享平台。依托互联网这个开放的平台，全世界的网络都可以连接起来，形成一个海量信息数据库。而超链接技术更是将这些海量信息有效融合在一起，新媒体的开放、共享程度超过了以往所有的媒体。受众能够将信息第一时间发布出去，与其他用户共享。例如，百度文库是提供网友在线分享文档的开放平台，用户可以在百度文库在线阅读或自由下载论文、专业资料、课件、试题或各类公文模板等，而这些文档也都是网友上传提供的。

3. 即时、实时、全时传播

新媒体以网络技术、数字技术及移动通信技术为依托，通过社交网络将亿万用户连接起来，使信息获取和传播更加快速便捷。不仅用户通过新媒体可以随时随地获取信息，了解社会热点，同时，新兴的移动社交应用——微博、微信、短视频等媒介更是可以将用户分享的内容第一时间发布出去，让信息直达受众，打破了传统媒体在时间上的限制，真正实现了麦克卢汉寓言的"地球村"。

不仅如此，伴随着近年来兴起的移动社交应用及视频直播的发展，受众更是直接被带到了事件现场，实现了事件进展、传播者发布信息及受众接受三项同步进行。信息传播的时效性大为增强，典型表现就是微博的兴起，许多突发事件都是通过微博爆料出来的。用户在新闻信息的采集、加工、制作等一系列活动中，都有机会参与其中，并发表自己的评论。

4. 个性化信息服务

传统大众传媒环境下，受众往往是匿名的、广泛的群体，传统媒体对受众进行单向度的"同质化传播"。传播节目内容试图涵盖所有受众，因而受众的个人需求并未得到有效满足。然而，在新媒体时代，信息内容多样化使得受众的细分化趋势加深，受众的地位与个性凸显。新媒体能够为不同的受众群体提供多样化的内容，受众可以自主选择内容和服务。与此同此，网络市场上的公司、服务商也开始进一步对受众进行细分，向不同属性的群体分别提供不同的个性化产品和服务，为受众异质化传播提供了可能，提高了传播的专业性、精准度和有效性。在受众主导传播的局面下受众有更大的选择权、更高的自由度，新媒体更加注重用户的个性化体验，有利于满足受众的需求。

诚如美国西北大学媒介研究所学者詹姆斯·韦伯特所言，"媒介融合，不是强调技术，不是强调产品，而是强调对用户特定需求的满足"。例如，苹果手机提供的一项基于 GPS 定位技术的新应用 INAP 能够提供更加随时随地的服务，不同地区的不同用户可以享用不同个性化的服务。可以说，在新媒体时代，媒介正在对不同的个体实现最大限度的延伸。

新媒体融合了传统媒体的很多优点，能够为受众提供个性化的服务。通常，这种个性化体现在细节设计之中。当前，包括 SNS 网站、博客、微博在内的社交网络媒体都可以为用户提供个性化的服务，如主页设计、页面排版、好友管理、图片视频分享等。对于用户而言，他们不仅拥有信息的选择权，还拥有信息的控制权，可以按照自己的个性方式创作信息内容，改变信息的传播方式。利用各种搜索引擎，人们可以根据自己的需求来选择所关注的内容；还可以根据自己的喜好，寻找自己的"朋友圈"，如 BBS 论坛、QQ 群、微信等。

5. 海量信息及内容碎片化

新媒体的出现不仅扩大了传播主体，而且带来了海量的传播信息。每个人都可以使用各式各样的社交网络分享内容，信息的表现在形式上也更为丰富多样，新媒体能够集文字、图片、音频、视频、动画等多种表现形式于一体，带给用户更加震撼的视听享受。

内容碎片化也可以叫作"微内容"，它们并非整块的内容，而是零碎地堆砌在一起，没有得到有效的整合。新媒体时代，网络应用大致经历了由 BBS 到博客、QQ 空间到人人再到微博、微信的转变。受到社交网络演变的影响，人们在网络上发布的内容长度逐渐降低，信息呈现碎片化的特点，进而产生信息缺乏深度、逻辑性等问题，影响着新媒体时代受众阅读习惯的养成。信息内容的碎片化折射出当下现代人生活的压力及其导致的媒介内容的浅薄化、娱乐化问题的出现。再加上传播主体的多元化、传播权利的全民化，新媒体平台中各种各样的信息更是趋于海量化，呈现出碎片化信息爆炸的状态。

1.1.3　新媒体的发展趋势

互联网时代的来临、新媒体的不断发展，正在不断改变着越来越多受众的生活、工作和学习等方面的行为方式。传统媒体趋弱，以互联网、社交媒体为代表的新媒体不断崛起，并持续推动媒介的发展和改变。新媒体的迅猛发展趋势主要表现在以下几个方面。

1. 新媒体产业将引领时代潮流

新媒体产业在媒体行业中所占比重迅速上升，在发达国家如美国、日本、韩国，新兴媒体产业所占比重已高于传统媒体产业。例如：美国十分注重把高新技术应用到文化娱乐产业中。2004 年迪斯尼公司关闭了其在佛罗里达的最后一个传统手工动画室，标志着美国已经全面进入三维动画时代。2003 年，美国《时代周刊》认为，2015 年前后，世界将进入数字娱乐信息时代，数字娱乐在美国国内产值中将占一半的份额，新技术、新产品将使数字娱乐全面超越传统娱乐方式。日本媒体产业依托数字化信息技术，也已经完成了从早期媒体产业向现代媒体产业的转型。

2. 对传统媒体产业形成冲击

移动互联网已席卷全球每一个角落，十分敏感的传媒业更是首当其冲。过去十年间，传统媒体已经深深陷入了"不改变，无生路"的魔咒中，一大批传统媒体纷纷倒下。但那些诞生于网络的新兴媒体仍然高歌猛进，保持着高速增长的活力。

CNNIC《第 38 次中国互联网络发展状况报告》显示，截至 2016 年 6 月，我国手机网民规模达到约 6.56 亿，较 2015 年年底增加 3656 万人。图 1-1 所示内容为中国网民规模和互联网普及率。

来源：CNNIC 中国互联网络发展状况统计调查。

图 1-1 中国网民规模及其占网民比例

从图 1-1 所示的数据可以看出，我国网民向移动端转移的趋势进一步强化，手机作为第一大上网终端的地位更加巩固。一方面，以"移动互联"为主要特征的新媒体如雨后春笋般发展起来，渐成规模。新媒体的发展日新月异，影响渐大，正在以一种新传播方式、新生活方式的"身份"迅速改变着这个世界。另一方面，传统媒体的经营却每况愈下。以报纸为例，近年来的报纸尤其是以市场为主导的都市类报纸的关注度、发行量和广告收入均出现大幅下滑。央视 CTR 统计数据显示，自 2012 年开始，报纸即进入了下降通道，并且每年正以加速度的态势快速下滑。图 1-2 所示为媒体广告花费即资源同比变化。

媒介	刊例花费	资源量
电视	1%	3%
报纸	−37%	−41%
杂志	−28%	−38%
电台	8%	−10%
传统户外	2%	−8%

数据来源：CTR 媒介智讯

图 1-2 2016 年 1 月媒体广告花费及资源同比变化

结合图 1-1 与图 1-2 中的数据可以看出，新媒体对传统媒体的冲击主要表现在以下 3 方面。

（1）对报纸的冲击：报纸的需求量大幅下降，越来越多的人倾向于上网浏览阅读新闻，因为网络可以随时随地提供最新的新闻动态，省时省钱。

（2）对广播的冲击：新媒体成了广播媒体的重要来源，而且广播节目通过新媒体这个平台也促进了自身的发展。

（3）对电视的冲击：对电视的冲击是最明显的，网络给受众提供了更方便更人性化的选择机会，并且网络视频主页一般都会推出近期新的电影、电视剧，人们可以直接了解电视节目或电视剧的最新动态，也可以根据自己的休息时间来选择观看。

总体来说，新兴媒体产业的崛起，对传统媒体产业特别是传统媒体构成冲击是毫无疑问的，但其影响范围和程度仍有待进一步观察和研究。可以肯定的是，一些适应市场需求的传统文化行业仍将继续保持活力。

3. 媒介融合趋势进一步强化

互联网环境下，受众获取和传播信息渠道的多元化及新媒体发展的多样化，使得媒体之间的竞争更加激烈。传统媒体的弱化及新媒体快速发展促使传统媒体积极转型，同新媒体一道协同融合发展。例如，传统媒体中报纸向电子报刊、电子阅览转型；网络电视机顶盒的出现实现了电视联网；网络广播的发展也使电台广播和互联网广播信息内容融合为一个平台。所以说，新媒体时代媒介融合的发展趋势依旧会是主流，在电子信息技术的不断发展下，最终实现电视、手机、电脑的"三网合一"，甚至是"多网合一"。

此外，媒介融合的进一步强化，还体现在网民意识形态上的融合。过去，传统媒体依托各自的资源和优势在自己的领域独立运转，媒介与媒介之间不存在也不需要融合，但随着多元化、开放化社会的发展，人们的思想正在逐步发生着变化，并开始接受各类不同的信息，新媒体环境下的媒介融合也印证着时代的变化、承载着思想的变化。从互联网时代传播内容的宽泛性、多元性，网民圈层的多样性、丰富性也可以看出人们在思想形态上也在做着不同层次的融合。越来越多的等级性、民族性在这样的环境下被打破，"地球村"的概念得到越来越多人的认同。

尽管新媒体具有传统媒体所不具备的优势，并正在引导着媒介市场加速地变革，但就当前及短期发展来看，传统媒体在当下依然有着强大的生命力，它所具有的新闻报道和信息传播的专业优势及其所拥有的全面、客观、权威性等优势使传统媒体在媒体市场上短期内仍然是主流传媒。例如，目前，中央电视台已经开始实行与新媒体融合的发展策略，集新媒体与传统媒体的共同优势，建立了央视网络直播频道、车载直播频道和手机视频直播频道等。央视频道的许多品牌栏目都可以在电脑、手机、车载电视等设备上通过网络同步直播，既保证了节目的品质，又达到了迅速便捷的传播目的。

4. 更加注重"以用户为中心"的用户体验

近年来，"以用户为中心"的私人订制、个性化、情感设计化、交互式的体验成为商业服务用户的主要思维方式。约瑟夫·派恩在《体验经济》一书中预测未来经济发展属于体验经济时代。体验经济追求用户积极的自我感受的满足，重视消费过程中用户的自我体验，主要体征表现为感官性、个性化和参与性等。用户对产品的需求不再局限于功能性满足，而是更多地开始注重心理满足。现在，为了达到更好的商业效果和利益，"用户体验"一词已经广泛应用于需要服务客户的各行各业，如"体验式购物""体验式营销"等。新媒体环境下，"以用户为中心"的传播方式会越来越深入到策划、设计、功能等一系列用户体验当中，如社交软件设计理念会更加人文化、情感化、圈子化，功能设计上越来越体现出"私人订制"的量身打造等，一切的打造和设计都只是为了满足受众越来越精细、敏感的需求。可以说，每一个软件 APP 和页面设计的升级和修改都是为了更好地迎合用户使用的个性化和私密性。

5. 越来越强的用户参与性

新媒体相较于传统媒体，其最突出的特征便是改变了过去信息单向传播的模式，创造了传播者和接受者之间随时随地的双向传播模式。这样的传播模式导致了新媒体的开放性和参与性。而且越来越多的媒体、企业、商家开始重视受众、用户对项目或商品的参与性。因为在新闻媒体时代，关注量越多，才越能有较大的商业价值。传统媒体的传播模式，将受众和传播者截然分开，受众只能作为接受者被动地接受信息。但新媒体的平等性和匿名性特征将这一界限彻底打破，接受者可以是传播者，传播者也可以是接受者。从而实现了所有人向所有人的传播模式。所以，新媒体具有极强的参与性。传统媒体为了寻求改变，也在新媒体开辟阵地，与电子商务结合，增加新的利益点。2015 年和 2016 年中央电视台春节联欢晚会上，节目组就采用了新媒体的玩法"摇一摇"和"咻一咻"与用户互动。由此可见，"用户参与性"已成为新媒体的一个重要发展趋势。

1.2　新媒体营销

数字技术和网络技术的快速发展催生了新媒体。时至今日，新媒体早已不仅仅是一个流行词语，它更是以无法阻挡的发展势头改变着越来越多人的生活方式。在这种背景下，以顾客为中心的企业营销自然需要做出改变来积极顺应时代的发展潮流，因此利用互联网、手机为代表的新媒体开展企业营销，探索新的营销模式，具有重要的现实意义。下面详细讲解新媒体营销的相关基础知识。

1.2.1　新媒体营销的内涵

随着信息技术的发展进步，特别是 Web 2.0 技术引起的巨大变革，用户不仅可以不受时空限制地分享各种观点，而且还可以很方便地获取自己所需要的信息、发布自己的观点。这种变化使得企业的营销思维也随之发生了改变，企业变得更加注重消费者的体验和与消费者的沟通。新媒体营销就是在这种环境下产生的。

所谓新媒体营销，简单来说，就是企业通过新媒体渠道所开展的营销活动。具体来讲，新媒体营销则指的是信息化、网络化、电子化环境下展开的一种营销活动。新媒体营销属于营销战略的一种，是企业开展网络营销活动的一种重要活动方式，也是一种基于现代营销理论，利用新技术的企业经营手段，能够最大限度地满足企业及顾客的需要，从而带来最大化的利益。随着新兴媒介技术的不断发展，新的营销方式也变得越来越多，而新媒体营销正是在这种背景下出现的一种新兴媒体形态，它拥有传统广告媒体的各种优势，为人们提供了更便捷快速的交流方式，如数字广播、手机短信、移动电视、网络视频、数字报纸等。由此可以概括出：所有以有线或无线网络为载体的数据展示形式媒介统称为"新媒体"。新媒体也因此被称为继报刊、户外、广播、电视四大传统媒体之外的"第五大媒体"。

1.2.2　新媒体营销的特征

新媒体营销与传统媒体营销是有很大不同的，其区别主要在于新媒体营销更注重"关系"与"情感"，它给人的感觉是"深度卷入"而不是"生拉硬拽"。那么，新媒体营销有哪些特征呢？

1. 成本低廉

这一特征主要表现在经济、技术、时间三个方面上。

（1）经济成本低廉

新媒体营销固定成本低廉。由于新媒体营销是基于几大固有平台进行的，如微博、微信，所以不需要自己创建营销平台，从而减少了固定资金投入；新媒体营销流动成本低廉，新媒体营销过程中，可以借助先进的多媒体技术手段，以文字、图片、视频等表现形式对产品、服务进行描述，基本上不需要什么费用，所以经济成本低廉。

（2）技术成本低廉

新媒体营销是科学技术发展到一定阶段的产物，其技术含量当然会很高，但与高端技术相比，新媒体营销的技术成本却不是很高。以微博为例，微博营销对技术性支持的要求相对较弱，具体表现为企业微博的注册、认证、信息发布和回复功能已经接近傻瓜化的使用程度。

（3）时间成本低廉

新媒体的信息传播无需经过相关部门的审批，简化了传播的程序，再者，网络信息传递的互动性使得营销信息能够获得"一传十，十传百"的效果，并且很多情况下传播过程都是自发性的，如某微信公众号的一篇文章被很多人转发到朋友圈，这种便捷的传播方式自然降低了新媒体的营销时间成本。

2．应用广泛

随着新技术和新思维的不断涌现，新媒体的传播渠道也在日益增多，主要有博客、网络视频、网络社区、IPTV 和移动电视。

（1）博客

博客营销是公司、企业或者个人利用博客，发布并更新企业、公司或者个人的相关概况及信息，并且密切关注和及时回复平台上客户对企业或个人的相关疑问及咨询，以期达到宣传目的的营销手段。

（2）网络视频

网络媒体中，信息传播模式变为了双向性、互动式的，以受众为中心，受众可以随意选择自己需要的节目。随着网络媒体的不断崛起，网络视频开拓了很多新领域，主要有视频分享类、网络直播类、网络传媒类和企业视频类等。

（3）网络社区

网络社区是网站所提供的虚拟频道，供网民互动、维系情感及分享资讯，BBS、SNS、聊天室等是其最主要的表现形式。网络社区经营成功，可以带来稳定及更多的流量，增加广告收入，注册会员更能借此拥有独立的资讯存放与讨论空间。

（4）IPTV

IPTV 即交互网络电视，一般是指通过互联网络，特别是宽带互联网络传播视频节目的服务形式。数字交互电视是集合了电视传输影视节目的传统优势和网络交互传播优势的新型电视媒体，它的发展使传播者与接收者之间能够形成实时互动，而不像传统媒体那样接收者只能被动接受信息。

（5）移动电视

移动电视具有覆盖面广、反应迅速、移动性强的特点，同时也具有传统媒体的宣传和欣赏、城市应急、信息发布等功能。移动电视正是抓住了受众在乘车、等候电梯等短暂的无聊空间进行强制性传播，使得消费者在别无选择时被它俘获。

3．模式健全

新媒体营销目前主要有以下几种较为健全的运行模式。

（1）微博营销

受众最感兴趣的内容和最容易引起讨论的话题一经发布，就会引起快速复制、热烈讨论和积极参与的氛围，从而形成连绵不断的传播浪潮。企业只要创造出恰当的话题，再将话题发送到受众群体中，就可以作壁上观，等待受众在话题原始形态和构成上，自由发挥、创造，不断扩充其内容，新浪微博是其典型代表。

（2）SNS 营销

SNS 全称为 Social Networking Services，即社会性网络服务，是指帮助人们建立社会性网络的互联网应用服务；也指社会现有已成熟普及的信息载体，如短信 SNS 服务。SNS 的另一种常用解释，全称 Social Network Site，即社交网站或社交网，"我的星巴克点子"是其典型代表。

（3）网站营销

企业网站是最突出的、能够同社会各个层面沟通的一种形态，也是企业所有营销传播的基础。它不仅可以塑造、传达品牌形象，而且可以利用新媒体平台为企业提供更多可控制的传播形态，以传播自己的品牌信息等。

（4）视频营销

将视频上传并进行视频互动的营销模式，启发了国内很多视频网站的开发和成长。新生代市场监测机构的调查显示，在网上浏览视频的消费者的比例已经达到全部网络用户的36.3%。而电视厂商互联网电视产品的推出，也让网络视频渗入传统电视终端，YouTube 视频网站是其典型代表。

（5）搜索营销

搜索引擎可以帮助网民从大量信息中快速获取所需信息，还能为企业带来巨大的商机。与传统营销方式相比，搜索营销大大降低了品牌建设的成本。企业可以通过搜索营销增加网站流量，也可以寻找企业伙伴，从而扩大品牌影响力。

4. 前景广阔

新媒体涵盖了丰富多彩的内容，多样的传播渠道也使得每个人都成了信息的发布及传播者，同时也使每个人对信息的解读和分析达到了前所未有的广度和深度。通过对社交平台上大量数据的分析，企业对用户需求的了解也越来越精准，从而使得未来市场越来越广阔。

新媒体改变了以往传统的信息传播模式，其双向化的特点是一个很大的优势。新媒体营销模式也促使企业开始转变以往的营销理念，促使企业营销理念升级。长远来看，新媒体的迅速发展与被普遍接受是必然的。

随着新媒体时代的到来，众多基于新媒体应用的营销可能逐渐产生，把握新媒体发展趋势，顺应新媒体格局的变化，促使企业营销理念升级。

（1）媒体传播的碎片化与受众重聚

新媒体的逐步发展演进，势必会产生两个革命性的突破：一是传播方式的转变，即在互联网技术的影响下，单向传播演变成双向传播，每一个信息接收者都有可能变为信息源或者传递者；二是移动网络的广泛应用使媒介载体更加趋向多元化、便利化。二者结合最终将相应的受众模式转变成为"碎片化"和"重聚"的不断转换。

（2）新媒体应用的策略与理念转化

新媒体内容及内容背后的价值观是左右受众"碎片化"和"重聚"的重要因素。举例来说，在传统电视走向双向机顶盒数字电视之后，电视观众不再受时间约束，没必要看即时播出的电视剧，而可以选择回放一周以前的电视剧或者在晚间收看中午播出的新闻节目。从收视率来看，晚间的收视率被分流了，从而表现出"碎片化"的特征。这个分化及重聚的过程显然是基于内容选择的，而这势必会催生新媒体营销领域中企业应用策略与理念的转化。

1.2.3 新媒体营销的主要载体

新媒体营销是借助新媒体而开展的营销活动，层出不穷的新媒体为企业开展新媒体营销提供了多样化的载体，并且伴随着近年来快速发展的移动互联网，新媒体营销的渠道也更加多元化。通常来说，新媒体营销的载体主要有以下几类（见图1-3）。

图 1-3　新媒体营销的主要载体

1．网络媒体

网络媒体是新媒体的主要形态，我们今天讲的新媒体主要以网络媒体为主。基于HTTP协议的Web页面的发明让人们只需轻轻一点就能打开互联网的多彩世界，而不需要专业的技能，不需要输入命令。互联网在中国近20年的发展历程早已经让它完全获得了媒体的属性和地位。它的出现给世界带来了颠覆性的改变，成为当下人们生活不可或缺的重要元素。

2．移动媒体

移动媒体主要是以智能手机、平板电脑等移动终端为传播载体的新兴的媒体形态。移动媒体的最大特点就是具有移动性，小巧，可随身携带。移动媒体的形式丰富多样，从早期的手机短信、手机报到今天的资讯、视频、社交等APP及二维码都成了移动媒体的媒介形式。

另外，根据CNNIC发布的第38次《中国互联网络发展状况统计报告》（以下简称《报告》）统计数据，截至2016年6月，我国手机网民达6.56亿，网民中使用手机上网的比例由2015年底的90.1%提升至92.5%，手机在上网设备中占据主导地位，我国网民手机上网的趋势进一步强化。可以预见的是移动媒体将成为引领新媒体营销发展的重要动力。

3.互动性电视媒体

互动性电视媒体是传统的电视媒体结合互联网的 IP 特性后的升级形态，包括数字电视和 IPTV 两大类。

（1）数字电视

数字电视（Digtal TV，DTV）是一个从节目采集、节目制作、节目传输直到用户端都已实现数字方式处理信号的端到端的系统，图 1-4 所示即为数字电视界面。与模拟电视相比，数字电视具有很多传播优势。我国近年来大力推行由电视模拟信号向数字信号的转换，未来几年将全部实现数字信号的覆盖。

图 1-4　数字电视界面

（2）IPTV

IPTV 即网络电视，图 1-5 所示为 IPTV 电视界面，它指的是在互联网技术下，尤其是宽带互联网下的一种传播视频节目的服务形式，主要是通过电信运营商的宽带网络或有线电视来为用户提供多种交互式视频节目服务的一种新型的电视传播媒介。

图 1-5　IPTV 电视界面

IPTV 以多媒体技术、通信技术和互联网技术为支撑。在具体的使用中，通过加装 IP 机顶盒，用户能够搜索多个电视频道，并且和网络同步，还可以通过连接互联网实现网络搜索功能。因此，这种网络交互式电视不仅集合了电视传输影视节目的传统优势，还为电视的传播带来了一场新的发展革命。而通过网络电视，IPTV 所具有的节目交换平台还能为用户提供更多、更丰富的个性化和交互式的电视节目，让用户在观看电视的过程中能够拥有更加高度灵活的时间选择和内容选择空间，同时还为用户提供了更加多样化的交互式的数字媒体服务，如互联网浏览、电子邮件、数字电视节目、可视 IP 电话及多种在线信息咨询、娱乐等功能，给用户带来一个全新的电视体验。

4. 户外新媒体

当视频技术走出固定场所，面向开放的户外空间、移动空间、借助无线网络时便出现了新的媒体形态，如户外新媒体、楼宇电视、车载移动电视等。这些都属于户外新媒体的形态，属于典型的"等候经济"，等电梯、等飞机的情境下，以一种看似闲散的伴随性传播来及时地传递信息。

户外新媒体包括两方面含义：一方面，户外新媒体蕴含了"分众"内容，即在不同地点根据不同受众特点传播合适的内容；另一方面，户外新媒体的"新"，是指将数字视频技术等革命性地引入到行业内，增强其内容的表现方式。目前，户外新媒体的主要形式包括城市户外电子显示屏、楼宇电视、车载移动电视等。

1.2.4 新媒体营销对企业的作用

互联网时代，新媒体逐步发展成为人们获取和传播信息的主要渠道，传统媒体趋向衰落。新媒体不断崛起，以其鲜明的成本低廉、应用广泛、模式较全的特点，让越来越多的企业主意识到了新媒体的营销价值，他们积极拥抱新媒体，尝试着走新媒体营销的道路，从而使新媒体营销成为企业营销活动的重要组成部分，对于企业开展网络营销产生了重要影响。整体来说，新媒体营销对企业的作用主要表现在以下几方面。

1. 精准定位目标客户

新媒体涵盖着丰富多彩和多样化的内容，微信、微博、博客、论坛等让每个人都可以成为信息发布者，浩瀚如烟的信息中关于生活、学习、工作等各类讨论都展现了前所未有的广度和深度。通过对社交平台大量数据的分析，企业可以利用新媒体有效地挖掘用户的需求，为产品设计及开发提供良好的市场依据。

2. 拉近与用户的距离

相对于传统媒体受众只能被动接受信息而言，在新媒体传播环境中，接受者可以借助现代化的先进的网络通信技术及时地进行互动，这使传播方式发生了根本性的变化。移动网络及移动设备的普及，使得信息的实时更新及跨越时空的传播成为可能。因此，新媒体营销实现了信息传播的随时随地性，营销效率大大提高。以新媒体技术为基础的新媒体营销，大大降低了产品投放市场前的风险。

3．降低企业宣传成本

企业利用新媒体开展营销活动不仅简单方便，而且宣传推广的费用也较低。利用新媒体发布企业营销活动及产品信息的成本几乎为零，这与企业在报纸、广播、电视传统媒体上动辄成千上万的广告费相比，极大地降低了企业的宣传推广费用。不仅如此，企业通过网络社交媒体，还可以低成本地进行舆论监控。在社交网络出现以前，企业对用户进行舆论监控的难度是很大的。如今，社交媒体在企业危机公关时发挥的作用已经得到了广泛认可。目前，国内许多企业都在开展新媒体营销，其中以小米公司的新媒体营销最为代表。

新媒体营销应用实例——小米公司

小米公司成立于 2010 年 4 月，是一家专注于智能手机自主研发的移动互联网公司，定位于高性能发烧手机。小米的 LOGO 是一个 "MI" 形，即 Mobile Internet 的缩写。小米公司坚持 "为发烧而生" 的设计理念，采用纯线上的营销模式。小米公司从 2010 年成立至今，保持了令人惊讶的增长速度，2012 年全年售出手机 719 万台，2013 年售出手机 1 870 万台，2014 年售出手机达到了 6 112 万台，成为国产手机中知名的手机厂商。

作为在互联网空间成长起来的创业公司，小米公司是一个全新的品类。起初，因资金有限，没有做广告投放，只能主动联系新媒体。2012 年 4 月 6 日，小米公司在北京 798 艺术区的 D-Park 举办第一届米粉节，创造了 6 分多钟销售完 10 万台手机的世界纪录。2015 年的米粉节上，更是售出了 212 万台手机，总支付金额超过 20 亿元。这之中微博、微信等新媒体的营销推广起到了重要的推动作用。正所谓 "站在风口上，猪都可以飞起来"。在小米公司内部，社会化媒体被称为加速器，是其口碑传播动力系统的核心部件之一。为了让好口碑更快地向更广泛范围内的用户传达，小米公司经常性地在论坛、微博、米聊上与用户进行深度互动，继 MIUI 的前 50 万用户在论坛发酵之后，50 万到 100 万的用户则是通过以微博为主的社会化媒体培育出来的。小米公司通过微博加强了与用户之间的联系，为小米进行频繁而持久的粉丝营销创造了条件。

诚然，小米手机的热卖与其所强调的 "为发烧而生" 的理念创制研发的高性价比的智能手机有关，但让数千万的用户转化为 "米粉" 却与其开展的新媒体营销密切相关。利用微博、微信与用户进行深度互动，向用户推送有关新产品和服务资讯，潜移默化地影响用户对产品的认识，加深他们对产品及公司的好感，拉近了与用户之间的联系。

以饥饿营销策略著称的小米公司，其许多促销活动都是通过新媒体渠道开展的实时营销。尤为称著的便是微博营销，小米公司将微博作为其新媒体营销的重要渠道，在其官方微博平台发布新品，开展促销活动。同时借用公司 CEO 雷军的个人微博，构筑微博营销矩

新媒体营销教程

阵，利用其作为社会名人的强大影响力在微博平台发起各种活动，为公司产品做宣传广告，吸引大量粉丝用户的关注，大大提高了小米公司的产品转化率和公司的知名度，起到了良好的新媒体营销效果。图 1-6 所示为小米公司 CEO 雷军发布的关于小米 MIX 手机的相关博文，获得了近 1 000 次的转发和 4 000 多次的评论，这无疑大大提高了小米 MIX 手机的知名度，既吸引了大批新"米粉"，又满足了老"米粉"的个性需求。

图 1-6　小米公司 CEO 雷军的个人微博博文

4. 提升企业主营销传播效益

新媒体使品牌传播和品牌构建更加精准有效。新媒体的"精准"，使得它可以大胆地宣布"按效果"收取广告费，这在传统媒体的品牌传播中几乎不可能。越来越多的企业开始选择新媒体，也是因为传统媒体的广告效果实在难以评估。依据效果付费是大部分互联网广告形式的核心卖点。而在社交网络营销时代，这一点依然会被沿用。无论是商品宣传的单击次数、粉丝数、电话咨询数，甚至销售量，一切都可以被记录，一切也都可以被验证。

1.2.5　新媒体营销的现状与趋势

新媒体技术的快速发展和普及，构成了当今世界新科技浪潮的重要内容，在人们的经济生活和社会生活中扮演着重要角色。新媒体营销作为一种新兴、快捷、经济、高效的营销方式，引起了企业的普遍关注，并且一直保持着快速发展的势头。

1. 新媒体营销现状

《报告》显示，截至 2016 年 6 月，互联网普及率达到 51.7%，超过全球平均水平 3.1 个百分点。同时，移动互联网塑造的社会生活形态进一步加强，"互联网+"行动计划推动

|16|

政企服务多元化、移动化发展。

互联网不再是单一的辅助工具，企业开始将"互联网+"行动计划纳入企业战略规划的重要组成部分，这一点突出表现在企业对互联网专业人才的重视、开展网上销售和采购业务，以及运用移动端进行企业营销推广等方面。

《报告》显示，截至 2015 年 12 月，34.0%的企业在基层设置了互联网专职岗位，其中7 人及以下微型企业比例最低，为 30.2%，300 人及以上规模企业设置专岗的比例接近四成。目前中小微企业很难具备设置专人专岗的条件，但随着企业互联网软硬件配置的逐渐完善、互联网活动的开展日益广泛和深入，对具备专业运维、研发、商业运营技能人才的需求量将会激增。图 1-7 所示为 2015 年 12 月企业基层互联网专职岗位设置情况。

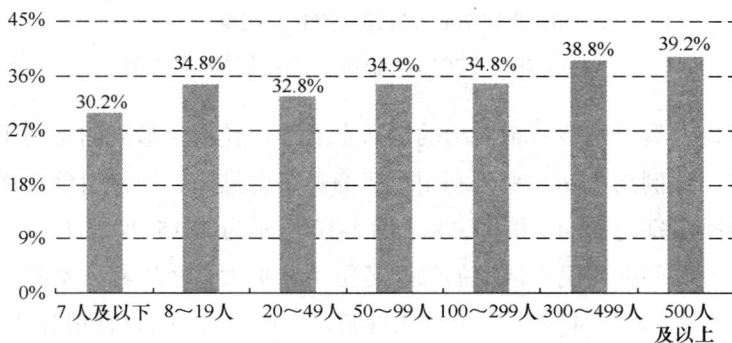

来源：CNNIC 中国企业互联网应用状况调查

图 1-7 2015 年 12 月企业基层互联网专职岗位设置情况

截至 2015 年 12 月，全国利用互联网开展营销推广活动的企业比例为 33.8%。与其他渠道相比，互联网仍然是最受企业欢迎的推广渠道。图 1-8 所示为 2015 年 12 月企业营销推广渠道使用情况。

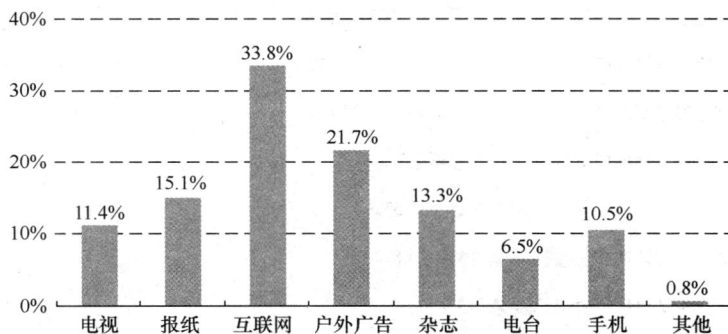

来源：CNNIC 中国企业互联网应用状况调查

图 1-8 2015 年 12 月企业营销推广渠道使用情况

互联网营销与电子商务应用紧密相关，2015 年互联网营销市场呈现出了繁荣发展的态势，利用互联网开展营销活动的企业的比例相比 2014 年提升了 9.6 个百分点。图 1-9 所示为 2011—2015 年企业开展互联网营销的比例。

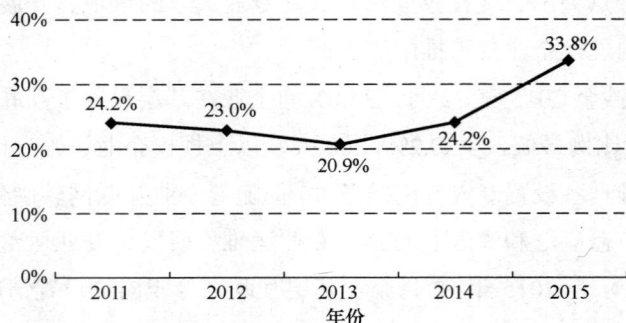

来源：CNNIC 中国企业互联网应用状况调查

图 1-9　2011—2015 年企业互联网营销开展比例

在利用互联网开展过网络营销活动的受访企业中，使用率最高的是利用即时聊天工具进行的营销推广，比例高达 62.7%。利用电子商务平台推广、搜索引擎营销推广仍然深受企业欢迎，使用率分别为 48.4% 和 47.4%。图 1-10 所示为 2015 年 12 月企业各互联网营销渠道使用比例。互联网在网民生活中的渗透范围不断扩大、渗透程度不断加深，企业开展互联网营销的方式也随之不断创新，组合式营销、口碑营销、病毒营销等新术语层出不穷，企业对单一、传统营销方式的依赖度逐渐降低，同时对移动营销产生了巨大需求。

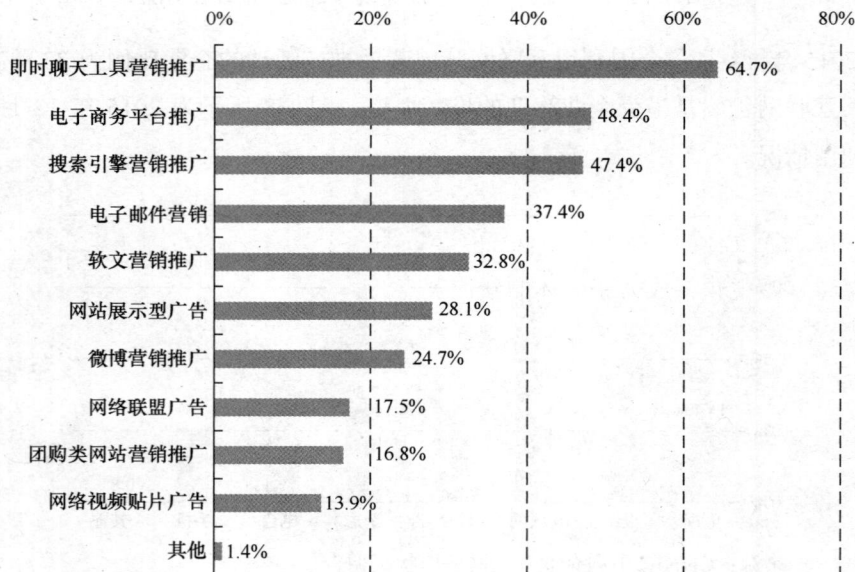

来源：CNNIC 中国企业互联网应用状况调查

图 1-10　2015 年 12 月企业各互联网营销渠道使用比例

2. 新媒体营销发展趋势

新媒体的快速发展，不仅极大地改变了消费者的媒体接触习惯和消费观念，也改变了企业的营销理念与营销模式。随着数字技术与通信技术的发展，新媒体营销主要呈现出以下趋势。

（1）新媒体广告创意要求更高，内容营销更受欢迎

电商、广告、增值服务需求越来越大，开始借助第三方广告平台进行转化，如微播易、城外圈等。这类资源聚合型的媒体平台型公司连接起了自媒体和广告主，让前者得变现，后者得资源，各取所需。一个好的营销案例就是一个好故事！越来越多的企业热衷于"讲故事"，因为没人爱听大道理，但喜欢听小故事。没人喜欢硬生生的广告，但我们并不反感各种故事植入，甚至是"广告"，前提是看不出是广告。

（2）社交营销成为主场

社交媒体，又称社会化媒体，是人们彼此之间用来分享意见、见解、经验和观点的工具和平台。著名传播学者彭兰将其定义为"基于用户社会关系的内容生产与交换平台"，认为其主要特征在于：第一，它是内容生产与社交的结合；第二，社交平台上的主角是用户，而不是网站的运营者。研究机构 CIC 将下列媒体规划为社交媒体的范畴：微博、社交网站（SNS）、即时通信、电子商务、视频、音乐、论坛、消费评论、分类信息、签到与位置服务、社会化电子商务、社交游戏、社会化内容聚合、档案分享、博客、在线百科、在线旅游、婚恋交友网络、轻博客、商务社交、私密社交等。

由上述分类可知，图 1-8 所列的绝大多数网络营销方式其实都属于社交媒体营销的范畴，在当前的实际应用中，已经成为网络营销的主力，成为新媒体营销的主战场。

社交媒体充分利用了用户之间的社会关系，同时使媒体平台上的用户群体从内容的消费者转变成内容的生产者。因为社交媒体所展开的营销活动具有全新的信息传播方式和营销模式，所以企业必须转变营销思路和策略，借助社会化媒体优势，根据不同人群在不同社群的行为特点，进行创意策划，实现品牌营销和客户服务维护的目标。

（3）视频、短视频将成为新媒体的新增长点

好的内容能够引起用户的聚焦和讨论，但是如果将话题内容制成视频的话，那时视频就会像病毒一样疯狂地传播，从而有效实现营销目标。视频营销结合了"视频"与"互联网"的优点，以其感染力强、互动性强、传播迅速、成本相对较低廉等优势，赢得了企业青睐。

短视频作为社会化媒体，能够很好地传递社会与社交圈的信息，满足了用户对于人际交往的需求；同时，随着碎片化时代的到来，人们的注意力也越来越稀缺，短视频短小精炼满足了人们的碎片化阅读的需求，比较容易得到消费者的免费传播和参与。2014 年 7 月，国内知名的短视频应用秒拍率先发起"ALS 冰桶挑战赛"，获得 128 位明星的参与，曝光量

近 20 亿，成为该年度重要的社会事件。另外，2016 年 6 月 12 日，知名汽车厂商雪佛兰携手秒拍联合推出了与曼联球星面对面互动营销的活动。网友通过秒拍可以上传任意姿势、任意动作、任意风格的踢球短视频参加评比，只要参加即有机会赢得曼联传奇球星亲自授课的机会。其活动共征集到的网友短视频多达 1 812 条，视频播放量超过 7 千万次，获得网友 400 万点赞数。可见，用户对于他们喜欢的视频是比较容易给出评论和进行互动的。

（4）公众平台成为新媒体营销主要渠道

随着移动互联网时代的到来，移动应用成为用户流量的主要入口。尤其是以微信为代表的相关公众平台，更是成为承载移动网络用户的重要载体。不仅如此，公众号所具有的简单方便、用户精准、覆盖面广的优势让越来越多的企业看到了公众号的价值，纷纷转向移动互联网市场，在公众平台上开展网络营销活动，公众号更是成了企业广告信息传播的主要阵地。

除此之外，作为时下企业开展新媒体营销的主要模式——"公众号+社群"在未来将被应用到更多的企业新媒体营销中。特别是对于直接面向消费者的中小企业，"公众号"和"社群"相结合的互动营销方法，对提高用户口碑和推广企业品牌有着天然的优势。

1.3 课后习题

一、选择题

1. 互联网环境下，媒介融合趋势进一步强化，最终实现"三网合一"，这里的"三网"是指（　　）。

    A. 广播网　　　　　B. 电信网　　　　　C. 互联网　　　　　D. 广播电视网

2. 下列选项中，属于目前户外新媒体的有（　　）。

    A. 移动车载电视　　　　　　　　　B. 户外 LED 广告

    C. 灯箱广告　　　　　　　　　　　D. 楼宇电视

3. 下列选项中，属于新媒体营销所具有的特征是（　　）。

    A. 成本低廉　　　B. 应用广泛　　　C. 模式健全　　　D. 前景广阔

4. 下列选项中，属于当前主要的新媒体营销运行模式的有（　　）。

    A. 微博营销　　　B. SNS 营销　　　C. 网站营销　　　D. 视频营销

5. 下列选项中，属于当前企业开展新媒体营销的主要载体的有（　　）。

    A. 网络媒体　　　　　　　　　　　B. 广播媒体

    C. 互动性电视媒体　　　　　　　　D. 户外媒体

二、判断题

1. 广义而言，"新媒体"可以理解为"新兴媒体"，即通过技术手段改变了信息传送的通路，只是一种信息载体的变化。（　　）

2. 互联网时代，新媒体的崛起推动媒介快速发展，在引领时代潮流的同时，也给传统媒体行业带来了一定的冲击。（　　）

3. 所谓新媒体营销，就是企业通过新媒体渠道开展的营销活动。（　　）

4. 企业开展新媒体营销的最大优势就是降低了广告宣传费用。（　　）

5. 目前户外新媒体的主要形式包括城市户外 LED、楼宇电视、车载移动电视等。（　　）

模块 2
微博营销

【学习目标】

知识目标	➢ 掌握对企业微博的定位 ➢ 掌握对企业微博内容的规划 ➢ 掌握对企业微博的日常运营 ➢ 熟悉对企业微博营销活动的推广
技能目标	➢ 能够运营企业微博，设计微博营销活动的方案 ➢ 能够对企业微博运营效果进行监测和评估

　　在移动互联网高速发展的时代，越来越多的手机用户喜欢在空余时间玩微博，例如，

在微博上晒几张照片或者刷一下屏，浏览一下最新的社会热点。微博悄然间成了用户传播信息和获取信息的新渠道。基于个人社交网络的微博开始发展成为人人可以发言传播信息的新媒体。微博作为新的传播媒介承载着数亿的用户，而对企业来说用户也就意味着市场，这样看来，企业在微博平台上开展营销活动的意义自然不言而喻。

　　本模块由了解微博和微博营销、企业微博运营及企业微博推广三部分组成。其中，了解微博和微博营销部分属于知识储备内容，向学生简要介绍了微博营销的基础知识。重点以企业微博运营及企业微博推广为主，介绍了相关营销知识。通过本模块的学习，学生可以对微博营销产生兴趣，从而掌握微博营销的方法和技巧。

【知识储备】

1. 微博的概念

　　微博，即微型博客（MicroBlog），类似于博客，是一种通过关注机制分享简短实时信息的广播式的社交网络平台。用户可以通过 Web、WAP 等各种客户端组建个人社区，以简短的文字公开发布信息，实现即时分享。因此，我们也可以将微博理解为一个基于用户关系的信息分享、传播的社交平台。

2. 微博的兴起与发展现状

（1）微博的兴起

　　微博这个词起源于美国。最早在 2006 年，由博客技术先驱埃文·威廉姆斯创建的公司首先推出了 Twitter 服务。在最初阶段，这项服务只是用于向好友的手机发送文本信息。之后又陆续诞生了许多提供信息分享服务的网络公司，其中较有名气的有 Plurk 和 Jaiku。随着新的网络技术的不断更新发展，Twitter 一跃成为"互联网宠儿"，备受欢迎。

　　国外的微博在飞速发展的时候，国内的一些勇于创新的创业者们也开始尝试着创办了一些类似于微博的社交网站。2007 年 5 月，国内第一家推出微博服务的社交网站——饭否正式上线，接着又陆续出现了滔滔、叽歪、嘀咕等一系列的微博网站。不过，这些网站因为当时的国内网络环境不成熟而先后关闭。

　　2009 年，新浪率先推出微博服务。之后网易、搜狐、腾讯也相继推出了自己的微博服务。微博在中国大地上真正开始掀起一股热潮。四大门户网站微博的特点是主推娱乐明星效应，鲜少涉及时事政治，因此吸引了一大批影迷、歌迷、粉丝的加入。

　　随后，为了占领新兴媒体舆论阵地，传统的新闻媒体网站人民网也顺势推出了人民微博，颇具影响力的凤凰媒体也启动了凤凰微博的内侧，这让微博领域的竞争由商业竞争扩展到新闻领域，由人气扩展到舆论。

（2）微博的发展现状

如今，微博经历了多年的快速发展，现在已经进入了成熟期。尤其是移动互联网时代的来临，智能设备的普及使得越来越多的用户开始使用微博这种交流工具，微博已渐渐融入人们的生活，成为了主流媒介。

国内的知名微博网站在经过激烈竞争后，新浪微博逐渐发展成为微博市场业务最大的社交平台。截至 2016 年上半年，新浪微博的注册用户数量超过 5 亿，微博月度活跃用户达到 2.6 亿，远远超过了其他微博运营商，形成了新浪微博一家独大的市场格局。所以，本模块讲解的关于微博营销的相关知识也是以新浪微博为主。

3. 微博营销的内涵

微博营销是指通过微博平台为商家、个人等创造价值而执行的一种营销方式。企业将微博作为营销平台，以微博粉丝作为潜在的营销对象，通过微博平台与粉丝进行互动沟通，向网民传播企业及产品等营销信息，帮助企业树立良好的品牌形象，实现产品或服务的转化和购买，最终为企业带来经济收益。

4. 微博营销的优势

企业开展微博营销活动有着巨大的优势，发布一条微博的成本几乎是零，却可以快速地将企业及产品相关信息传达给消费者。同时，企业还可通过微博直接与粉丝及潜在用户进行互动，从而拉近了企业与用户之间的距离。概括起来，企业开展微博营销的优势有以下几点。

（1）形式多样化

企业微博营销的形式多种多样，主要表现在微博发布的内容和发布形式两个方面。

● 从内容上看，企业可以将微博作为对外宣传的窗口，发布与公司有关的新闻活动、新品发布、促销活动等新闻消息。

● 从形式上看，微博营销的活动形式非常之多，除了今日话题、互动问答、投票抽奖之外，还可借助微博平台的广告中心开通微博粉丝通、微任务、搜索推广等广告服务进行广告推广。

（2）信息传播快

翻看近年来的网络热门事件，2014 年夏季火热的"冰桶大挑战"，2016 年爆料的"和颐酒店女生遇袭""蓝瘦香菇"等热点消息无一不是最先通过微博发布的。用户只要满足上网和拥有计算机设备或智能终端的条件即可随时随地地即时将信息发布出去。

（3）覆盖群体广

新浪微博的注册用户非常多，覆盖了不同职业、不同地区、不同阶层、不同民族。这里不仅有超聚人气的社会名人，还有报道新闻的大众媒体及发布公告的政府机构。当然，新浪微博的用户还是以个人用户居多，因而企业通过微博发布的消息覆盖范围更广。

（4）宣传成本低

同传统的报纸、广播、电视等媒体广告相比，企业通过微博开展营销活动而支出的费用要低很多。发布一条普通微博的成本几乎为零，即便是借助"微博大 V"或者粉丝通推广，其费用与动辄上千万甚至过亿的电视广告相比，成本也要更低一些。

2.1　企业微博运营

2.1.1　案例引入

微博营销：让彬彬农场年销售轻松过百万

彬彬农场的杨学彬在 2000 年和同班同学开始合伙开农场。他用自己在日本积累的食品知识与经验，为农场提供技术支持。2011 年后，杨学彬决定通过微博来销售农产品。

从 2011 年至今，5 年多时间，杨学彬发了 17 970 条微博，在没有加 V，没有任何外力帮助的前提下，靠自然增长，其粉丝数达到了 12 740 余名。这 12 740 余名粉丝，有 4 000 余人次买过东西，在这 4 000 余人次当中，有数百人成了彬彬农场的会员，每个会员的预交费是 3 000 元。"但实际销售中非会员比会员的消费金额还要高"，杨学彬说。比如，168 元至 280 元一箱的"丑苹果"网络销售，广深地区每个月的销量就达到了 500 箱，这显然不是完全靠那 200 多个会员能完成的。这个数据同时也说明，彬彬农场目前面对的都是消费能力较强的高端客户。

杨学彬的微博为什么能吸引到这么多忠实的顾客呢？

说来其实很简单，从他的微博内容来看，所发的微博都与产品知识、农场实景、销售动态、健康养生、食品安全管理相关。即使在与用户互动时，也大多和产品知识、食品安全、销售配送相关，既不在微博上与人闲聊，也很少发送偏离上述几个方面的内容。比如，在销售某产品时，他会把产品的产地、特点、用途、可销售的数量、付款方式、配送方式等都在微博上介绍清楚，同时配发相应的图片。同一条微博信息，一天或者几天之内会多次转发，用不同的文字进行反复介绍，加深用户印象。

彬彬农场从最初的一两个人，发展到目前的五个人的小团队（人员构成为：产品开发一人，采购一人，客服兼内勤一人，司机两人），销售额也从最初的零到如今的年销售额过 100 万，这一切居然是仅靠一个不加"V"的微博实现的。

思考:

1. 请对彬彬农场的微博定位进行分析。

2. 假设你是彬彬农场微博的运营人员,你会怎样规划运营彬彬农场的微博(从内容和时间两方面)?

3. 在日常运营企业微博的过程中,你认为应当注意哪些方面?

2.1.2 相关知识

1. 企业微博营销定位

企业微博营销定位是指企业微博的形象及其功能的专业化,根据定位的要求发布相应的微博内容并开展一系列的微博营销活动。换言之,企业微博的定位是否清晰明确会直接影响到微博营销的效果。明确清晰的定位是企业开展微博营销的重要前提。概括起来,企业微博定位的类型主要包含以下几类。

(1)品牌推广型微博

该类型的微博定位于推广企业品牌,目的在于树立企业的品牌形象。例如,宝马中国官方微博主要发布宝马公司的重大新闻活动、新品发布等内容,通过微博传递企业品牌形象,提高企业知名度和美誉度。图 2-1 所示为宝马中国官方微博发布的公司举办的明星慈善夜活动的博文,旨在推广企业品牌,提升品牌亲和力,塑造良好的企业形象。

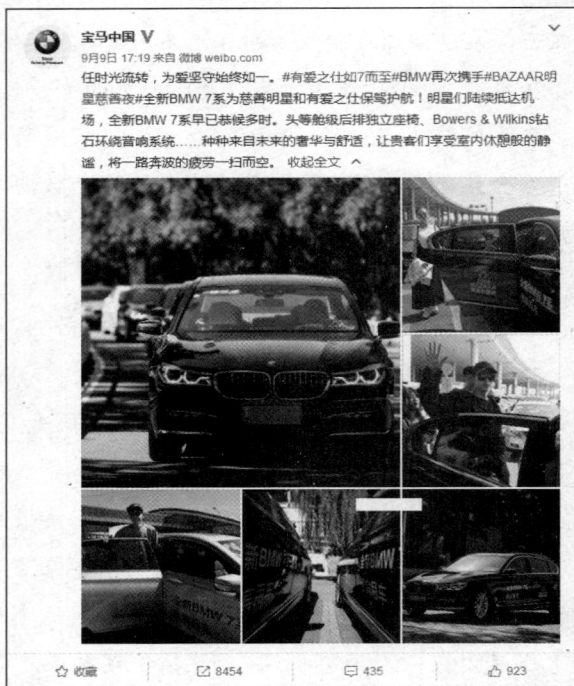

图 2-1 宝马中国官方微博发布的博文

（2）内容互动型微博

内容互动型微博的主要功能在于维系企业同粉丝之间的客户关系，强化企业在消费者心中的形象。因而该类型微博的主要内容是向用户传递关怀，突出企业的用户导向理念。

例如，星巴克官方微博的形象定位是一个有点小资、有亲和力、懂得生活的服务员。星巴克的微博营销目的即塑造亲和力、营造轻松融洽的氛围，让粉丝感觉自己正在一家咖啡馆里和服务员闲聊，并将这种形象定位在用户心中。图 2-2 所示为星巴克官方微博发布的博文。

图 2-2 星巴克官方微博发布的博文

（3）业务型微博

从本质上说，企业开展微博营销的最终目的是为了盈利，因而还可将企业微博直接定位于产品销售或服务购买，通过微博直接为企业带来经济收益。例如，美特斯邦威天猫店官方微博主要发布的内容是产品促销活动信息，将微博作为企业产品销售的一个平台，通过微博促进产品的销售。图 2-3 所示为美特斯邦威天猫店官方微博发布的关于国庆节期间产品促销活动的博文。

图 2-3 美特斯邦威天猫店官方微博发布的博文

2. 企业微博营销架构

发条微博虽然简单容易，但想要做好企业微博营销却没那么简单。尤其对于规模大、业务广、产品多的公司，由于其品牌线较多，影响力较大，单一的官方微博很难满足企业微博营销的需求，这时就需要建立企业微博营销的架构。企业微博营销架构主要包含企业微博营销组织构成、企业微博矩阵营销及微博账号认证三个方面，下面就详细讲解微博营销架构的相关知识。

（1）企业微博营销组织构成

企业微博营销作为一项有组织的活动，单一的企业官方微博很难满足企业微博营销需求，这就需要根据企业实际情况和需要来构建企业微博营销组织。通常来说，企业微博营销组织一般包括企业官方微博、企业产品官方微博以及企业中高层管理人员微博三部分。具体讲解如下。

- 企业官方微博

企业官方微博是以企业在工商行政管理部门核准的注册字号为昵称关键词而建立的微博账号。它主要以企业名义向社会公众、消费者传递与企业的思想文化、经营理念、品牌、产品和服务等紧密相关的微博资讯。

- 企业产品官方微博

这里所指的企业产品官方微博主要是针对大型的集团公司而言的，尤其是拥有多条品牌线的公司，各品牌之间各具特色，且各产品的性质和功能，以及针对的目标消费者各不相同，很难将其统一到一个微博之上，因而，可以根据产品特色分别开设企业产品官方微博。

例如，小米科技公司，旗下拥有小米手机、小米手环、小米电视等多个产品线。因而，小米公司为其所有产品都开设了产品微博，如小米手机、小米手环、小米电视、小米平板等企业产品微博。公司根据各个产品以及目标用户群体的属性，给每个产品都赋予了不同个性，如图 2-4 所示。

图 2-4　小米公司旗下的产品微博汇总

● 企业中高层管理人员微博

企业中高层管理人员作为公司核心部门的人员，本身就代表着企业的形象和企业文化理念，有较大的社会影响力，所以开通企业中高层管理人员的微博，可以增加企业文化和企业品牌对外宣传展示的窗口。同时，利用管理人员的微博，可以将一些企业官方微博不宜发布的信息发布出来，二者相得益彰。图 2-5 所示为奇虎 360 公司高管们的个人微博。

图 2-5　奇虎 360 公司高管微博汇总

（2）企业微博矩阵营销

微博矩阵是指在一个大的企业品牌之下，开设多个不同功能定位的微博，从而与各个层次的网友进行沟通，达到 360 度塑造企业品牌的目的。企业微博矩阵是指企业以品牌微博和客户微博为主线，同时与产品微博、员工微博、活动微博、粉丝微博相联系，形成"4+2"模式下的矩阵分布。

一般情况下，企业开展微博矩阵营销可以根据企业规模、品牌及营销人员等进行架构。而规模较大的企业微博营销组织可以按照企业官方微博、企业产品官方微博、企业中高层管理人员个人微博的模式进行架构。

（3）微博账号认证

微博账号认证即实名加 V，这是微博平台针对企业微博账号、企业中高层管理人员微博账号，以及行业内有影响力的人物账号推出的一项服务。认证通过的微博账号能够为企业微博营销带来很多好处：可以树立企业的良好形象，微博信息可以被外部搜索引擎收录，更易于传播，快速提高影响力和传播力；尤其是对于企业产品微博，认证后的微博所发布的信息公信力更强，容易消除用户的疑虑。

3. 企业微博的内容规划

企业微博的定位完成后，还需对企业微博内容进行规划，从整体定位角度出发把握微博发布的内容。一般来说，企业官方微博发布的无非是关于企业的重大新闻活动、企业产品问题答疑解惑等内容。但是想要发布一条好的、内容优质的微博就没有那么容易了，这里总结了几点关于企业微博内容规划的技巧。

（1）注重实用性

求真务实和负责任的态度是任何一家企业都应该重视和强调的，因而，运营人员在发布微博时可以从实用性角度出发，向用户提供有价值的、实际应用性较强的干货知识，从而在粉丝群中产生高认可度和信任度。图 2-6 所示为同仁堂健康官方微博发布的内容，告诉大家如何正确地煎煮中药，内容具有较强实用性。

图 2-6 同仁堂官方微博发布的博文

（2）富有趣味性

互联网时代，越来越多现代人的生活时间被网络占据，用户刷微博更多是为了放松和娱乐，因而，运营人员应当站在用户的心理需求角度，发布一些有料、有趣的博文，向粉丝传递企业亲和力形象。图 2-7 所示为美的空调官方微博发布的博文，幽默诙谐而又富有趣味性。

（3）追求独特性

在人人追求个性化的时代，用户不再满足于大众化的标准产品，对于私人定制式的需求在网络世界变得更加强烈。这样看来，企业的微博营销则正是顺应了用户市场新的发展方向，改变了过去单一的营销理念，以奇制胜，吸引消费者的关注。具体而言，即企业微博发布的博文要新颖独特、富有创意。图 2-8 所示为可口可乐官方微博发布的博文，这是以轻松幽默的方式发布企业广告的典范。

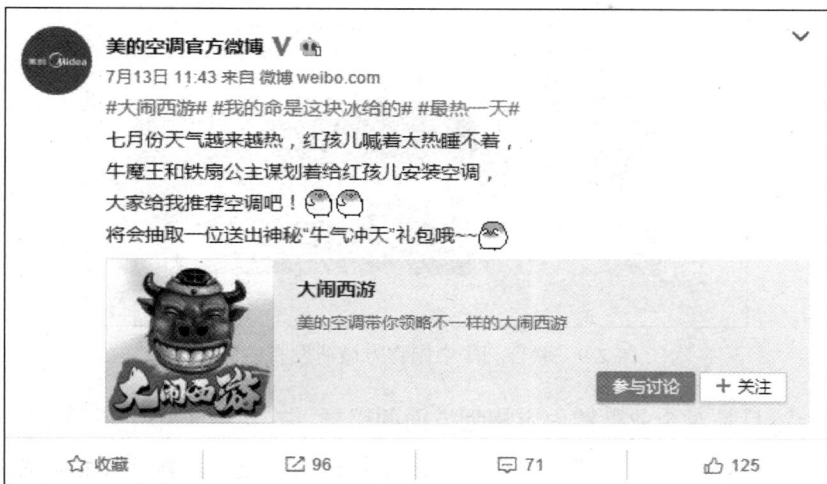

图 2-7 美的空调官方微博发布的博文

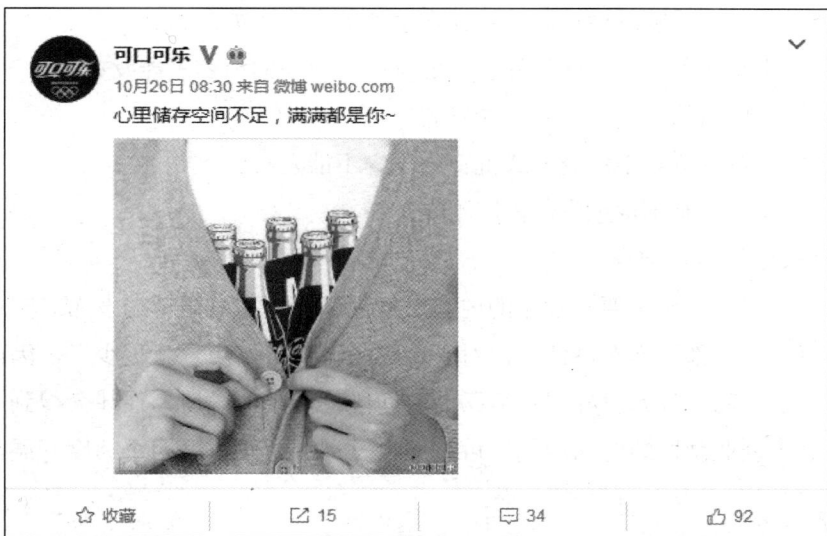

图 2-8 可口可乐官方微博发布的博文

（4）讲究故事性

有故事才会有情怀，有情怀才会有品牌。用户对企业品牌认可是每一家企业都渴望的事情，然而真正能够打动用户的更多是有人文情怀的故事。所以，企业一定要用好微博这个平台，发挥出其窗口的效用，讲好企业故事。图 2-9 所示为联合利华中国官方微博发布的关于该企业举办的四川洪雅县支教活动，以关注山区教育的公益之心，彰显企业情怀。

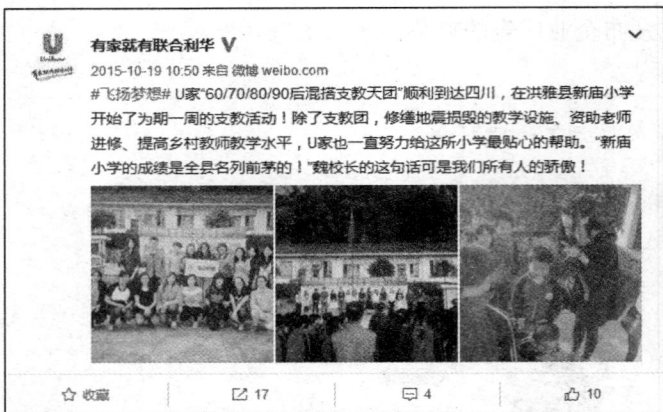

图 2-9　联合利华中国官方微博发布的博文

当然，上述只是对企业微博内容规划方面的引导，在实际工作中还需要综合考虑多方面的影响因素，整合协调，才能写出内容优质的好微博。这里就撰写微博时需注意的一些事项做简要的讲解，具体内容如下。

① 未经企业核实的信息内容不得发布。

② 涉及政治、宗教敏感性话题，或存在争议的内容不能发布。

③ 容易产生社会争议，或违背社会主义核心价值观的内容不能发布。

④ 出于个人情绪的报复性内容不能发布。

⑤ 对于同行业竞争对手的贬低或批评的内容不能发布。

⑥ 过于冷淡、没有感情色彩的内容不能发布。

4. 企业微博的时间规划

良性的微博营销不仅需要对发布的内容进行规划，还需对微博的发布时间进行规划。用户并不是每时每刻都活跃在微博上，对于企业而言，目标用户就更少了，因而参照用户在微博上的活跃时间，找到目标用户活跃的时间段推送企业微博，往往会得到事半功倍的营销效果。对于企业微博的时间规划，可按照日、周、月及季度四个纬度开展，具体内容如下。

（1）每日时间规划

根据现代城市生活规律，早晚上下班是人员流动性较大的时间，人们通常喜欢在这一空闲时间段上网，因而这一时间段也是微博用户的活跃时期。企业微博运营人员可以选择在这个时间发布微博，以最大范围地覆盖目标用户。图 2-10 所示为每日微博发布的最佳时段。

企业微博每日发布的微博条数不宜过多，一般以 5～8 条为宜。每日发布微博的时间段应相对固定，每隔 2～4 小时发布一条微博。晚上 21～23 点为网民上网的高峰期，可选择在这一时段内发布重要的微博。

马桶时段	07:00	08:30
午休时段	11:30	13:00
下班时段	17:00	18:00
睡前时段	21:30	23:00

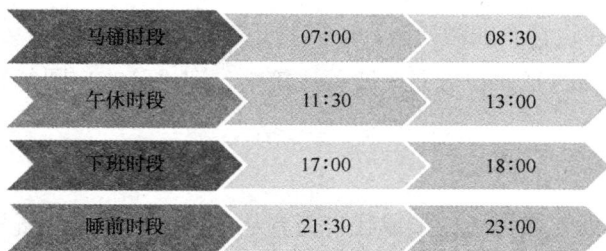

图 2-10 微博发布时间建议

（2）每周时间规划

微博运营的重点在于与粉丝的互动上，根据运营统计数据，每周时间不同，微博运营的效果也不同。总的来说，每周三与周四时微博用户相对活跃，用户更愿意参与企业活动。因此，运营人员可在这一时期内发布比较热门的微博内容，并适当地植入企业品牌、产品相关信息，与粉丝互动。

除此之外，周末也是粉丝较活跃的时间。网民的闲暇时间较多，更愿意参与微博娱乐活动，所以企业可以在周末发布一些投票参与、征集作品、有奖转发等话题活动类的博文内容，号召用户参与企业活动，增强与用户之间的积极互动。

（3）每月时间规划

关于微博每月运营时间规划可以按照日常时间、活动发布时间、热门事件、突发事件四个方面开展，具体介绍如下。

① 日常时间。在了解目标受众需求的基础上，选择他们喜欢的内容，并将产品或品牌软性植入其中。可选择发布行业资讯动态、娱乐休闲、企业资讯等内容。

② 活动发布时间。对于本月企业要举办的活动在微博上通过活动预告、现场直播等方式发布图片和消息。在活动前期发布活动预告，中期发布现场活动，最后在活动结束之后发布活动结果。

③ 热点事件。当有热点事件发生时，需要第一时间关注该事件并发表自己的观点，做到巧妙的借势营销，避免单纯地转发和评论。

④ 突发事件。这里主要说的是公司的突发性事件。当有这类事件发生后，企业需要第一时间发布消息，向广大受众明确态度，快速处理事件，争取把负面影响降到最低。

（4）每季度时间规划

每季度时间规划是指在一些企业的特殊纪念日或者季度中的重要节日，发布一些纪念活动、活动预告的微博文章，或举办现场直播等方式与粉丝进行互动。

5. 企业微博的日常运营

企业微博作为企业对外宣传展示的重要窗口，对于网络时代企业开展网络营销活动有着重要的意义。运营人员在日常工作中运营一个企业微博时，仅仅发布内容是很难起到营销效果的。换言之，在运营企业微博时，还需要开展其他方面的日常运营工作。通常来说，企业微博日常运营工作包括四个方面，即关注策略、评论策略、回复策略、转发策略，具体内容如下。

（1）关注策略

企业微博作为企业在微博上的形象代言需要从多维度选择关注账号，一般企业微博需要关注五种微博账号类型，具体介绍如下。

① 行业资讯号。企业微博关注行业资讯号可以在第一时间得到行业内的信息，同时可以关注到该行业资讯账号的动态，在适当的时候与资讯号进行互动。常见的资讯号类型主要有行业资讯、时事新闻等。

② 意见领袖。意见领袖也称大"V"或者微博大号，主要包括文艺明星、社会公众人物、草根名人等几种类型。他们高度地活跃在微博平台上，拥有大量的粉丝，其观点和行为对粉丝有着较大的影响力。在运营企业微博时，可关注与企业具有相关性的微博大号，选择恰当的时间进行借势营销。

③ 目标网友。企业账号需要关注的目标一般为品牌的目标用户和积极互动的网友，前者是企业的目标用户，是企业下一步需要转化的目标，后者是企业的关注者，能够从第三者的身份给予企业公正评价，增加企业微博的可信度和活跃度。

④ 企业内部账号。企业运营微博展开营销活动时，不止运营一个企业微博账号，而是同时运营多个账号进行推广，常见的有企业子品牌微博、企业产品微博、公司中高层管理人员微博等。将这些账号相互关注起来形成微博矩阵，将有助于企业微博的营销活动取得良好的效果。

⑤ 其他。除了上述需要企业微博关注的微博外，还有其他方面的微博账号也需要加以关注，例如，竞争对手、知名企业、新浪官方等账号。其中关注竞争对手的微博可以及时获得对方的动态，而关注新浪微博官方账号则可以第一时间了解最新的微博相关规则。

（2）转发策略

转发策略作为企业微博借势营销的重要方式，常常会在不经意间取得出人意料的营销效果。例如，2016年8月29日播出的《鲁豫大咖秀》中面对鲁豫的采访，王健林语出惊人地爆出"先定一个能达到的小目标，比方说我先挣它一个亿"。这句话刷爆朋友圈，成为当时最热的网络用语，国美在线官方微博马上发布了如图2-11左图所示的博文，巧妙地借势营销。还有，在2016年10月5日"@韦勇"蓝瘦香菇哥在微博上那句"蓝瘦香菇"瞬间成为热门话题，成了流行的网络用语，而国美在线官方微博随后也转发了如图2-11右图所示的博文。

此外，在选择转发微博时，企业微博应首选对企业发展有利的积极正面的消息。在转载他人的优秀微博时，注意标注内容出处，以尊重原创作者，避免引起版权纠纷问题。最后，企业微博转发的数量不宜过多，转载时可在微博中适当地植入企业广告信息，但注意语言要简洁明了，富有创意，避免单纯转发。

图 2-11　国美在线官方微博发布的博文

（3）评论策略

在评论微博时，应当注意评论中的语气和措辞，它们应当与该微博定位形象相符合，和发布微博时的语气一致，避免给网友造成认知上的混淆。当然，注意评论的语气和措辞，并不是主张企业微博在评论时使用千篇一律的内容评论微博，而应当根据所评微博的实际内容，灵活选择不同的内容来评论微博。

（4）回复策略

除了评论微博外，在日常运营企业微博中还需要回复其他网民的评论。适时恰当的回复不仅可以帮助粉丝解疑释惑，二者的良性互动还有利于企业拉近与用户的关系，提升企业的品牌影响力，塑造企业的良好形象。

运营新人在面对大量的网民评论时，往往无从下手，这时首要的工作就是将评论的用户分类整理，如负面情绪的网友、提出建议的网友、微博认证的用户、草根意见领袖、企业忠实粉丝等几类。

回复粉丝的评论时同样需要采取一定的策略。将回复的网民分类整理后，需优先回复负面情绪的网民，努力安抚其情绪，防止负面情绪在群体暗示下影响网民的舆论导向，将他们向积极正面的方向引导。其次，要及时回复给予企业赞扬的用户，这样做可以起到强化营销效果的作用，为此可以考虑给予适当的奖励，鼓励网民回复好评。

2.1.3　案例分析

1．微博的功能定位

对于企业来说，定位就是要明确企业通过微博想做什么，达到什么样的营销效果。常见的微博定位类型主要有品牌推广型微博、内容型微博、业务型微博等。通过对上述案例进行分析发现，杨学彬微博发布的博文内容主要围绕产品知识、农场实景、促销活动等这几方面。通过微博展现产品，推送广告信息，吸引目标用户，从而实现农产品的购买转化目的。因而可以将杨学彬的微博功能主要定位于业务销售型。

当然，杨学彬的微博功能定位除了销售产品之外，还兼具了与会员及目标群体进行互动沟通的客服服务及会员关系管理功能，他通过微博与会员进行沟通交流，为用户解疑释惑，维系会员关系。

2．微博的内容和时间规划

首先，从微博内容角度对其进行规划，主要包含以下几点。

（1）主题内容

考虑到杨学彬的微博定位功能是销售转化，因此，微博发布的内容可以为农场发布的新品、农场举办的促销活动等与农场直接业务相关的微博。

（2）个性化内容

除了上述农产品信息之外，考虑到农场拥有数百名会员，为了给农场会员提供更好的个性化服务，微博还可以发布与农场有关的重要新闻消息或者就企业产品问题进行答疑等。

（3）分享信息

彬彬农场的主打特色是绿色有机食品，因此，还可以从健康养生的角度出发，发布关于食品健康、营养保健等方面的微博，与大家分享有价值的知识。

其次，从微博时间角度进行规划，微博的规划可以从每天、每周、每月三个维度展开，具体规划内容包含以下几点。

（1）每天

对每天发布微博的时间进行规划，参照粉丝活跃的高峰期，比如上下班途中，下午 4点以后，晚上 6 点以后，每天发布的微博条数在5～8 条，不必过于频繁地更新。

（2）每周

按照每周的时间规划，参考粉丝每周中的活跃时间，一般来说，周末的时候粉丝相对活跃，可以多与粉丝进行互动沟通，邀请他们参与农场发布的微博活动。

（3）每月

一般而言，从月份的角度进行微博规划，主要是针对该月的重大事件和内容的发布进行大致规划，主要内容多为本月的重要活动、热点事件、节假日等这几个方面。

3．日常运营

企业微博的日常运营主要包括关注、转发、评论、回复四方面，因而关于微博运营的注意事项也应从这四方面着手。

（1）关　注

运营企业微博应当根据行业相关性关注同行业中的相关微博账号，以了解行业的最新动态和热点时事。具体来说，企业应当关注的微博账号包括行业资讯类账号、行业意见领袖的账号、竞争对手及目标网友的账号等几类。

（2）转　发

在转发企业微博时，应当坚持积极向上的、符合社会主义主流价值观的正面报道内容，避免发布负面的消息。此外，在转发他人的微博时，需注意标明出处，以重视版权问题，尊重原创作者。

（3）评　论

评论微博时，需要注意评论的语气，要符合企业微博定位的形象，根据不同的情况，灵活选取不同的内容给予回复。

（4）回　复

面对大量评论需要回复时，可以挑选重点的给予回复，对于网友对企业赞扬的评论，可以给予适当的奖励。

2.2　企业微博推广

2.2.1　案例引入

海尔咕咚codo微博粉丝通营销

海尔咕咚是由海尔日本团队研发的全球最迷你的手持洗衣机，依靠每秒700次的挤压就可洗净衣服上的细小污渍。

活动最初由海尔官方微博发布了海尔手持coton的简介，海尔新媒体团队无意间发现这条介绍coton的微博竟然被疯狂转发了5万余次。于是海尔新媒体联系到coton团队，计划设计出一款为国内粉丝量身定制的手持洗衣机。他们先是在官方微博上发起了一系列征名、设计稿、颜色征集等活动，最终从粉丝投票最高的方案里确定了"咕咚"这个个性化的名字，并进一步整理用户交互反馈，确定了产品的颜色方案、包装方案及产品周边。

在海尔官方微博上，咕咚受到热烈拥戴。确定了名字后，咕咚团队注册了微博账号——海尔咕咚 codo，在零粉丝的基础上借助微博粉丝通进行售前预约。

售卖活动从 2015 年 4 月 28 日开始上线，以图文相结合的方式进行推广，图 2-12、图 2-13 所示为海尔咕咚官方微博发布的博文。

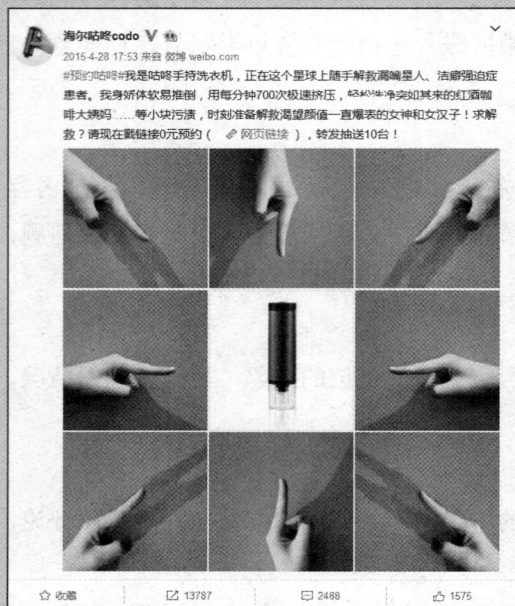

图 2-12　4 月 28 日海尔咕咚官方微博发布的博文 1

图 2-13　5 月 2 日海尔咕咚官方微博发布的博文 2

到了 4 月 29 日，手机端和 PC 端的浏览总量达到 90 000 次。5 月 2 日投放结束后，浏览量共计 218 040 次。推广前预约页面的预约数为 18 000 次，投放结束后达到 29 281 次，单个预约成本仅 9.3 元。图 2-14、图 2-15 所示为海尔咕咚微博粉丝通广告投放的数据。

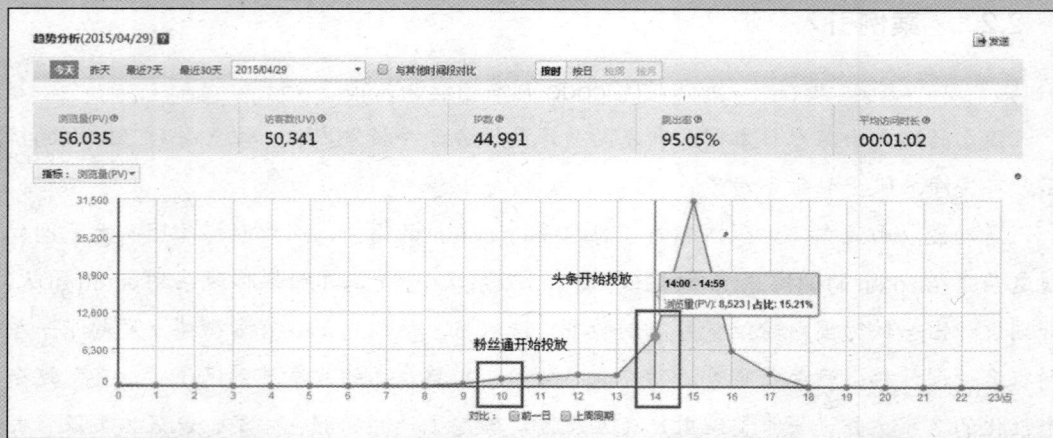

图 2-14　海尔咕咚微博粉丝通广告浏览量折线图

投放数据

日期	曝光量	互动数	转发数	加关注数	收藏数	点击数	赞数	互动率	千次曝光成本	单次互动成本	消耗
2015-05-04	0	1	1	0	0	0	0	0.00%	¥0.00	¥0.00	¥0.00
2015-05-03	381,789	390	25	23	7	224	111	0.10%	¥16.11	¥15.77	¥6,149.35
2015-05-02	1,375,617	1,297	293	91	35	621	257	0.09%	¥16.40	¥17.39	¥22,558.05
2015-05-01	1,096,588	3,976	1,198	212	130	1,726	710	0.36%	¥16.87	¥4.65	¥18,497.86
2015-04-30	1,329,833	5,593	1,496	176	162	3,370	389	0.42%	¥16.93	¥4.03	¥22,516.24
2015-04-29	1,155,361	5,180	1,647	210	131	2,841	351	0.45%	¥17.55	¥3.91	¥20,278.50
平均值	889,865	2,740	777	119	78	1,464	303	0.31%	¥16.86	¥5.48	¥15,000.00
总计	5,339,188	16,437	4,660	712	465	8,782	1,818	—%	¥—	¥—	¥90,000.00

总广告组数	置顶曝光量/次	有效互动数	有效加关注	有效转发	有效短链点击	有效收藏	有效赞数	有效消耗
2	1155361	5180	210	1647	2841	131	351	23148.83
1	1329833	5593	176	1496	3370	162	389	22828.06
1	1096588	3976	212	1198	1726	130	710	18518.04
1	1375617	1297	91	293	621	35	257	22573.18
2	381789	390	23	25	224	7	111	6152.7
2	0	1	0	1	0	0	0	

图 2-15 海尔咕咚微博粉丝通广告投放反馈数据表

整个营销活动累计曝光量超过了 500 万，目标用户的互动数量超过了 16 000 余条，直接带来了预约量近 30 000 个，为公司创造了巨额财富，成为业界微博粉丝通的成功案例。

思考：

1. 请对海尔新媒体策划的咕咚微博营销活动效果进行分析。
2. 根据上述案例提供的活动数据，对海尔咕咚的粉丝通投放效果进行分析。

2.2.2 相关知识

1. 策划微博营销活动

前面讲到的微博营销知识为企业微博日常运营内容，此外，新浪微博针对目标用户还专门推出了营销推广的服务——活动中心。微博用户类型不同，“活动中心”提供的活动形式也各不相同。其中，企业账户（也叫蓝 V）可发起的活动包括有奖转发、有奖征集、免费试用、预约抢购、限时抢、预约报名等 6 种方式；而个人账户（也叫橙 V）可发起的活动只有有奖转发和限时抢 2 种方式。本书以企业微博为介绍对象，讲解企业微博“活动中心”的营销活动的相关知识。

（1）有奖转发

该活动形式以企业官方微博发布的博文为主，通常会设置诱人的奖品刺激和吸引粉丝转发该微博所提示的活动。主要适用于刚开通官方微博的企业，急需告知广大网民和吸引更多用户的关注；还有就是新品发布时期，需要加大宣传力度；最后一种情况是针对已经拥有大量粉丝的企业微博，它们为了与粉丝互动，会定期举办有奖转发活动。图 2-16 所示为小米手机官方微博在感恩节当天发布的有奖转发活动博文。

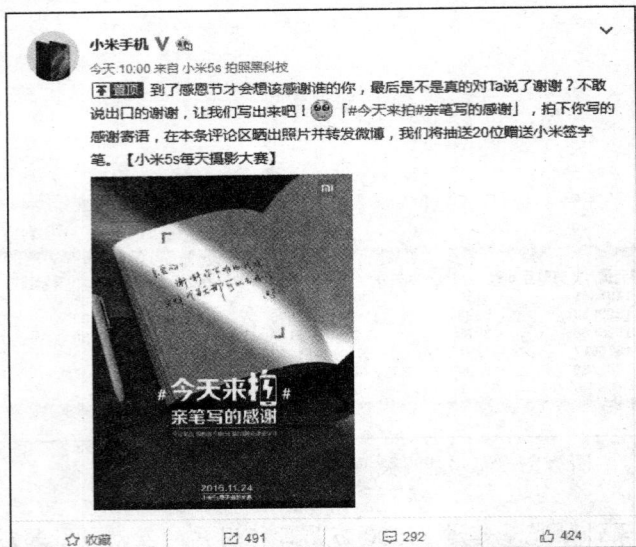

图 2-16　小米手机官方微博发布的博文

（2）有奖征集

有奖征集就是通过微博就某一问题向广大网民征集解决方案或征集创意为主要活动形式吸引用户参与活动，常见的有奖征集活动有征集广告语、段子、祝福语及创意想法等，调动用户兴趣参与活动，并通过奖品来诱导用户，吸引其参与其中。图 2-17 所示为皮阿诺橱柜官方微博发布的关于感恩节有奖征集的博文。

图 2-17　皮阿诺橱柜官方微博发布的博文

该活动主要适用于企业征集广告语、广告口号及创意的时候。图 2-18 所示为石家庄市旅游局官方微博发起的征集平山旅游形象标志、吉祥物及宣传口号的活动。

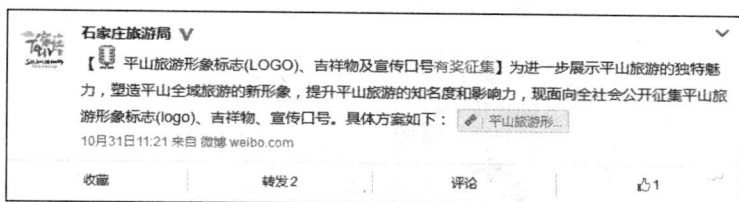

图 2-18 石家庄市旅游局官方微博发布的博文

（3）免费试用

免费试用是指企业通过微博发布的广告促销信息，不过与传统广告不同之处在于，发布的产品是免费试用的，以免费的形式吸引目标用户积极参与活动。官方微博根据用户填写的申请理由把奖品发给目标用户。

这种活动主要适用于企业发布新品开拓市场时，或者为了获取市场反馈，进行口碑营销时。图 2-19 所示为帮宝适官方微博发布的免费试用活动。

图 2-19 帮宝适官方微博发布的博文

（4）预约抢购

本质上讲，预约抢购活动形式的大行其道得益于小米公司的"饥饿营销"策略，后者在其新品发布期，通过各大网络平台对新品进行了高度的曝光宣传，然后以预约抢购的限量销售模式出售产品，所以该活动非常适合企业上新品或者开设新业务时采用，尤其是适用于 3C 数码产品的预售。图 2-20 所示为美图手机官方微博发布的"美图 V4s"预约抢购活动的博文。

图 2-20　美图手机官方微博发布的博文

（5）限时抢

限时抢是指企业在指定的活动时间内发起的游戏活动，该活动目前支持的活动形式有幸运转盘和一键参与两种方式。活动以随机的方式抽选出获奖者，一般来说，奖品设置也比较丰厚，会有不同等级的奖励，用户参与即可抽奖，以此吸引用户参与活动。

该活动适用于电商行业及 O2O 企业的营销活动。图 2-21 所示为中国移动 10086 官方微博发布的"每天 3 次机会抽流量"限时抢活动。

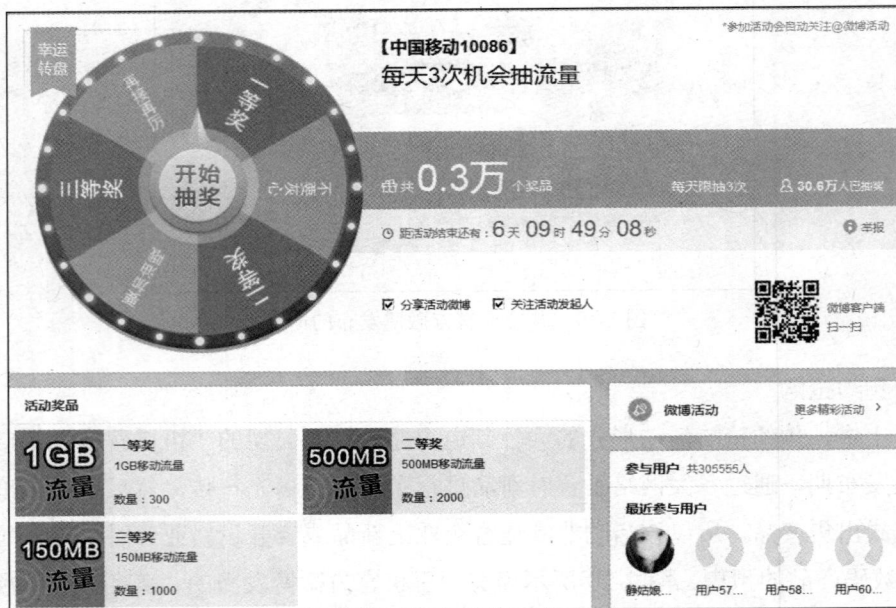

图 2-21　中国移动 10086 官方微博发布的活动博文

（6）预约报名

预约报名活动与预约抢购活动模式相似，也是提前邀请粉丝参与企业开设的最新服务或者业务，常见的预约报名活动有试驾、试吃活动等。因而该活动更适合于服务性行业或者开展 O2O 业务的企业。图 2-22 所示为故宫博物院官方微博发布的故宫博物院端门数字馆将要开放的预约报名活动。

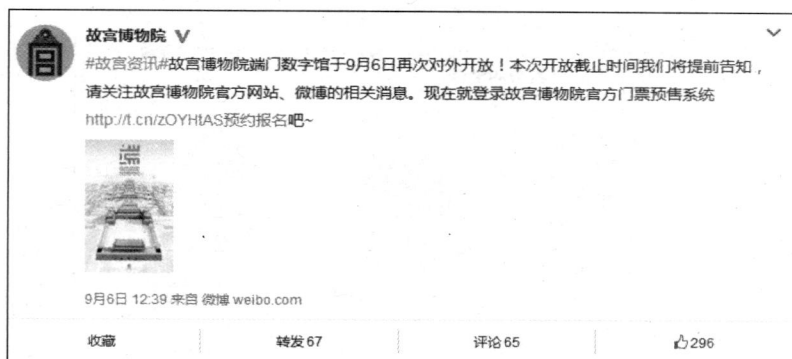

图 2-22　故宫博物院官方微博发布的博文

以上 6 种即为企业活动中心目前支持发布的活动。在运营企业微博的过程中，营销人员可以根据营销活动的实际需求灵活选择活动形式。当然，企业在发起这种或那种活动时需要遵循新浪微博制定的活动报名流程和规则。这里简要介绍一下创建活动的基本流程，只需两步即可完成："设置活动内容"→"提交审核"。如审核通过，活动会按照企业设置的上线日期自动上线；如果审核未通过，审核方会以私信的方式告知企业方，企业方修改后可重新提交审核。活动审核时间一般在 24 小时以内，运营人员可在"管理活动"中查看审核状态。

2. 甄选微博推广渠道

有微博运营经验的人都知道，单一的渠道推广微博通常很难吸引来更多粉丝，也不利于企业品牌的曝光和产品转化。因而在运营过程中还需要借助其他渠道推广，以更加多元化的策略展开微博营销活动。目前，以微博平台为主的推广渠道有群发私信、微博粉丝通、微任务、热门话题、广告等几种形式，具体内容如下。

（1）粉丝服务平台——群发私信

群发私信是指微博用户（这里主要指认证后的用户）与其订阅用户（粉丝）进行互动沟通、传达信息的一种有效方式，这种方式可以直接将想要发送的信息快速直接发送给其订阅用户（粉丝），让他们了解微博活动内容，从而引导订阅用户（粉丝）积极参与活动。

粉丝服务平台是指微博认证用户为主动订阅他的粉丝提供精彩内容和互动服务的平

台。粉丝服务平台下有群发、自动回复、自定义菜单、素材管理、开发者中心等功能。登录微博后，打开"个人主页"→"管理中心"，在左侧导航栏单击进入"粉丝服务"，如图 2-23 所示。群发私信属于粉丝服务平台下的附属功能，每天只能发送一次。目前群发私信支持发送文字、图片、语音等多种形式的信息。

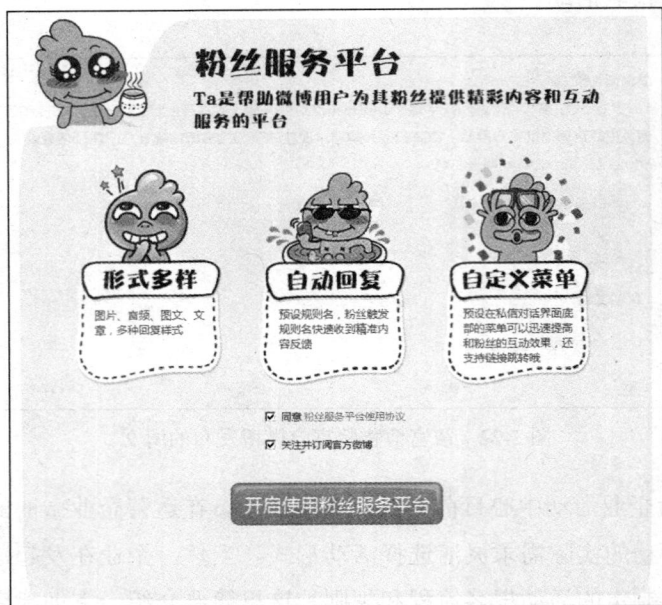

图 2-23　新浪微博粉丝服务平台

（2）微博粉丝通

微博粉丝通是基于微博平台的海量用户，能将广告信息直接推送给粉丝和潜在用户的一项广告投放服务。广告主可以根据用户属性和社交关系将信息精准地投放给目标人群，从而使广告营销更加有效。此外，微博粉丝通也具有普通微博的全部功能，如转发、评论、收藏、点赞等，可实现广告的二次传播，从而大幅提高了广告转化率。

粉丝通推广功能需要用户自助申请开通。用户可以通过微博广告中心完成自助申请，申请一般在三个工作日内完成审核，以私信方式发送给用户。不过，新浪微博并不支持所有行业都可以开通粉丝通服务，目前限制推广的行业有医疗医药行业、金融行业、招商行业及美容行业等。

粉丝通的计价方式有 CPE 和 CPM 两种。CPE 模式按照用户的互动行为收取费用，互动标准为转发、单击链接、加关注、收藏，但不包括评论，最低价格为互动 1 次 0.5 元；CPM 模式按照千次展示收费，最低价格为 1 000 人次 5 元。企业在选择粉丝通付费模式时，可根据实际需求灵活决定。企业如果对短期内曝光有比较高的要求，同时对用户群的精准度要求又高，可以优先选择 CPM 竞价方式，例如，新品上市推广、公关、限时促销等。企业如果是进行长期推广，对曝光又没有严格要求，可优先选择 CPE 方式投放信息。

　　企业在利用微博粉丝通推广信息时需按照相应的流程，根据粉丝通平台的规则并结合企业营销目的，按照实际情况灵活地选择和设置投放条件，具体的投放流程如下。

Step 1 首先，登录新浪微博账号，单击"管理中心"→"广告中心"，进入微博粉丝通的后台，如图 2-24 所示。

图 2-24　新浪微博粉丝通界面

Step 2 微博粉丝通目前支持推广的广告类型有三种，分别是微博推广、应用推广、账号推广。用户可以根据实际业务需求选择相应的推广类型，本书选择以微博推广为例进行讲解，选择完后进入图 2-25 所示页面，填写广告组名称。

图 2-25　新浪微博粉丝通——设置广告组名称

Step 3 单击"下一步"后，进入如图 2-26 所示页面，单击"新建广告组"，创建一条微博创意或者选择已有微博，图 2-27 所示为新创建的微博创意。微博创意在推广前会根据广告法要求进行文案审核。

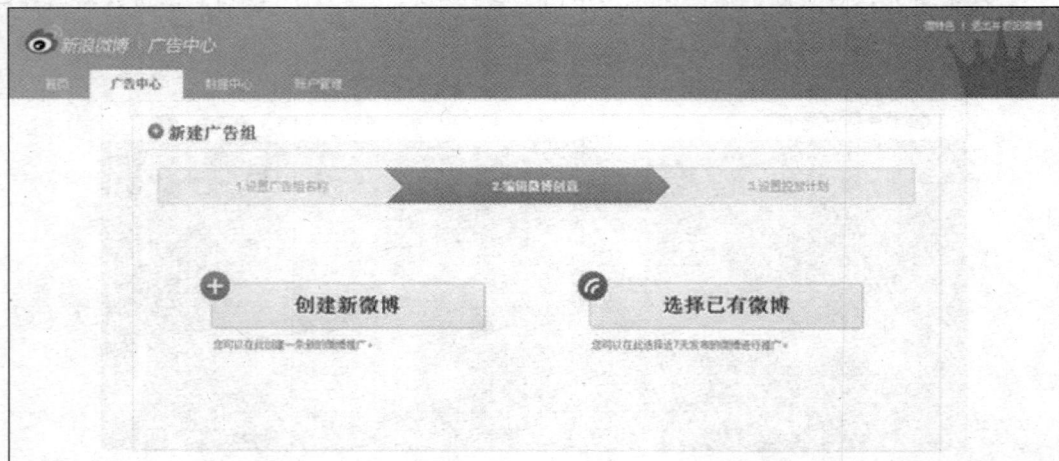

图 2-26　新浪微博粉丝通——创建新微博

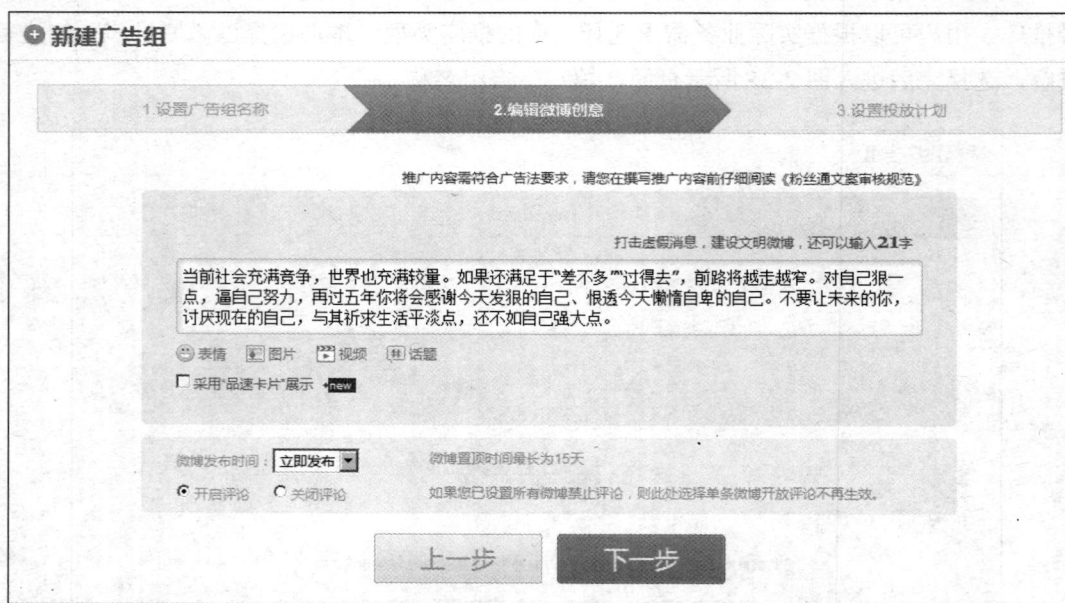

图 2-27　新浪微博粉丝通——编辑微博创意

Step 4 创建完微博创意后，开始设置定向条件，进行粉丝关系、人群属性、社交兴趣等设置。使用用户兴趣或制定账号相似粉丝等功能，能更加准确地锁定投放人群，如图 2-28 所示。

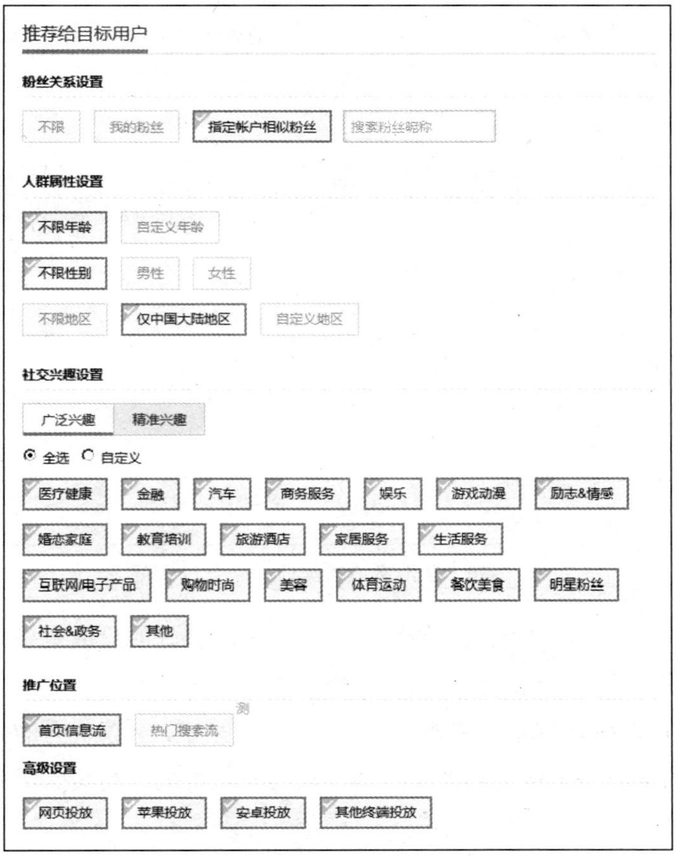

图 2-28　新浪微博粉丝通——设置定向条件

Step 5 设置出价和扣费。根据企业推广需求目的及实际情况设置投放出价，粉丝通系统会根据设定的价格进行扣费，如图 2-29 所示。

图 2-29　新浪微博粉丝通——投放计划设置

Step 6 微博投放出去之后，可以及时地查看投放的数据结果。粉丝通是实时竞价产品，因此，一旦开始投放后，就需要运营人员密切关注数据，随时对广告进行调整优化。图 2-30 所示为微博粉丝通广告投放数据结果统计。

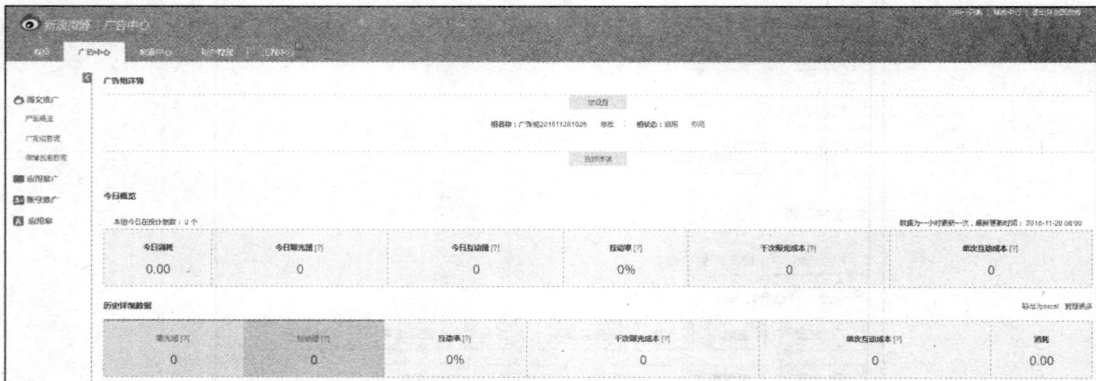

图 2-30　新浪微博粉丝通——今日概览

以上即为微博粉丝通投放的基本流程，但是想要取得好的投放效果，还需注意一些投放技巧。这里总结了几点投放过程中的小技巧，具体内容如下。

① 粉丝通推广的微博创意一定要新颖出众。通常来说，一条优秀的微博广告创意可以从文案、配图、着陆页三方面进行考虑，即出众的文案再配上精美的图片，最后还要有好的着陆页面。

② 设置人群定向时，需要优先考虑性别、年龄、地域等人口学属性。此外，还可以选择指定账号相似粉丝和兴趣图谱来设置。

③ 设置出价时，建议新用户使用 CPM，它可以让广告创意获得高曝光率，然后通过数据反馈再来调整出价、创意和人群定向。如果一开始就选择 CPE，一旦互动率低或者出价低就可能曝光不出去，那样就没有足够的数据来分析和计划，无法指导接下来的广告投放。

④ 投放时注意区别手机用户和网页用户，在写文案、设置人群定向和出价的时候就需要加以区分。

⑤ 评论是客服的阵地，用户在评论区留言之后，要在第一时间给予回复引导并留住潜在用户。

（3）微任务

微任务也属于微博推广的重要渠道之一，目前支持个人用户、企业用户、自媒体账号三种类型。活动的形式为用户主体先在微任务上发布推广任务，再由自媒体账号承接用户发布的任务帮其进行推广。自媒体在完成推广任务后，用户需向自媒体支付一定数额的佣金。微任务的活动类型有直通车推广和阅读加推广两种。

微任务对于参与活动的用户要求较低，企业认证用户无需审核，授权后即可进入微任务平台发布推广任务。不过,对于第一次进入微任务进行推广的用户,首次推广需要充值一定数额的推广费。企业发布微任务同样需要遵循相应的流程,具体内容如下。

Step 1 登录微博账号,单击"管理中心"→"营销推广"→"微任务",进入微任务中心,如图 2-31 所示。

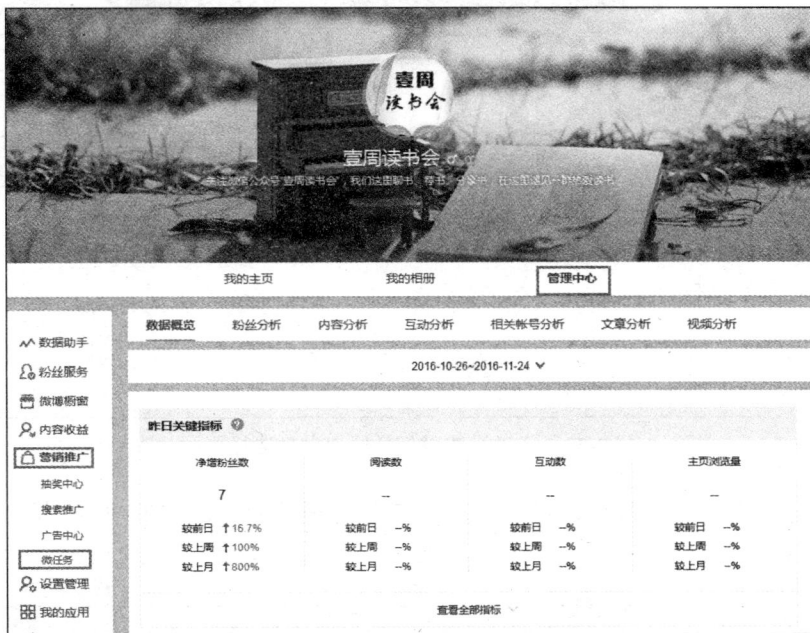

图 2-31　新浪微博粉丝通后台

Step 2 单击"进入微任务",如图 2-32 所示,进入微任务营销平台。

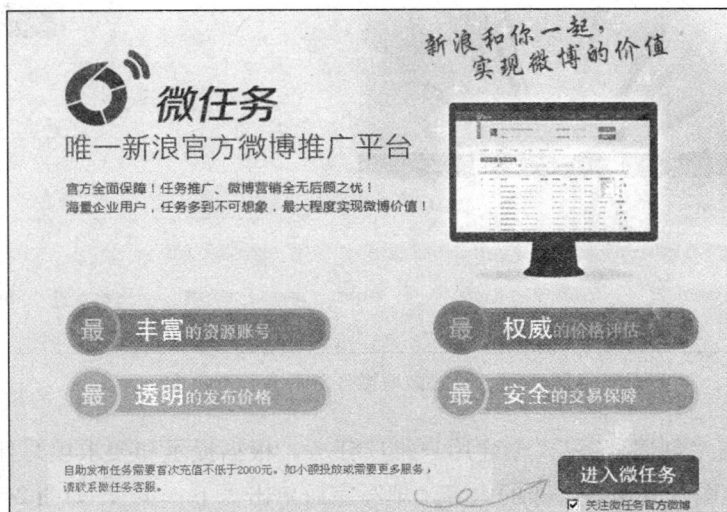

图 2-32　新浪微博微任务进入页面

Step 3 根据自身的用户类型，选择推广类型，如图 2-33 所示。

图 2-33　新浪微博微任务用户身份选择页面

Step 4 选择完用户身份后，进入用户微任务管理后台，图 2-34 所示为微任务的后台页面。

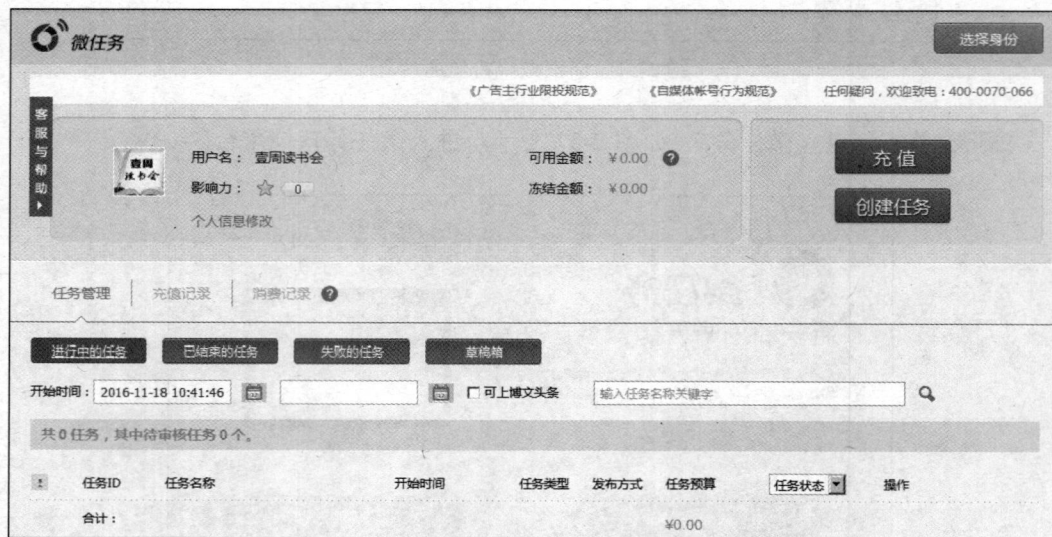

图 2-34　新浪微博微任务后台管理页面

Step 5 单击"创建任务"，创建用户推广任务，根据提示和要求填写任务名称，选择任务类型，上传图片并填写发布的内容，填写完后单击"下一步"，如图 2-35 所示。

Step 6 根据发布内容，选择与内容相关性高的推广账号，如图 2-36 所示。

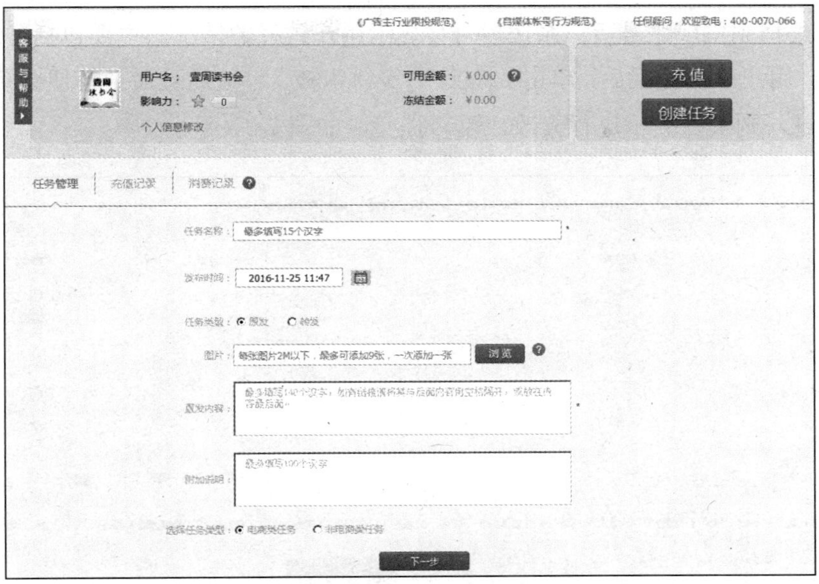

图 2-35　新浪微博微任务创建页面

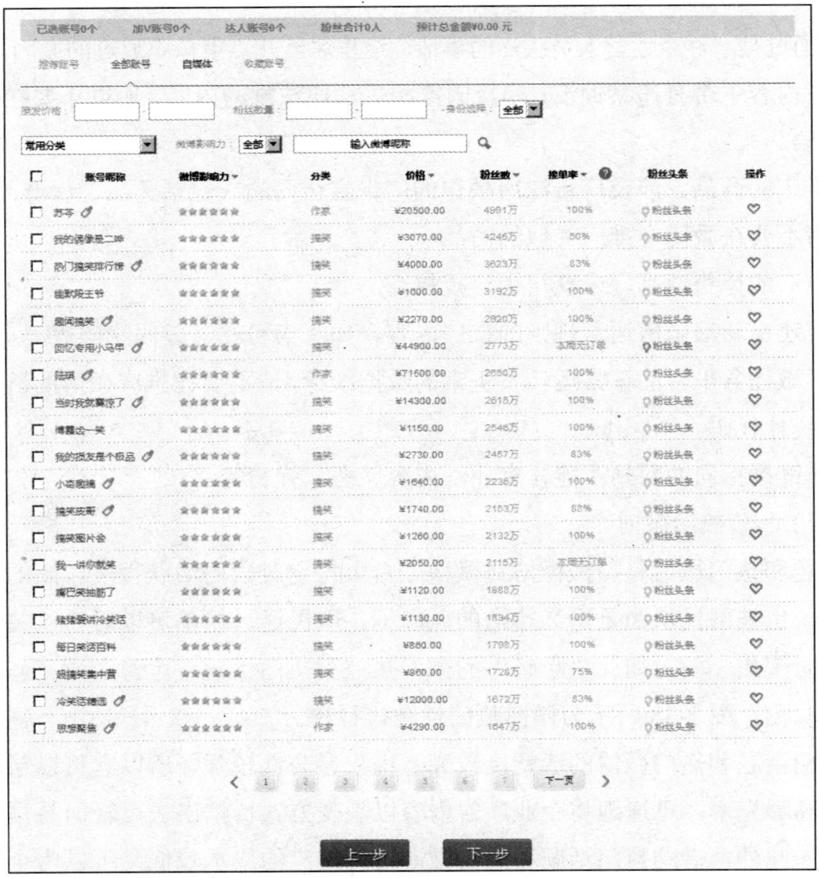

	账号昵称	微博影响力	分类	价格	粉丝数	接单率	粉丝头条	操作
□	苏芩	☆☆☆☆☆	作家	¥20500.00	4991万	100%	粉丝头条	♡
□	我的偶像是二哞	☆☆☆☆☆	搞笑	¥3070.00	4245万	50%	粉丝头条	♡
□	热门搞笑排行榜	☆☆☆☆☆	搞笑	¥4000.00	3623万	83%	粉丝头条	♡
□	能默死主节	☆☆☆☆☆	搞笑	¥1000.00	3192万	100%	粉丝头条	♡
□	囧闻搞笑	☆☆☆☆☆	搞笑	¥2270.00	2826万	100%	粉丝头条	♡
□	回忆专用小马甲	☆☆☆☆☆	搞笑	¥44900.00	2775万	本周无订单	粉丝头条	♡
□	陆琪	☆☆☆☆☆	作家	¥71500.00	2656万	100%	粉丝头条	♡
□	当时我就震惊了	☆☆☆☆☆	搞笑	¥14300.00	2618万	100%	粉丝头条	♡
□	博客达一笑	☆☆☆☆☆	搞笑	¥1150.00	2545万	100%	粉丝头条	♡
□	我的男友是个极品	☆☆☆☆☆	搞笑	¥2730.00	2467万	83%	粉丝头条	♡
□	小奇搞搞	☆☆☆☆☆	搞笑	¥1640.00	2236万	100%	粉丝头条	♡
□	搞笑皮哥	☆☆☆☆☆	搞笑	¥1740.00	2153万	82%	粉丝头条	♡
□	搞笑图片会	☆☆☆☆☆	搞笑	¥1260.00	2132万	100%	粉丝头条	♡
□	我一讲你就笑	☆☆☆☆☆	搞笑	¥2050.00	2115万	本周无订单	粉丝头条	♡
□	嘴巴笑抽筋了	☆☆☆☆☆	搞笑	¥1120.00	1888万	100%	粉丝头条	♡
□	猪猪爱讲冷笑话	☆☆☆☆☆	搞笑	¥1130.00	1834万	100%	粉丝头条	♡
□	每日笑话百科	☆☆☆☆☆	搞笑	¥860.00	1798万	100%	粉丝头条	♡
□	冷搞笑集中营	☆☆☆☆☆	搞笑	¥860.00	1726万	75%	粉丝头条	♡
□	冷笑话精选	☆☆☆☆☆	搞笑	¥12000.00	1672万	83%	粉丝头条	♡
□	思想聚焦	☆☆☆☆☆	作家	¥4290.00	1647万	100%	粉丝头条	♡

图 2-36　新浪微博微任务后台推广账号选择页面

Step 7 选择完推广账号后，系统后台会提示用户选择的情况，主要包括覆盖粉丝数量和推广费用，用户确认无误后，单击"提交"，等待审核。审核通过后任务便会被发布出去，如审核未通过，则根据提示进行修改，重新提交，如图 2-37 所示。

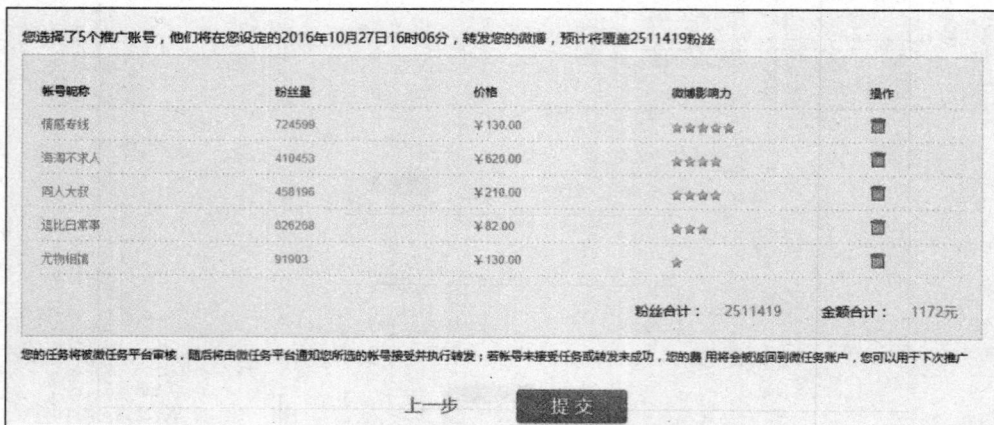

您选择了5个推广账号，他们将在您设定的2016年10月27日16时06分，转发您的微博，预计将覆盖2511419粉丝

帐号昵称	粉丝量	价格	微博影响力	操作
情感专线	724599	￥130.00	★★★★	🗑
海淘不求人	410453	￥620.00	★★★★	🗑
网人大叔	458196	￥218.00	★★★★	🗑
逗比日常事	826268	￥82.00	★★★	🗑
尤物相馆	91903	￥130.00	★	🗑

粉丝合计： 2511419　金额合计： 1172元

图 2-37　新浪微博微任务提交页面

审核不通过是一件令运营人员头疼的事情，这里总结几点审核不通过的原因，具体如下。

① 任务内容中带有违禁词汇、违反国家相关法律法规的内容，所以不要在微博内容中使用违规词语。

② 所推广的商品，涉及广告法所禁止的广告宣传商品（包括药品、保健品、减肥药、烟草等），请不要在微博中推广类似的商品。

③ 所推广的待售商品，未获得销售授权。

④ 涉及违反新浪微博运营规则的推广内容，如买卖粉丝、虚假粉丝等。

⑤ 为了微任务平台的正常运转及正常的数据统计，请不要在推广微博的链接中植入第三方平台的统计代码。

⑥ 微博链接指向的网站不能含有非法内容、恶意弹窗等。

（4）热门话题/热门微博

热门话题和热门微博是新浪微博对微博平台上特定时段内活跃程度较高的微博和话题的客观反映，也被网民认为是网络热点的风向标，网民通过榜单可以对粉丝关注的兴趣和话题进行实时聚焦。面对如此"吸睛"的微博热点和热门话题，运营人员又怎能白白浪费这些免费资源呢？图 2-38 所示为微博热门话题排行榜。

由于热门话题和热门微博的活跃度较高，用户参与性较强，所以它可以帮助企业在短时间内获得高曝光率，迅速地将企业广告内容以裂变方式传播出去，轻而易举地实现企业营销的目的。此外，借助热门话题和热门微博进行推广的成本较低，可以为企业省去高额的广告费用。因而，热门话题和热门微博营销更是备受企业青睐。

图 2-38　新浪微博热门话题排行榜

例如，2016 年 11 月 25 日，国内的跨境电商洋码头在微博创建的话题"洋码头黑色星期五"，策划了"黑色星期五购物节"营销活动，用于推广洋码头跨境购物平台。短短几个小时，参与讨论量就达到了 65.1 万次，阅读量达到 6.4 亿次，成为"热门话题榜"上排名靠前的热门话题，图 2-39 所示为洋码头黑色星期五微博话题页面。

图 2-39　洋码头黑色星期五微博话题页面

（5）广告

当然，除了上述几种微博营销推广方式外，还有一种方式在企业微博营销过程当中也经常见到，即新浪广告。2013 年，新浪推出了"推广信息流"广告系统，即在用户信息流中插播推广信息。在信息上方用灰色字体注明"广告"字样，并画出一条分割线。图 2-40 所示即为新浪微博话题页面广告。

图 2-40 微博话题页面广告

3. 微博营销数据分析

数据分析是一种量化的思考方式，通过数据分析才能客观地评估微博营销效果，发现不足，找到最佳微博营销方式。通常来说，运营人员对于微博营销的数据分析主要是利用微博"数据助手"工具来完成的。微博"数据助手"从粉丝分析、内容分析、互动分析、相关账号分析等几个方面进行数据分析，如图 2-41 所示，可以满足运营人员数据分析的工作需求，本书就以这几方面内容为主讲解如何进行微博运营效果分析。

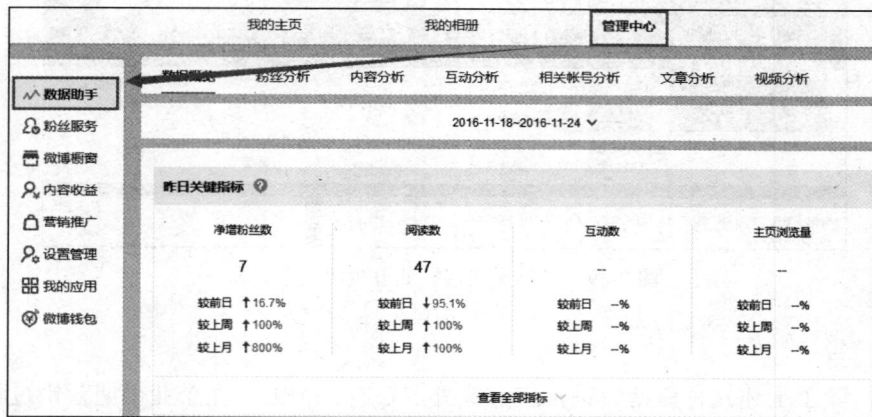

图 2-41 微博管理中心——数据助手

（1）粉丝分析

粉丝分析，是指对于粉丝的账号状况进行分析。粉丝分析主要从粉丝趋势、粉丝来源、粉丝类型、粉丝性别和年龄、粉丝地区分布几方面进行分析，帮助用户了解粉丝的变化趋势，以及用户画像，主要包括粉丝的性别、年龄和其他更多信息，具体内容如下。

① 粉丝趋势分析可以分析在选定时间段内，微博账号每天粉丝数量的变化趋势，包括粉丝总数、粉丝增加数、粉丝减少数、粉丝增长率和主动取关粉丝数的变化趋势，如图 2-42 所示。

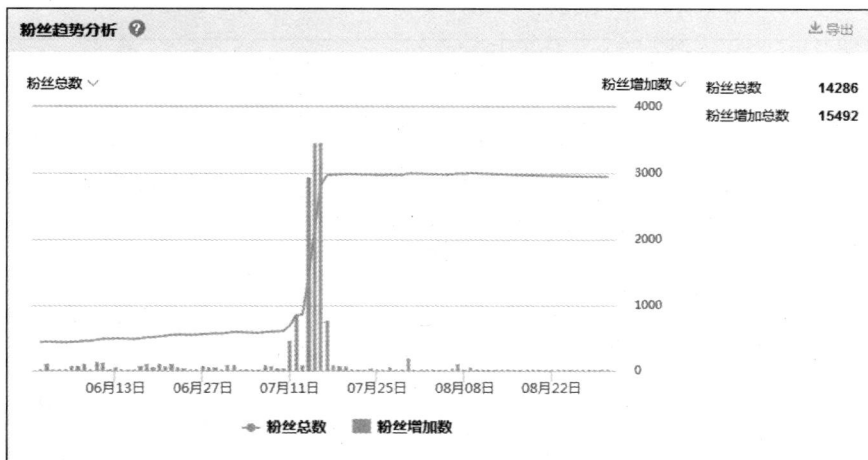

图 2-42　微博数据助手——粉丝趋势分析

② 粉丝来源是指官方微博账号下的粉丝是通过哪些方式和渠道了解并关注此账号的，以及各种成为粉丝的方式所占的比重。目前统计的粉丝来源有：微博推荐、微博搜索、找人及第三方应用 4 种方式。图 2-43 所示是对粉丝来源的分析展示。

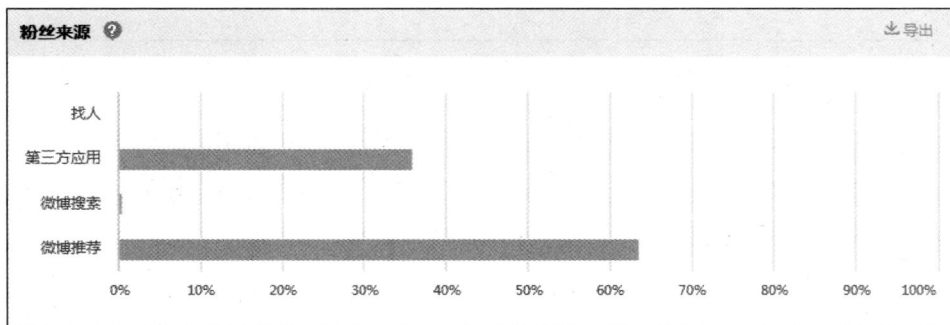

图 2-43　微博数据助手——粉丝来源分析

③ 官方微博账号的粉丝按照账号类型进行细分，以当前时间前一天的粉丝总数为准，账号类型分为认证粉丝（蓝 V 和橙 V）和普通粉丝。高质量的粉丝是运营人员做粉丝分析

的重要组成部分，也是用户微博影响力的重要表现，如图 2-44 所示。

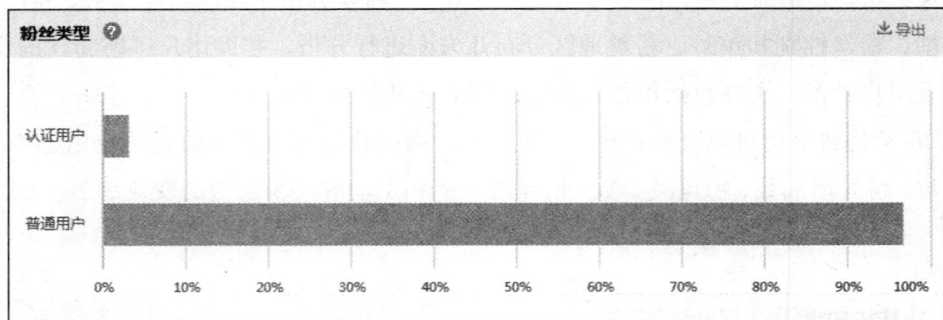

图 2-44　微博数据助手——粉丝类型分析

④ 性别和年龄属于人口学统计中的相关知识，而对于微博用户粉丝的性别和年龄分析可以帮助运营人员更好地了解用户属性，从而按照用户的性别和年龄段特征发布相关微博内容，如图 2-45 所示。

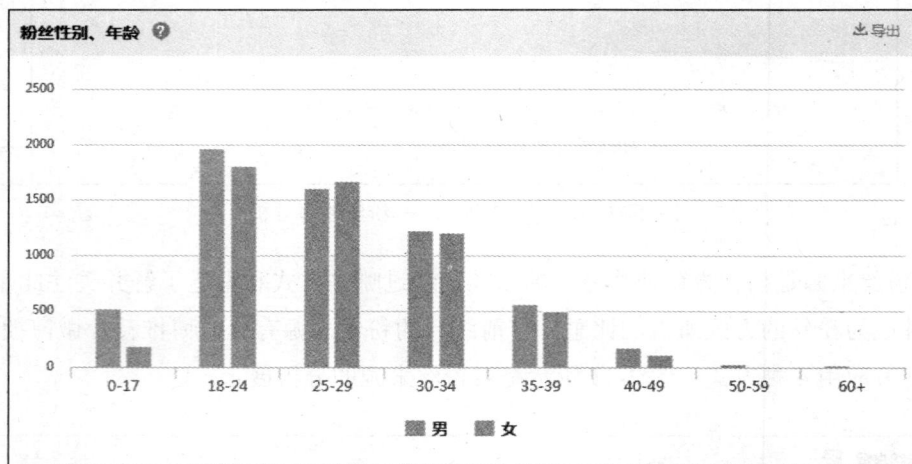

图 2-45　微博数据助手——粉丝性别/年龄分析

⑤ 微博账号的粉丝数按照地区分布进行细分，如图 2-46 所示。了解哪一地区的粉丝用户最多，可更加有针对性地发布关于该地区粉丝用户的微博内容，而对于用户分布较少的地区，可以适当加强同该地区用户的互动和沟通。

（2）内容分析

内容分析是指对于该微博账号上发布的内容进行分析，通过内容分析可以了解粉丝对于微博内容的喜好程度，从而方便运营人员调整发博策略以获取更多的粉丝互动和粉丝增长。例如，通过查看发布的所有微博并找出互动数最高的微博，从而根据该微博内容发布相似的微博内容。微博内容分析主要包括对"我发布的内容""微博列表内容""单篇微博"

分析，具体内容如下。

图 2-46　微博数据助手——粉丝地区分布分析

①　"我发布的内容" 包括选定时间段内某账号每天发布的原创微博数、转发微博数和发出评论数，以及微博效果指标（阅读数、互动数、单击数等）的总体趋势分析。可以对比分析的数据项包含：发微博数、发出的评论数、原创微博数、转发微博数、阅读数、互动数、单击数、互动率和单击率；微博效果指标包含阅读数、互动数（包含转发数、评论数和点赞数）和单击数（包含图片、视频和短链单击），如图 2-47 所示。

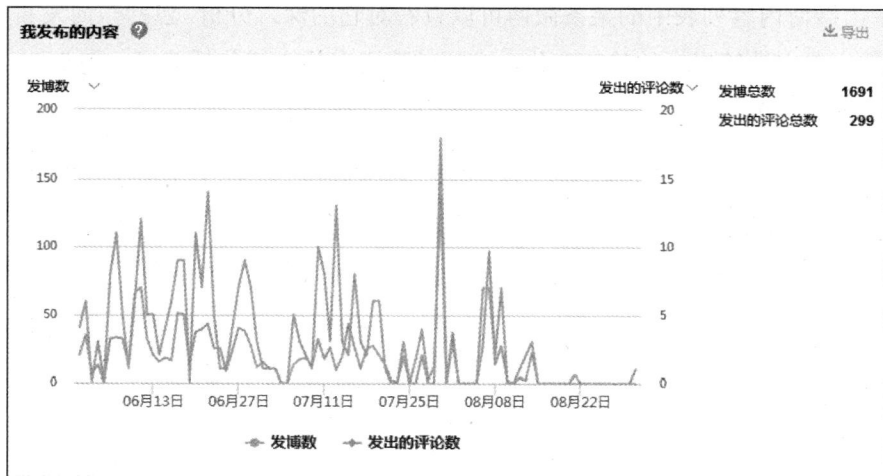

图 2-47　微博数据助手——发布内容分析

②　某账号发布的微博内容列表，包括每条微博当前的阅读数、阅读人数、单击数和互动数等指标，单击列表后可以查看单篇微博的详细数据分析。暂不支持按所选时间段查询，根据发博时间倒序展现微博列表，如图 2-48 所示。

账号发布的微博列表按时间顺序排列，包括微博内容信息和微博图片；可以对比发布微博所收到的阅读数、互动数、单击数；列表中单击某微博后可以查看单篇微博更加详细的数据分析。

图 2-48　微博数据助手——微博内容列表

③ 单击微博内容列表中的某条微博可以查看对它的深入分析，包括微博发布后的阅读数、互动数、单击数等指标的趋势变化，方便挖掘更多的微博传播信息。图 2-49 所示为某条微博单篇博文的效果分析。

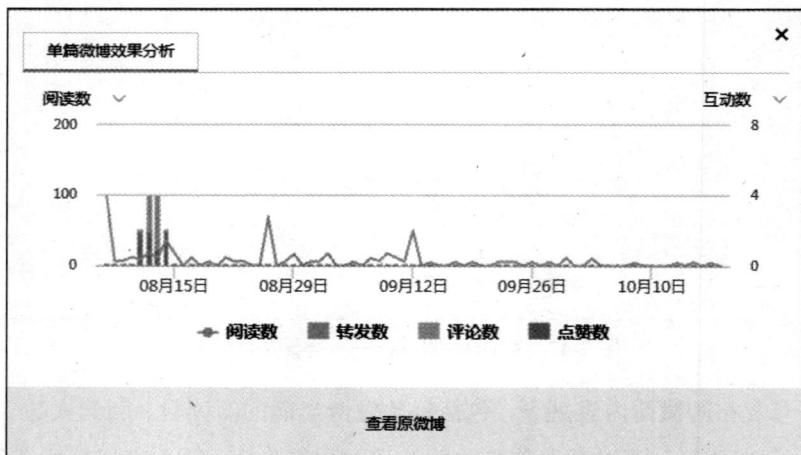

图 2-49　微博数据助手——单篇微博效果分析

（3）互动分析

互动分析可以帮助运营人员了解运营账号的互动表现。通过查看详细的账号互动分析、主页访问的分析，以及影响力分析，可以帮助账号运营者掌握账号的影响力与互动性情况，保持账号粉丝的活跃度。具体内容如下。

① "我的影响力"是衡量一个微博账号每天在微博平台中影响力大小的指标，主要通过对账号发布微博的被评论、转发等互动情况及活跃粉丝的数量来综合评定。运营人员主要关注活跃度、传播力、覆盖度三方面，如图 2-50 所示。

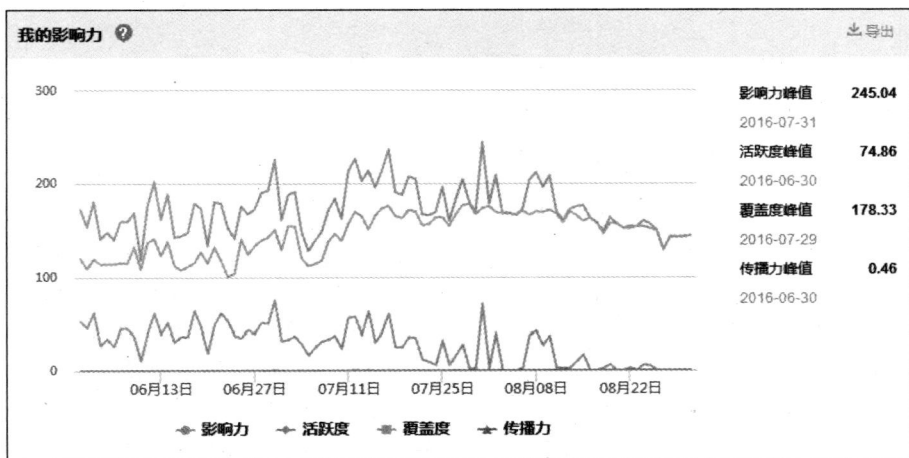

图 2-50　微博数据助手——我的影响力分析

② 主页访问分析包括分析个人微博主页的浏览量、访问人数和平均访问时长等数据指标。微博运营人员主要关注的指标是浏览量、访问人数、访问时长三项数据，如图 2-51 所示。

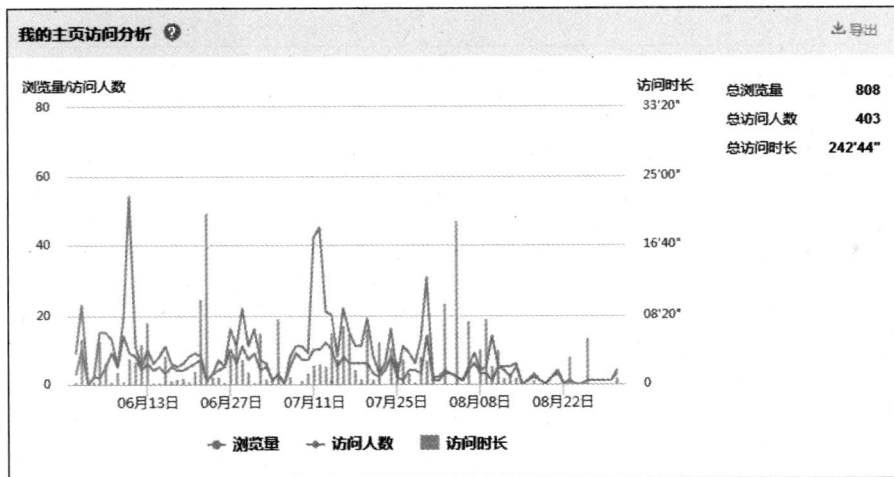

图 2-51　微博数据助手——我的主页访问分析

③ 账户整体互动分析包含所有微博在选定时间段内产生的阅读数、阅读人数、互动数（转发，评论，点赞）和单击数。运营人员需关注分析的数据为：阅读数、互动数、转发数、评论数、点赞数、单击数，以及与其相关的互动率、单击率、转发率、评论率、点赞率。

图 2-52 所示为某账户整体互动分析。

图 2-52　微博数据助手——账户整体互动分析

（4）相关微博账号分析

数据助手除了分析自己发布微博的效果，还可以对相关账号进行分析，尤其是对于微博账号矩阵下的子账号的分析及对竞争对手的情况进行检测等。

① 相关微博账号指需要对其进行分析的其他微博账号，添加该账号后会展现其当前粉丝总数、粉丝增长数、粉丝增长幅度、发微博数、互动数和平均每篇微博互动数。相关账号列表根据粉丝数由高到低进行排列，如图 2-53 所示。

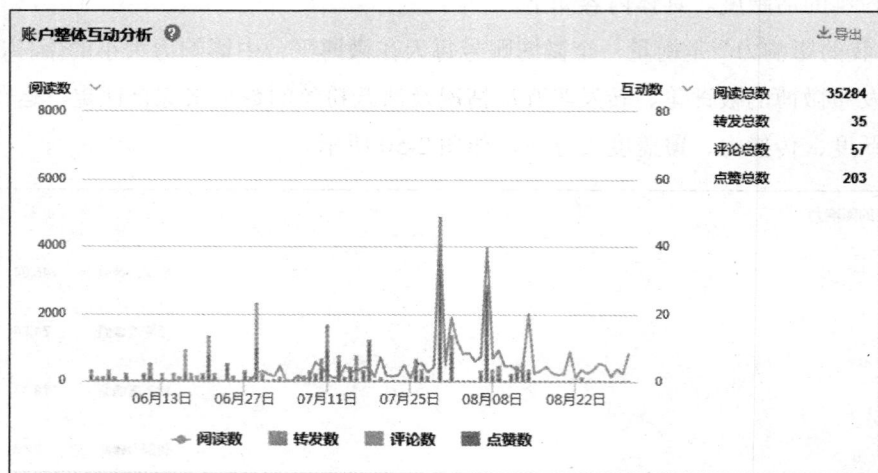

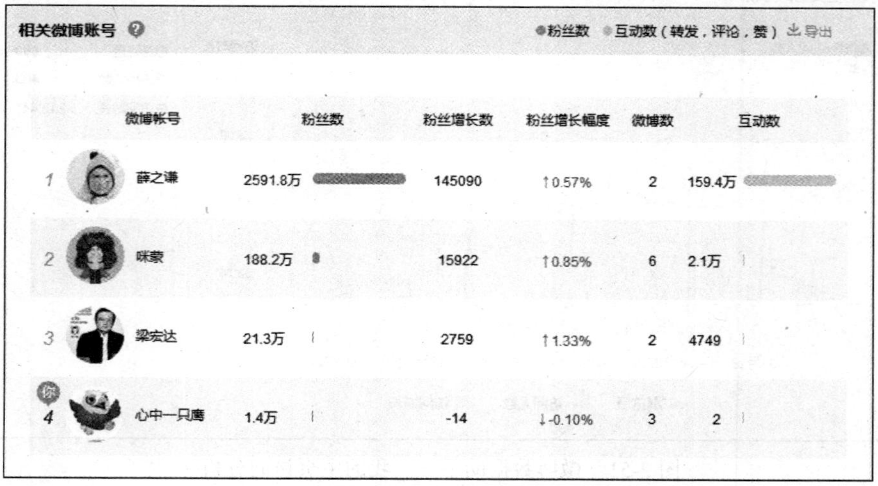

图 2-53　微博数据助手——相关微博账号

② 运营人员可以从已添加的相关微博账号中任选两个，详细对比两个账号在选定时间段内粉丝总数、粉丝增长率、发微博数和互动数的每日变化趋势。单击账号旁边的下拉按

钮可以切换账号；

单击图表左上方的数据项可以切换需要对比的指标，从而更全面地监测竞争对手的表现。

图表右侧的数据项为该图表中显示指标的汇总值，包含对比的相关账号，条形的长度与汇总值的大小成正比，图 2-54 所示为相关账号的发布微博条数对比。

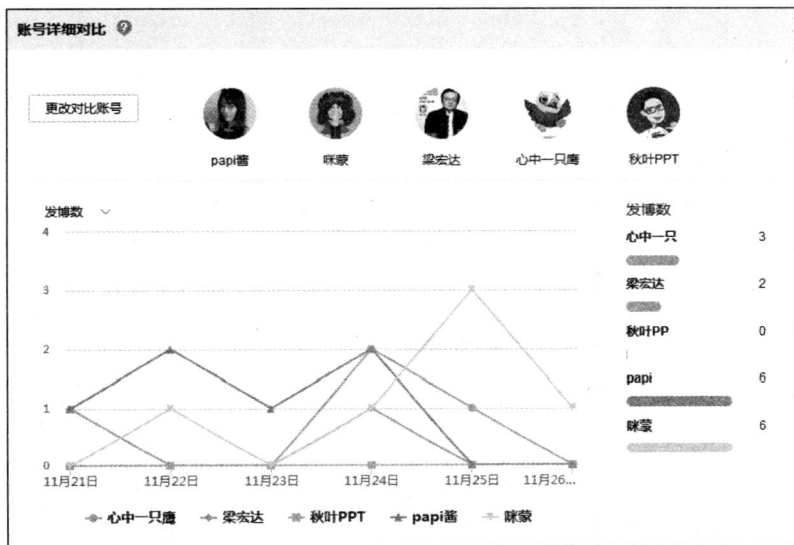

图 2-54　微博数据助手——账号详细对比

③ 除了可以对相关账号的总体表现进行详细对比之外，还可以就相关账号发布的单篇微博效果进行对比分析。这样可以更深入地分析竞争对手一条微博发布后的互动数的趋势变化，方便用户挖掘竞争对手在微博发布后的表现趋势。图 2-55、图 2-56 所示为相关账号微博列表和单篇微博效果分析。

图 2-55　微博数据助手——相关账号微博列表

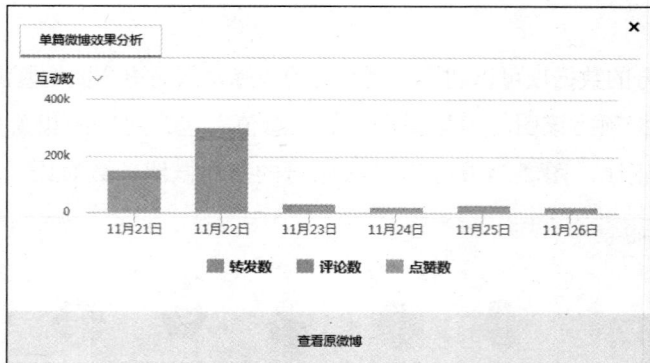

图 2-56　微博数据助手——单篇微博效果分析

2.2.3　案例分析

1. 微博运营互动效果粉丝的主要指标

这些指标包括评论、转发、点赞、关注等几个方面，从 2.2.1 的案例材料可以得出，该活动在 4 月 29 日和 4 月 30 日达到峰值，其中互动数量、转发量和单击量较高，收藏量和点赞数相对较少。因为该活动的目的是出售新品，因此互动量、单击量和收藏量也能表明目标用户对该活动的参与度较高，活动结束后，预购人数多达 29 281，直接给海尔公司带来了巨大的经济收益。

2. 微博粉丝通

这是新浪推出的针对新浪微博会员的一款同百度网盟相似的广告投放系统，有 CPE 和 CPM 两种投放方式，可以按照用户多维度属性进行投放，因此具有较强的传播力。

在 2.2.1 的案例中，海尔借助微博粉丝通进行广告投放无疑取得了巨大的成功。这主要表现在以下几个方面。

① 在新品发布前积累了自己的种子用户，并按照粉丝的需求设计新产品，因而更易得到用户青睐。

② 借助海尔官方微博大号的人气及海尔已有的品牌优势，在微博中吸引了较高的人气。

③ 选择精准的曝光人群，匹配产品的调性，易于激发目标群体的自传播。

④ 选择目标用户活跃的时间段进行广告投放，在短时间内获得高曝光率。

2.3　课后习题

一、选择题

1. 2007 年 5 月，国内第一家推出微博服务的社交网站是（　　）。

A. 滔滔　　　　　B. 叽歪　　　　　C. 饭否　　　　　D. 嘀咕

2. 以下选项中，属于企业开展微博营销带来的优势是（　　　）。

A. 成本低　　　　B. 传播快　　　　C. 群体广　　　　D. 多样化

3. 通常来说，企业微博定位的类型主要包含以下哪几类？（　　　）

A. 品牌推广型　　B. 内容互动型　　C. 业务型　　　　D. 官方产品型

4. 下列选项中，哪些账号属于运营企业微博需关注的微博账号？（　　　）

A. 行业资讯号　　B. 网红段子手　　C. 目标网友　　　D. 企业内部账号

5. 下列选项中，属于微博粉丝分析中的选项是（　　　）。

A. 粉丝趋势　　　B. 粉丝来源　　　C. 粉丝类型　　　D. 粉丝性别和年龄

二、判断题

1. 微博是一种通过关注机制分享简短实时信息的社交平台，用户通过微博以简短文字发布信息，实现实时分享。（　　　）

2. 一般来说，企业开展微博营销，开通一个官方微博就足够用了，没有必要再开通其他的账号。（　　　）

3. 通过认证的微博账号同没有认证的账号相比，能够为企业微博营销带来更多收益。（　　　）

4. 在评论微博时，可以根据所评微博的实际内容进行大胆评论，不用顾忌其他。（　　　）

5. 微博热门话题的推广成本较低，可为企业省去高额的广告费用。（　　　）

模块 3
微信营销

【学习目标】

知识目标	➤ 了解企业微信营销的作用 ➤ 掌握微信公众平台的运营推广技巧 ➤ 掌握微信第三方平台的使用攻略
技能目标	➤ 能够对企业公众号进行定位与运营 ➤ 熟悉公众号后台，能够对公众号后台数据进行分析 ➤ 熟悉主要的第三方应用平台，会文章排版和制作 H5 页面

微信自 2011 年推出以来，短短几年时间，就迅速占领了国内即时通信行业市场，腾讯

公司再次成功将微信打造成为和 QQ 一样的移动社交产品。当然，时至今日，微信所提供的服务和功能也早已突破了过去简单的聊天交流的功能，微信红包、转账支付、朋友圈、公众号新闻、微信群、摇一摇、微信城市服务、移动广告等服务的推出早已经渗透到了商业、金融、电商、餐饮等众多的行业和领域中，换言之，微信早已突破移动社交的范围，而是成了移动互联网时代的新兴的网络平台。

本模块由企业微信营销认知、微信公众平台攻略、企业微信运营与推广、微信运营数据分析及第三方平台使用攻略四部分组成。其中，企业微信营销认知部分属于知识储备内容，向学生简要介绍企业微信营销的基础知识。重点以微信公众平台攻略、企业微信运营与推广、微信运营数据分析及第三方平台使用攻略为主，详细讲解企业微信营销中公众平台的操作、运营、推广及如何借助第三方使用平台等相关知识，使学生对微信营销产生兴趣，从而掌握微信营销的方法和技巧。

【知识储备】

1. 什么是微信营销

微信营销是一种基于用户群体与微信平台的全新的网络营销方式。它通过微信软件与微信用户搭建一个类似"朋友"的关系链，并在该社交关系中借助移动互联网特有的功能而制造全新的营销方式，如"漂流瓶"营销、公众平台营销等，来达到传播产品信息、传达品牌理念，从而实现促进产品销售、强化企业品牌的营销目的。

2. 微信营销的特点

微信营销是由于微信的兴起而出现的一种全新的营销方式，因而微信营销也无可厚非地带有微信应用的特色和表现形式，主要有以下特点。

（1）"一对一"互动营销

微信是一款基于个人通信的即时通信工具，用户在微信上的互动是"一对一"的，在完成信息的推送之后，商家可以根据客户的反馈与其进行一对一的对接，根据客户的需求量身定制解决方案，这种营销给客户的感觉往往是"专一的""私密的"。因此，微信营销更接近于朋友化、人性化的营销，它运用亲切动人的语言和图片，拉近了和用户之间的距离，从而提高了用户黏性。

（2）信息到达率高

通过微信，商家可以将企业的活动信息及产品相关信息完整无误地发送到用户移动终端上。同时，微信收到未读信息时会以铃声、角标等方式提醒用户阅读，加之手机端的移动便携特征使用户可以随时随地读取信息，从而实现了微信信息的高到达率。

（3）强关系营销

微信的一对一产品形态注定了其能够通过互动的形式将普通关系发展成为强关系，从而产生更大的价值。微信建立联系的方式是互动，互动就是聊天，可以解答疑惑，可以讲故事甚至可以"卖萌"，用一切形式让企业与消费者形成朋友关系，你不会相信陌生人，但是会信任你的"朋友"。

（4）初期成本较低，维系成本较高

相对于投放传统的电视、报纸、户外广告，微信营销信息成本要低廉得多。目前申请公众账号是免费的，企业只需一点流量就可以向粉丝用户推送广告信息。但是，当公众账号粉丝数量扩大时，企业就需要投入大量的人力、物力、财力和受众做好互动沟通，此时会产生较高的成本。同时，为了留住粉丝，商家也必须不断制作高质量的文案、图片等内容，因此做好微信公众账号的运营比申请一个账号群发硬广告信息要复杂得多。

3. 微信营销优势解读

随着移动互联网时代的来临，越来越多的用户开始使用微信聊天、晒朋友圈、阅读公众号文章，微信俨然已经成为了移动互联网世界中的重要流量入口，承载着数以亿计的用户。这让许多企业开始重视微信营销，那么，微信营销具有哪些优势呢？

（1）海量的潜在客户

2011年1月21日腾讯公司推出即时通信工具微信，在距其推出仅400余天后的2012年3月29日微信用户便突破了一亿，2012年9月17日，腾讯CEO马化腾在微信上宣布腾讯旗下移动互联网产品微信用户数突破2亿，从0到2亿用户，微信只用了14个月的时间，而到了2016年微信用户数量更是超过了8亿。用户导向即市场，有人的地方就有市场，何况是微信拥有数以亿计的海量用户。

（2）营销成本低

微信软件本身的使用是免费的，使用各种功能都不会收取费用。每一个人都可以申请自己的一个微信公众号，并在微信公众平台上以文字、图片、音频、视频、语音等多种方式与用户进行全方位的沟通和互动。而在微信上实现这些诉求的成本几乎为零，这也就极大地降低了企业的宣传推广费用。

（3）营销定位精准

微信公众账号让粉丝的分类更加多样化，企业可以通过后台的用户分组和地域控制，实现精准的消息推送，同时LBS（基于位置的服务）营销可以知道目标客户群体所在的大致位置。也就是说，企业可以"一对一"更具针对性地向用户推送广告消息或提供服务，也可以针对某一地域或者某一地区的用户进行消息的推送。

（4）营销方式多元化

微信作为一款即时通信工具，拥有强大的功能，这使得基于微信开展的微信营销也有着丰富多样的营销方式，摇一摇、漂流瓶、附近的人、二维码、朋友圈等多种功能都成为微信营销的方式。功能多样不仅让商家拉近了与用户的距离，还使营销活动变得更加生动、有趣，从而更加有利于营销活动的开展。

（5）营销方式人性化

微信营销最大的优点是亲民而不扰民，用户可以自由选择是否接受信息，并且微信公众号每天只能群发一次消息，一次最多 8 条，从而给用户带来了更大的选择空间。

（6）能够获得更加真实的客户群

微信营销不同于微博营销，这主要表现在微信作为即时通信工具，是一对一进行沟通和传播信息的，用户的真实性更高，对于开展微信营销的企业来说，通过微信获得粉丝营销的价值或意义更大，更易于为企业带来效益，实现企业营销目的。

（7）营销信息送达率高，信息交流的互动性更加突出

在微信上，每一条信息都是以推送通知的形式发送，信息很快就可以送达到用户微信移动客户端，到达率可以达到 100%，传播到达率高于微博。而且微信的互动性更加及时，无论在哪里，只要带着手机，就可以方便自如地同潜在用户进行互动沟通。同时，微信可以 24 小时在线沟通，更加方便地与用户随时随地进行互动。

3.1　微信公众平台攻略

3.1.1　案例引入

肯德基微信公众平台

肯德基（Kentucky Fried Chicken，肯塔基州炸鸡），简称 KFC，是美国跨国连锁餐厅，同时也是世界第二大速食及最大炸鸡连锁企业，由哈兰德·桑德斯上校于 1930 年在肯塔基州路易斯维尔创建，主要出售炸鸡、汉堡、薯条、蛋挞、汽水等西式快餐食品。经营理念是不断推出新的产品，或将以往销售产品重新包装，针对人们尝鲜的心态，从而获得利润。肯德基也有属于自己的微信公众平台且做的是服务号，肯德基的微信公众平台主要以提供服务及推送活动信息为主，几乎每篇文章的阅读量都可以达到 10 万以上。

在肯德基的公众账号中可以注册会员，在线下消费时让销售人员扫会员码可以得到名为"K 金"的积分，该积分可以在每周的会员日兑换相应的食品。

图 3-1 与图 3-2 是肯德基微信公众平台的子菜单及日常推送内容的截图。

图 3-1　公众号子菜单

图 3-2　公众号推送内容

思考：

1. 公众号的平台定位及内容定位对公众号的运营有着很重要的作用，请对肯德基的平台定位及内容定位做简要分析。

2. 肯德基的微信公众平台属于什么类型的账号，为什么选用这种类型的账号？

3.1.2　相关知识

1. 正确认识订阅号和服务号

微信 5.0 上线以后，微信公众账号分为了订阅号和服务号两种形式，订阅号被折叠到一个订阅号文件夹中。本节主要讲解订阅号与服务号两种形式的主要内容，二者作为不同性质的信息传播平台有着不同的功能和特点。正确认识订阅号和服务号二者的区别是成功开展微信营销的前提。

（1）订阅号

微信订阅号是为媒体和个人提供的一种新的信息传播方式，发布者可以借此与读者构建更好的沟通关系，并建立良好的管理模式，一般来说，媒体使用微信订阅号的比较多。订阅号的权限和功能主要为以下几点。

① 订阅号每天可以发送一条群发消息。群发消息将直接出现在订阅号文件夹中。

② 订阅号群发消息的时候，手机微信用户将不会收到像短信那样的消息提醒。

③ 在手机微信用户的通讯录中，订阅号将被放入订阅号文件夹中。

④ 默认不支持自定义菜单，需要微博认证或微信认证，微博认证需要订阅号至少有500 人关注，微信认证费 300 元一次。

⑤ 订阅号的服务功能有限，没有高级接口相关功能。

⑥ 订阅号可以升级为服务号。

（2）服务号

微信服务号，顾名思义主要是为企业和组织提供强大的业务服务与用户管理的，它偏向于服务交互，银行和企业做客户服务时用得比较多。图 3-3 所示为招商银行的微信服务号。

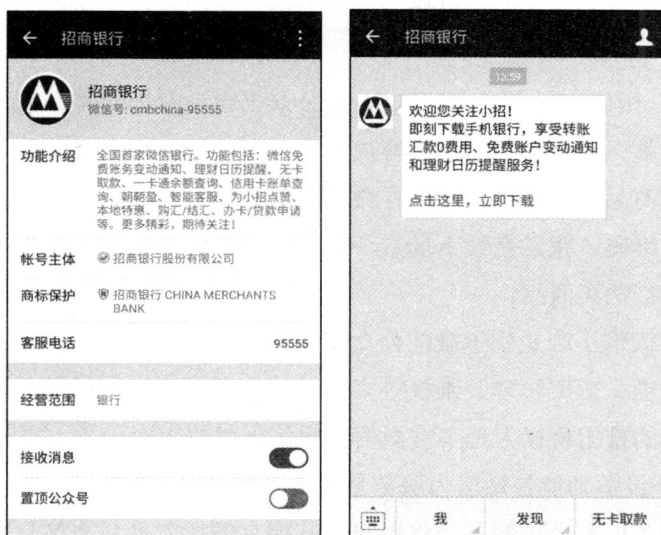

图 3-3　招商银行服务号

服务号分为认证服务号和未认证服务号两种，通过认证的服务号比未认证的服务号拥有更多的功能和权限，下面就介绍认证和未认证的服务号共同具有的功能和权限。

① 服务号 1 个月（按自然月）内可发送 4 条群发消息。

② 服务号群发消息的时候，用户手机会像收到短信一样收到消息，显示在用户的微信聊天列表当中，如图 3-4 所示。

一般而言，通过认证的服务号享有更多微信后台开放的功能和权限，可以支持企业开展更多的业务活动并提供更好的用户体验。通过认证的服务号其功能主要有以下几方面。

① 模板消息。模板消息仅用于公众号向用户发送重要的服务通知，且只能用于符合其他要求的服务场景，如信用卡刷卡通知，商品购买成功通知等，而不支持广告等营销类消息及其他所有可能对用户造成骚扰的消息。

② 获取用户地理位置。用户在关注并进入公众号会话时，会有一个弹框让用户确认是否允许公众号获取其地理位置信息。弹框只会在关注后出现一次，用户以后可以在公众号详情页面进行操作。

图 3-4 服务号群发的消息

③ 生成带参数的二维码。为了满足用户渠道推广分析的需要，公众平台提供了生成参数二维码的接口，使用该接口可以获得多个带不同场景值的二维码，用户扫描后，公众号便可以接收到事件推送。

④ 长链接转短链接。二维码原链接（商品、支付二维码）太长造成用户扫码速度和成功率下降，该功能可以将原来的长链接转成短链接再生成二维码从而大大提升扫码速度和成功率。

⑤ 微信支付。微信支付（商户功能），是公众平台向有出售物品需求的公众号提供的推广销售、支付收款、经营分析的整套解决方案；商户通过自定义菜单、关键字回复等方式向订阅用户推送商品消息，用户可以在微信公众号中完成选购支付的流程；商户也可以把商品网页生成二维码，张贴在线下场景，如车站和广告海报栏。用户扫描后可打开商品详情，在微信中直接购买商品。

⑥ 微信小店。微信小店是基于微信公众平台打造的一套原生电商模式，具有添加商品、商品管理、订单管理、货架管理、维权等多种功能，开发者可使用接口批量添加商品，快速开店。微信小店的推出将极大地丰富微信及微信支付的应用场景，提升用户体验。

⑦ 设备功能。设备功能是微信为服务号提供的物联网解决方案，建立在微信硬件平台之上，允许硬件设备厂商通过服务号将用户与其拥有的智能设备连接起来。通过微信硬件平台规定的连接协议，各种智能设备，如蓝牙设备、Wi-Fi 设备和其他移动网络设备都能方便地接入微信，完成设备、人、服务三者的连接。微信硬件平台同时还提供了 AirSync、AirKiss 等用于蓝牙和 Wi-Fi 技术的基础支持框架，以及硬件 JSAPI 等，以方便硬件开发人

员快速地将微信与智能设备进行互联。

⑧ 网页授权获取用户基本信息。如果用户在微信客户端中访问第三方网页，公众号就可以通过微信网页授权机制来获取用户基本信息，进而实现"业务逻辑"。

2. 如何选择订阅号与服务号

微信订阅号和服务号功能不同，各具特色。企业在开展微信营销的时候，需要根据自己的实际业务情况及用户的需求灵活选择和应用订阅号和服务号。通常来说，企业在选择微信订阅号和服务号时以微信公众号定位的功能为主，选择时应考虑以下几点因素。

（1）宣传为主

该模式以宣传推广企业品牌或者产品为营销目标。当企业以通过微信公众号向用户推送企业营销活动、发布新品及公司其他重大活动等相关资讯为主要目的时，企业可以选择订阅号作为微信营销的主要窗口，以满足宣传推广的需求。通常来说，以宣传为主的微信订阅号可以分为两种，一种是类似于企业的内刊模式，将企业内刊内容搬到微信上，通过微信宣传企业品牌。因此，这种模式与企业在传统媒体上做的付费推广相比，具有宣传推广成本低、营销精准度高的优势。另一种就是通过订阅号向用户发送企业的新闻资讯。

（2）分享交流为主

这种模式是指企业微信营销的目的主要是通过公众号与用户分享或者交流最新的产品信息、企业要闻，或者讨论用户关注的热门话题。此时，企业应选择订阅号，每天向用户推送相关消息。

（3）帮助知名品牌提供客户服务

知名品牌是指规模较大、业务较多、品牌知名度较高的企业拥有的品牌。这种类型的企业，如中国移动、招商银行、南方航空等本身就拥有大量的用户，影响力较大，其开展微信营销的目的在于方便服务用户，提高服务水平，因此应当选择服务号。

（4）订阅号升级服务号

企业在开展微信营销活动前期利用订阅号主要推送营销活动信息及新闻资讯等内容，运营一段时间后，可以将订阅号升级为服务号，与此同时企业营销目标也由之前吸引用户关注进而转向以为用户提供服务为主。该模式也是目前深受中小企业欢迎的模式。

3. 微信公众平台定位类型

俗话说"谋定而后动"。企业在开展微信营销活动前首先要做的工作就是对微信公众号进行定位，即根据企业自身业务、用户需求及营销目标来制定公众号的主要特色和核心功能价值。公众号定位是否明确清晰，将直接影响企业后期微信营销效果是否良好。不同的定位类型会产生不同的营销效果，通常来说，企业微信营销公众号定位类型主要有以下几类。

（1）客户服务类

客户服务类公众账号依托目前微信公众平台的各种开放接口，集成企业的 CRM 系统，变成微信端的 CRM 管理客户关系，每一个粉丝就相当于企业的一个会员，微信公众账号是大会员概念。

客户服务类公众账号主要面对销售型企业或者公共服务行业，例如，"招商银行信用卡"公众号，每一个关注的粉丝客户通过登录都可以实现账户实时消费动态和在线消费查询，会员积分兑换等，服务类公众账号适合大型连锁企业，它的每一个粉丝都来自于消费者或者线下门店，这类公众号能够为粉丝客户带来持续性的服务，并实现动态跟踪。

（2）品牌推广类

品牌推广类公众账号更多的是为了打造公司品牌形象，向粉丝或者消费者传达公司品牌理念、企业动态等，比如一段时间很火的"锤子"和"坚果"手机，不论其产品销量怎样，单看其针对"情怀"理念的传导，就知道是非常具有传播力度的，这种传播达到了粉丝对于品牌理念认同的效果，能进一步吸引粉丝，引起品牌共鸣，达到企业销量扩大与品牌知名度增加的目的。

（3）销售渠道拓展类

微信最新的数据显示，它已经拥有超过 8 亿的活跃用户，对于任何一个企业来说这都无疑是一座待发掘的金矿。销售型的微信公众号主要是利用微信与微信支付的便捷性，将其打造成一个纯销售或者促销信息整合的平台，比如现在火热的微商分销，其微信公众号就属于销售和分销的承载平台，目前已经有很大一部分人开始深入这个领域，因此也就出现了一批朋友圈"燥热"的产品，如水果、特产、减肥产品、美容产品与快销产品等，微信公众平台既是其销售的管理平台也是重要的一条线上渠道。

（4）媒体资讯发布类

媒体资讯发布类的公众账号应该属于目前占比数量相对比较多的一个类型，"自媒体"公众号大多数都属于媒体资讯发布类，如南方周末、央视新闻、国防部发布等，他们通过微信公众号发布最新资讯，根据不同行业、不同领域撰写深度文章，内容相对具有即时性、真实性、深入性，这类公众号适合于打造成行业或个别领域内的资讯解读平台。另一方面也是将 PC 端或者纸媒的流量和粉丝导入自己的公众账号，让粉丝更加便捷地获取关注的资讯信息。

（5）个人自媒体类

个人自媒体类的公众号可以用包罗万象来形容，属于微信公众平台最多的类型之一，如吴晓波频道、"罗辑思维"、餐饮老板内参等，都属于行业内比较出名的个人自媒体。这种大型的个人自媒体也在逐渐向企业运营转变，因为自媒体终将面临变现的问题，他们的粉丝来自于个人原有影响力带来的忠诚读者，也有因为深度内容吸引而来的粉丝，还有被自媒体人的独特的价值观所影响而来的，这部分公众号更多的是依靠个人魅力与优质原创内容为吸引点。自媒体账号并不适合企业来做，不过如若企业有一个很幽默的老板 CEO，倒不妨尝试用自媒体的方式把老板打造成为一个自媒体大号。

4. 公众号定位方法

建立公众号的第一步是对自己的公众号进行明确定位，现在很多公众号就失败在对自己的公众号定位不够明显和精细，无法对粉丝进行明确归类和画像，从而使对应的运营策略出现偏差。

为公众号定位时要思考三个方面的问题，第一，公众号是做什么的？这个主要是解决粉丝的需求；第二，能帮粉丝做什么？也就是为粉丝提供什么价值；第三，和相同类型公众号区别在哪里？也就是指公众号的核心价值。

关于以上三个定位问题，都需要用一句话明确地表达出来。如"招商银行信用卡"是信用卡官方客服，也是信用卡办理与消费管理服务平台，如图 3-5 所示；"星巴克"是咖啡知识与精彩促销活动发布平台，如图 3-6 所示；"小米手机"是小米手机资讯与米粉发烧友聚集平台，如图 3-7所示。

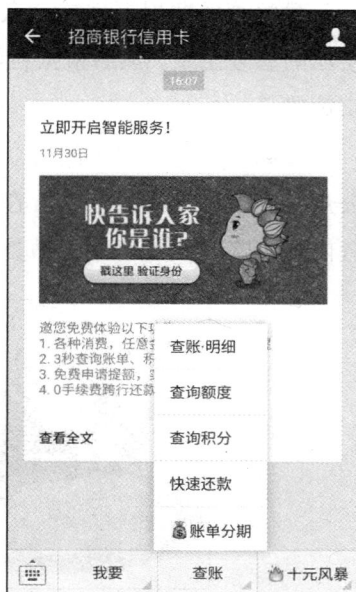

图 3-5　招商银行信用卡公众号

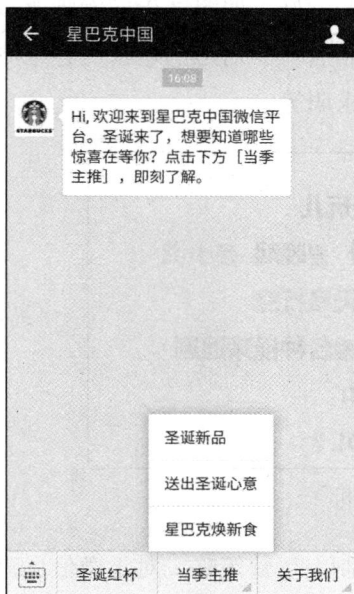

图 3-6　星巴克公众号

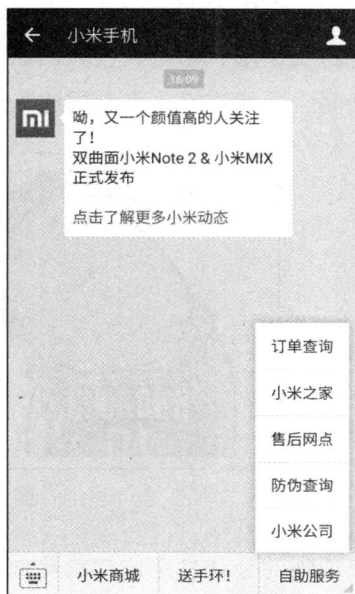

图 3-7　小米手机公众号

诸如以上的微信公众号，其粉丝和核心价值观的定位都很明确。定位时最容易犯的错误的是想圈太多粉丝，反而没有明确精细群体的定位，对自己公众号的核心价值估计不足。

通过分析我们可以看到，一些更加精细、粉丝定位明确的公众号更加受资本的青睐，也更容易找到盈利模式。

粉丝画像即根据你的公众号的定位，提前对粉丝进行画像分析，重点是从公众号定位粉丝的喜爱出发，然后根据粉丝这类画像群体的关注点，"对症下药"地制定运营策略和推广策略。

比如，针对程序员的公众账号，通过画像分析其特点和爱好，如图 3-8 的漫画所示，公众号的推广方式重点就放在技术论坛、贴吧、社群、游戏、电影网站等地方。对应的运营内容策略应该是职业吐槽类、技术经验类、招聘类信息、大牛分享、技术书籍类分享等。

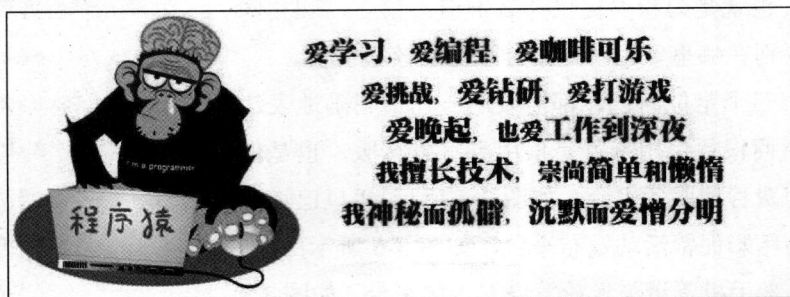

图 3-8　程序员画像分析

又如面向学生党的公众号，通过画像分析其特点和爱好，如图 3-9 的漫画所示，其推广重点是游戏论坛、贴吧、校园网站、地推的食堂和宿舍等。对应的运营内容策略就应该是八卦新闻、游戏攻略、美食周边、运动新闻、考试求职等。

图 3-9　学生党画像分析

拥有清晰的公众号定位与粉丝画像能更加容易地制定运营策略，对于微信运营者来说能更加容易地去做内容规划或制定变现模式，盘活自己运营的公众号，在公众号红海中做出自己的特色并站稳脚跟。

5. 微信公众平台内容定位

公众账号的运营有成功有失败，成功的原因大都来自于准确的定位和持续的内容运营，失败则产生于定位不准，以及内容无法持续更新，当然对于商业账号来说，活动也是非常重要的一环，下面主要讲解内容定位的步骤及一些注意事项。

（1）了解目标人群定位，寻找痛点

不管是给客户运营，还是自己开通微信公众号，首先要想到面向的是什么人群。不管有多少雄心壮志，首先要想清楚这一点，在互联网已经发展了这么多年的今天，想要男女老幼通吃几乎是不可能的。所以选定人群切忌宽泛。人人都想做平台，但平台并不一开始就是平台。如果是商业品牌的微信公众号，那么毫无疑问定位人群就应该是这个品牌的产品或其服务所面向的人群。

如果不是商业品牌，那么也必须先选定一个目标人群，为此可以给这个人群做一个画像，比如年龄、性别、收入、生活方式、兴趣爱好等。资料越详尽，定位就越清晰。人群的上述元素需要尽量有一致性，比如可以按照地域、年龄、性别等划分，也比如可以按照兴趣爱好、职业特征等划分。如果开始无法描述这样的人群特征，不妨先从最熟悉的地方开始，比如给这群人贴一个你认为最准确的标签，也许是"白富美""高富帅"，也许是"逗比""宅男"等，之后定位人群会逐步清晰。

确定定位人群和了解人群特征，是一个双向的过程。也许是先圈定了某类人群，然后逐步去调研他们的特征；也许是在做市场调查工作的过程中，发现了这群人的价值。但不管如何，市场调查研究都是非常必要的。得益于发达的网络，我们的调查手段比以往有了极大丰富。既可以去买数据报告、使用付费工具；也可以利用搜索引擎，输入相关关键词搜索内容。在读的过程中可以按照第一段划定的元素对号入座填写，这样对人群的定位会越来越清晰。

同时，对于维度的划分也是一项必不可少的工作。可以对一件事物、一个行业、一个人列出多维度的描述，了解这件事物越透彻，对它的描述就越清晰。

（2）了解品牌/微信账号定位，规划内容类型

如果完全从头开始进行定位，那么第一部分的人群定位和特征，毫无疑问是确定公众号内容定位的科学依据。此时也许会面临微信名称等已确定的情况，如果是这样就需要依据已经给定的微信名称来确定内容定位。

不管是上述哪种情况，内容规划思路都大同小异。首先，第一步做调查研究，通过对某一类人群的深入研究，看是否能归纳出他们的重要特征？是否可以发现他们在某一类服务或内容上的需求偏好？比如，大叔爱萝莉，广告人喜欢创意，大龄单身女恨嫁，或者汽车车主偏好自驾游，外企白领喜欢红酒等，发现这些后，需要将相关的人群需求偏好细化再细化。比如前面讲到的汽车车主偏好自驾游，那么是偏好大概几天的自驾游？喜欢自己出行还是结队同游？或者说广告人喜欢创意，那么究竟喜欢哪类型的创意？传统的还是现代的、视频还是海报、案例？通过分析可以发现，圈定范围的受众人群最需要的是什么价

值。而内容定位要做的，就是确定给网友提供什么价值内容。如果是商业品牌，那么就确定围绕产品和服务本身，微信公众账号要做什么？这样便能相对更清晰一些。

从内容功能来说，可以把内容分为：有用、有趣、有共鸣。那么要给受众人群提供什么样的内容呢？有用的还是有趣的？还是三者交叉的？作为初入门者，一般会比较贪心，希望能做到三者兼顾。但实际上，开始时必须有所取舍，确定一个唯一的点，比如有用，或者是有趣。在选定了这一点后，其他的点对于核心来说都是补充，不能喧宾夺主。

确定了这一点后，可以再确定一下内容涉及的领域。比如，是创业投资，还是广场舞？还是商务职场？内容领域的定位要早于内容分类的定位，并随着定位的清晰被层层细化，最终让我们得到一个非常清晰的描述。

（3）确定核心内容关键词，开始发布、试错

确定目标受众和内容定位好以后，需要先确定内容来源。如果是自由商业品牌，那么毫无疑问，通过产品和服务产生的内容是相对稳定的，也是源源不断的。如果不是这样，也许需要通过自发的原创或整合、转载来确定内容。

经过前面两步工作，可以提炼出要做的内容的关键词，前期可能涉及的关键词比较多，在这种情况下，要看内容是否与一个或多个关键词匹配，如果匹配，则可以认为内容是符合定位的。匹配越多，则说明越符合定位。

当然，在开始做内容的时候，获得超高阅读量是可遇而不可求的。实际情况更多的是花了大力气无法获得效果。这时就需要把阅读量较高的文章标题、内容去做分析研判，提炼出和该公众号受众人群、内容定位等紧密相关的关键词。然后，根据这些关键词，查找相关内容，并拟定文章的标题。如此不断尝试，一定能找到符合定位的内容，并最终固定几个关键词，那就是准确的内容定位。

6. 微信公众平台操作方法与技巧

微信公众平台的注册相对容易，用户只需按照注册流程提示，填写相关内容即可完成注册。这里着重介绍公众平台的基本操作方法和技巧，围绕公众号取名、公众号设置、自动回复及群发消息等基本操作知识，进行详细讲解，以帮助读者更好地运营微信公众号。

（1）公众账号设置的技巧和注意事项

添加微信公众账号信息，申请的账号中文名称是唯一的，不过一年内可以修改两次，所以在制定微信公众账号名称时一定要慎重，对于企业而言则需要做官方认证。填写好注册公众账号名称后，就会进入微信公众账号的后台，如图3-10所示。

单击"完成"便完成了微信公众号注册，进入微信后台单击左侧"公众号设置"，这时可以对微信公众账号进行头像、账号域名、二维码等方面的设置，如图3-11所示。概括起来，设置企业微信账号信息时需注意以下几点。

① 微信账号名称建议选择使用企业或者品牌名称，最好用中文，以简洁清晰为原则。

② 微信号可以选择企业品牌的英文缩写或者英文名称，方便记忆。

③ 功能介绍需要列明公司的名称、主营业务及公司的联系方式。

④ 微信域名应当通俗易记，不要过长，慎用特殊字符，以方便目标人群输入为原则。

图 3-10　微信公众账号信息

图 3-11　微信公众账号的设置

|77|

此外，微信公众号的头像的设置与二维码相关，所以二维码的设置应简洁美观，具有吸引力，方便用户扫码关注。多数企业通常会将企业的 LOGO、名称作为头像，这样做有助于企业品牌的传播。

（2）群发消息

群发信息即公众平台向关注该账号的所有用户推送图文消息。登录微信公众平台单击"群发功能"，可以发送图文消息、文字、图片、语音及视频等相关内容。群发消息需要新建消息或者直接从素材库中选择已经编辑好的消息直接发送，以图文消息为例，运营人员既可以直接新建图文消息，也可以从素材库中选择编辑好的文章直接发送。

此外，微信公众账号素材库中的图片、语音、文章等素材，可以多次群发，没有有效期。但是对于所发送内容的存储大小有一定的限制，主要有以下几方面。

① 群发的图文消息标题限制在 64 个字符。

② 群发的文字内容字数限制在 600 个汉字内。

③ 语音消息不得超过 60 秒，约占 5MB，支持 MP3、WMA、WAV、AMR 格式。

④ 视频内容最大不超过 20MB，支持 RMVB、WMV、AVI、MPG、MPEG、MP4 格式。

（3）自动回复

自动回复功能通过设置"被添加自动回复""消息自动回复""关键词自动回复"等方式方便了用户与微信公众号之间的互动沟通，对于提高用户活跃度和微信公众账号的用户黏性具有一定的积极意义。

① 被添加自动回复。在微信公众平台设置"被添加自动回复"后，粉丝在关注该公众号时，平台会自动发送设置好的文字、图片、视频等，设置好的内容可根据需要"修改"或"删除"。

操作方法：登录微信公众平台，依次选择"自动回复"→"被添加自动回复"，设置和添加粉丝关注后自动回复的内容，单击保存即可完成被添加自动回复。图 3-12 所示为招商银行公众号所展示的自动回复消息。

② 消息自动回复。微信公众平台设置用户消息回复后，当粉丝向公众号发送微信消息时，公众号后台会自动回复所设置的文字、图片、视频。图 3-13 所示为公众号虎嗅网的消息自动回复，当用户输入"您好"时，公众号便会自动向用户回复。

③ 关键词自动回复。在微信公众平台设置关键词自动回复后，根据规则，如果订阅用户发送的消息内含有预先设置的关键词，平台即会把设置在此关键词名下的回复内容自动发送给订阅用户。图 3-14 所示为公众号"罗辑思维"所展示的关键词消息回复，当用户输入关键词"新年好"时，公众号便会给用户回复对应的文章。

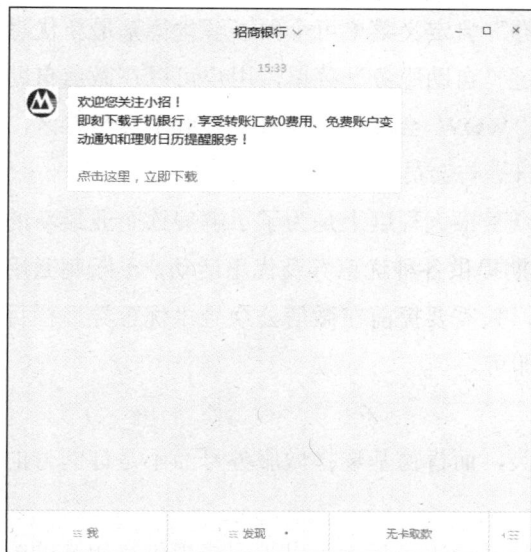

图 3-12　被添加自动回复——招商银行公众号

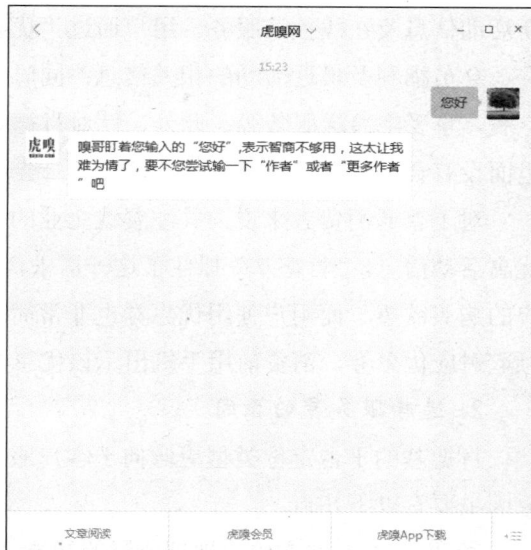

图 3-13　消息自动回复——虎嗅网公众号

图 3-14　关键词自动回复——"罗辑思维"公众号

3.1.3　案例分析

1. 公众号功能定位

通过对肯德基公众号子菜单与推送内容的分析，可以看出肯德基公众号的定位为"提供 KFC 优惠券、最新产品和活动信息"，主要是为用户提供在线获取优惠券、在线获取最新活动信息及在线预订服务。用户通过"优惠券"自定义菜单可全面了解肯德基最新优惠券、会员福利及最近活动的相关信息；同时通过"自助服务"菜单，用户可以在微信自助点餐，享受宅急送服务等；此外，针对肯德基"WOW 会员"公众号还开辟了会员专区，里面设有会员信息查询、K 金兑换、周二会员日等与会员权益密切相关的功能。

对于普通消费者来说，关注餐饮企业的公众号很大程度上是为了了解餐饮企业最新的优惠活动信息。"肯德基"抓住了这一需求，定期提供各种优惠券及优惠活动，不断刺激用户的购买欲望。而用户使用优惠券也非常简单，只需要提前在微信公众号"优惠券"栏目领取对应优惠券，消费前用手机出示该优惠券即可。

2. 选择服务号的原因

肯德基的平台定位类型更倾向于客户服务类，而肯德基选择做服务号而不是订阅号的原因主要有以下几点。

① 服务号有获取用户地理位置的功能，肯德基做服务号就可以为用户提供肯德基的附近门店的地理位置，这样也就为用户减少了寻找店面的时间。

② 服务号具有微信支付功能，用户可以直接在公众账号进行出示会员信息并完成支付，从而为用户带来极大便利。

③ 肯德基的品牌知名度较大，业务较多，做微信公众平台的主要目的就在于方便服务用户，提高对用户的服务水平，因此应当选择服务号。

3.2 企业微信运营与推广

3.2.1 案例引入

曲美家居活动推广案例

曲美家居为庆祝成立 20 周年策划了一次曲美家居"幸福 show"的照片征集活动，此次活动在官方网站和曲美家居的微信公众平台都放置了活动专题页面，活动从 6 月 5 日持续到 6 月 30 日。

此次活动的参与方式也非常简单，网友只需要登录活动专题页面，上传个人或家庭幸福瞬间的照片即可，但要求至少有一张是以曲美家居为背景，拍摄地点可以是曲美门店也可以是自己家。在活动页面，全国网友可以对作品进行投票，投票数是评选活动的唯一标准。活动鼓励正常的拉票行为，比如将个人的作品链接分享到微博、微信等平台号召好友投票，但是杜绝作弊刷票，否则将取消参赛资格。

此次"幸福 show"照片征集活动奖品丰厚，奖励面较为广泛。奖项包括：全国人气金奖 1 名，奖励全家北欧游（双人标准）；全国人气 10 强，奖励 5 000 元家装基金；全国人气 100 强，奖励"曲美家居时尚家居礼品"一份。

此次活动的设计遵循"好玩"的原则，吸引微信用户上传个人幸福照，并通过精美的个人电子相册、人气 PK 大赛、北欧游大奖等将活动分享扩散。个性化的相册体验激发出了网友的兴趣，引发网友好奇并炫耀式地疯传；因为好玩，所以很成功。该活动曾在几个小时内吸引了数千位微信用户上传照片，而参与投票的用户一天就过万，这让曲美家居的微信营销收获丰硕，不仅带来了许多客户，扩大了品牌曝光度，还为微信平台增加了许多粉丝。业内人士认为，这在启发家居行业微信营销创新的同时，也在整个微信营销界树立了新的标杆。

思考：

请对曲美家居此次活动的推广方式及推广效果进行分析。

3.2.2　相关知识

1. 微信运营平台推广

微信运营平台推广是指在微信平台内部对微信公众号的推广。微信运营平台的推广作为微信公众号推广的主要渠道，历来深受微信运营人员的重视，常见的微信运营平台的推广方式主要有微信群推广、微信公众号互推、线上广告投放、免费分享干货、投票、H5 页面及图文消息分享等，具体内容如下。

（1）微信群推广

在社群营销火热发展的今天，越来越多的微信营销人员开始将微信群作为公众号推广的重要渠道。通过持续不断地推送优质的文章内容，吸引潜在读者成为自己的忠实用户。

但需要注意的是，要长久保持群的活跃度及设定好群规则，注意平时维护，而不是直接把文章或者推广信息发到群里，这种硬广告式的粗暴方法很容易引起群成员的反感，所以在发送文章时，最好附加一些评论，多与群内成员互动，提高在群内的影响力。

（2）微信公众号互推

找到与自己的微信公众号用户群体相重合的其他微信公众号，相互推广，这也是时下较为流行的公众号推广方法。使用该方式进行推广的优点是简单快捷，效果好，不过前提是要推广的微信公众号本身已拥有一定的用户数量，因而对于粉丝数量少、影响力小的企业公众号来说，门槛较高。为此需要前期先积累一些粉丝，再找人合作互推。

（3）线上广告投放

"花钱省时间，省钱花时间"，对于广告预算充足的企业而言，投放线上广告是快速吸引粉丝，提高曝光量的有效方式之一。微信的线上广告主要有公众号广告、朋友圈广告及网赚类转发等几种方式，具体内容如下。

① 公众号广告。

通过腾讯社交广告可投放微信公众号广告。公众号广告是基于微信公众号生态体系，以文章内容的形式出现在公众号文章中的广告，它提供公众号关注、移动应用下载、卡券分发、品牌活动广告等多种官方推广形式，支持多维度组合定向投放，能实现高效率转化，图 3-15 所示为公众号 H&M 所投放的公众号广告。

图 3-15　公众号广告投放

② 朋友圈广告投放。

朋友圈广告投放是基于微信公众号生态体系，以类似朋友的原创内容形式在朋友圈中展示的原生广告。用户可以通过点赞、评论等方式与此公众号进行互动，并依托社交关系链传播，为品牌推广带来加成效应，这种方式按曝光次数计费，图 3-16 所示为公众号"有车以后"投放的朋友圈广告。

图 3-16　朋友圈广告展现形式

③ 网赚类转发。这种推广方式类似微信积分墙，现在也兴起了一些转发赚钱的方式。用户转发文章到朋友圈即可收钱，并且还可根据给文章带来的阅读量拿提成。

（4）免费赠送干货

知识经济时代，人们对知识的需求越来越强烈，大量网民愿意为知识服务付费，因而微信营销人员可以通过免费分享或者免费赠送干货知识给用户的方式吸引用户关注公众号。为此，可以把行业内的相关知识制作成图文并茂的精美的电子文档，通过与用户互动，留下用户的邮箱，将干货知识赠送给对方。

（5）投票

通过微信公众号发起投票活动也是一种推广微信公众号的常见方式，通过微信公众号发起各种选美、选萌宝、选最佳员工、选优秀团队的投票活动，可以提升用户的参与度，这种活动利用的就是人们普遍存在的希望被认可的心理。同时，活动中的候选人可能会拉票，以期吸引到更多的人气和票数，这种做法在本质上起到了积极配合推广活动，使公众号获得更多曝光率的作用。

（6）病毒式 H5

近年来，H5 页面凭借其简单快捷、生动有趣的设计在移动前端市场形成了火爆局面，吸引了大量用户的眼球，同样也备受微信运营人员的关注。通过 H5 设计一些生动有趣的小游戏或者商业活动吸引大量用户的关注，成为推广微信公众号的高效方式之一。这类活动形式多样，如朋友互动、趣味游戏、有奖竞猜等。例如，1 号店曾在微信公众号中推出过"你猜我画"活动，用户通过关注 1 号店的微信公众号体验游戏活动，图 3-17 所示为"你猜我画"游戏页面。

图 3-17　H5 页面游戏——"你猜我画"游戏页面

（7）推荐给亲朋好友

对于运营的时间较短的微信公众号来说，一般情况下其影响力较小、用户量较少，所以在推广前期主要应通过亲朋好友的强关系推荐获取一定的粉丝用户，积累微信公众号的用户数量。邀请他人关注，并且发动亲朋好友推荐给更多的用户的推广方式，俗称"刷脸"。

2. 非微信运营平台推广

非微信运营平台推广是相对于微信运营平台推广而言的，也就是说通过在微信平台以外其他平台开展的公众号推广行为。例如，意见领袖、内部资源引流、内容传播、视频推广，等等。具体来说，推广平台有以下几种。

（1）意见领袖

根据传播学中"两级传播"理论，社会信息系统中传播的信息并不是直接流向受众的，而是经过意见领袖中间环节的影响后再流向受众的。意见领袖活跃在各个领域，他们通常拥有较强的社会影响力。对于初创的公众号来说，他们可以利用的意见领袖主要指公司领导、知名企业家、行业明星、自媒体人等，这些公众号可以通过业内知名的意见领袖的肯定和支持进行推广，借用他们的名人影响力迅速地吸引人气和人们的关注。

例如，"罗辑思维"作为一个分享知识的公众号，主办人罗振宇本身就是知名的媒体人，经常邀请一些业内知名的专家、学者，如李笑来、蔡辉等为"罗辑思维"投稿或者参与其举办的线下活动以此来帮助其推广"罗辑思维"，这些做法取得了良好的推广效果。图3-18所示为知名作家李笑来。

图 3-18　意见领袖——李笑来

（2）内部资源引流

互联网时代，企业网站和移动应用作为承载用户的主要平台，已成为用户流量的主要入口，有用户就可以积累用户数据，通过整合企业内部的资源，如在公司官网上植入公众号二维码，企业举办线下活动的易拉宝中植入公众号二维码及在电子邮件中植入公众号二维码等，将企业用户转化为公众号的粉丝，而且通过内部资源引流吸引的用户群体和微信公众号用户群的匹配度很高，更有利于企业开展微信营销。图3-19所示为线下活动的易拉宝中植入的公众号二维码。

（3）内容传播

假设能够保证有稳定的不错的微信内容，那么就要想办法将内容效益最大化，也就是让更多的人看到公众号中的文章，通过内容传播的方式吸引用户关注。为此应当将公众号的内容发送到更多的目标用户面前。常见的内容传播平台如图 3-20 所示。

图 3-19　内部资源引流

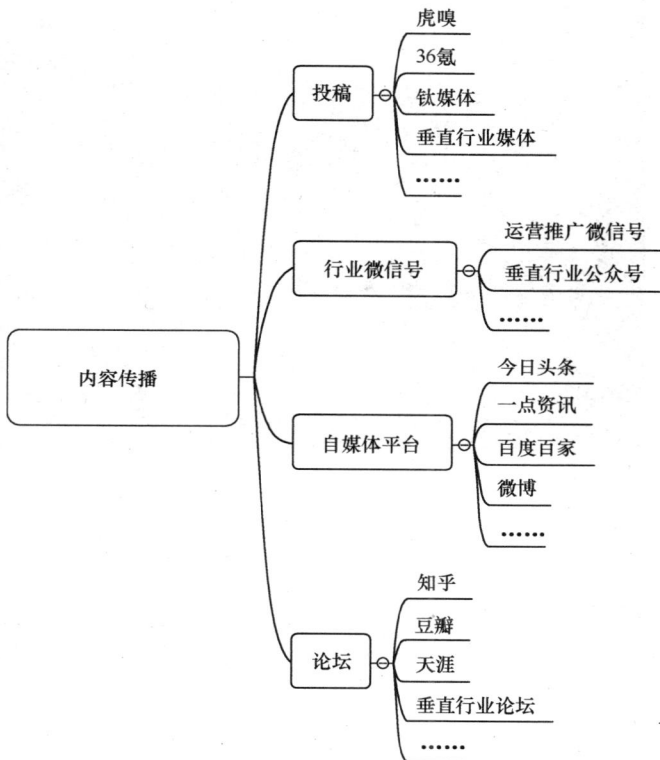

图 3-20　内容传播

（4）提交给导航网站收录

PC 端有 hao123、360 等用户上网入口类导航网站，这些网站拥有非常大的流量。同样，微信端也有自己专属的微信导航网站，用户在这些网站上不但可以提交微信公众号，而且还可以把公众号的原创文章发送到网站上。现在网上有许多微信导航网站，用户直接在搜索引擎上输入"微信导航"就会出现很多像"聚微信""微信导航大全"等微信导航网站。

此外，运营人员还可以将微信公众号在新榜、微博易等网络平台上注册、认领。借助于垂直平台推广微信公众号，能够更加精准地吸引粉丝。

（5）视频推广

在视觉冲击时代，视频已成为吸引用户眼球的重要流量入口，因此，运营人员可以借助视频推广微信公众号。通过制作有趣、有料、有内涵的视频、动画，并上传至优酷、腾讯、爱奇艺等网络视频平台，将公众号二维码植入视频会是一种不错的推广方式。图 3-21 所示为将公众号二维码植入视频《茶啊二中》中的案例。

图 3-21　视频植入公众号二维码

当然，对于人力资源有限而无法制作这样视频的运营团队来说，他们可以通过搜集的方式将有价值、有吸引力的视频上传至网络视频平台，并将公众号二维码植入视频当中进行推广。但是这种方式仅限于推广公众号，如果以盈利为目的会涉及侵权。

（6）利用微信自媒体联盟

自媒体联盟能够将行业的优质资源整合在一起，是一种抱团营销形式。各微信公众号可以组成联盟，进行公众号互推。目前的微信联盟有两种类型：综合性联盟和行业性联盟。综合性联盟涉及的行业领域比较多，如 WeMedia、微媒体等；行业性联盟则更加垂直细分，如犀牛财经联盟、亲子生活自媒体联盟、SocialAuto 汽车行业自媒体联盟、地产自媒体联盟等。

对于运营新人来说，在公众号推广前期可以加入一些入会门槛较低的垂直类行业自媒体联盟进行公众号互推或者付费推广，等积累一段时间粉丝后再加入综合型的自媒体联盟推广。

（7）"地推"

找到用户聚集的地方，通过展示服务加奖品赠送的方式去获得精准用户。比如，微信公众号的目标用户是大学生，运营人员可以到大学校园做线下地推的方式让用户关注公众号；如果公众号的目标用户是女性，运营人员还可以去商场摆摊，采用给关注公众号的用户赠送礼物等形式推广公众号。此外，对于推广预算充足的企业，他们还可以直接将微信号做成海报在公交站牌、地铁、广告墙等地做户外广告。

综上所述，企业微信公众号有多种多样的推广方式，运营人员在策划和实施推广活动时，需要根据公众号所处的周期和企业营销预算灵活选择推广方案。

3. 公众号运营技巧

目前，微信公众号的数量已经超过了 2000 万，微信的月度活跃用户更是达到了 7.8 亿，信息冗余和泛滥使得很多关注公众号的粉丝没有那么多时间去查看每一条信息，更多的是打开订阅号后将消息提醒的小红点挨个消除，而并未浏览信息。因此，提高公众号的用户活跃度、提高运营效果，是每一个运营人员都需掌握的技能之一。下面就总结了一些微信公众号的运营技巧。

（1）内容定位

内容为王时代，微信公众号之间的激烈竞争对于公众号的运营提出了更高的要求。一方面表现在微信市场推出的公众号数量越来越多，公众号之间的内容同质化、娱乐化、浅薄化的倾向严重；另一方面是专业化的高价值的优质原创内容较少，满足不了用户的有效需求。因此，公众号在做内容定位时，应加大对所在行业领域的垂直运作，细分用户市场，深度挖掘和高效制作优质内容。

此外，运营人员在专注于企业自身业务的时候，还应当考虑用户的需求，从用户的角度出发推送消息，从而不断满足用户的真实需求。

（2）内容推送

大多数的微信公众账号每天都有 1 次群发消息的功能，但很多用户嫌少，所以他们都会订阅几个账号，推送的信息一多根本看不过来。关于内容推送，主要应该注意两个方面问题。

① 推送频次，一周不要超过三次，太多了会打扰到用户，最坏的后果可能是用户取消关注；当然，太少了用户也会抱怨，觉得这个微信只是一个摆设，根本不会从这里获得什么。所以这个度一定得把握好。

② 推送形式，其内容不一定都是图文专题式的，也可以是一些短文本，文本字数一般一两百字，关键在于内容要能引发读者思考，使其产生思想的火花，从而形成良好的互动效果。很多微信会定期开展一些小调查，以短文本的形式，询问读者对于内容和推送时间的建议等。这种形式的效果非常好，一次小调查，通常会收到几百条用户回复，这样既实现了互动，也更加了解了用户，而用户也能看到他们想要的内容，所以说是多赢的结果。

（3）人工互动

微信的本质是沟通平台，既然是沟通就需要有来有往，所以人工互动必不可少。设置"消息自动回复"，就像 QQ 里的聊天自动回复，很不受人喜欢且显得没诚意。企业微信公众账号，要能够做到适时的人工互动，做不到这一点，很难运营好微信。

（4）关键词回复系统

微信运营久了，积累的素材会很多，这些内容沉下去很可惜，因此建立丰富易查的关键词回复系统非常必要，这是关键词回复系统的第一个功能。第二个功能是方便用户找到他需要的内容，同时增加与用户的互动。目前，微信的每个规则预设 10 个关键字，配备 5 条推送内容（随机推送），而规则规定关键字最多只能设置 60 个，也就是说关键字的极限为 600 个，内容为 300 条，尽管这远远不能满足海量用户的个性化需求，但若是利用好了，也能产生非常好的效果。

（5）从线上到线下

现在很少有人重视微信的线下互动，但从沟通的效果而言，见面的效果显然是最好的，也更容易拉近大家的感情。线上线下活动结合的意义在于面对面的交流更容易培养忠实的粉丝，产生更鲜活、更接地气的内容，这样的微信公众号才会显得更真实，更有亲和力。另外，微信单凭用户的自然增长效果会很有限，因此线下活动也是增加微信用户的重要手段。

（6）对手是最好的老师

做微信一定要有开放的心态，竞争对手是最好的老师，要积极关注竞争对手的微信。如果关注了 100 个竞争对手的微信，就会有 100 个账号在教你怎样做好微信营销。另外，千万不要一个人坐在家里学习微信营销，而是应该经常去一些微信营销的 QQ 群、论坛等，看一看大家都在聊什么，在那里能学到很多知识。

（7）二次开发

微信公众平台首页推荐的招商银行信用卡、南方航空等大企业的微信应用案例都经过了大量的二次开发，将微信公众平台和企业的数据库对接，实现了强大的客服功能，这也是微信公众平台最富有想象力之处。现在已经推出了很多提供第三方开发的微信开发平台，它们能够提供更为丰富的应用。

但是，回到微信沟通的本质，技术的价值是为了更好地沟通，所以为了开发而开发非常不可取。而且微信公众平台目前提供的功能已经基本可以满足这些需求，再做开发容易让人感觉画蛇添足。所以千万不要迷恋技术和二次开发，踏踏实实地做好内容和互动，等有了足够的用户基础，再整体考虑定制化的二次开发。

3.2.3　案例分析

曲美家居通过此次活动不仅扩大了品牌和产品的曝光率，而且还为公众平台吸引了很多粉丝，该活动主要采用了投票和社交平台分享的方式进行推广，通过上述案例可以看出该企业此次微信公众平台活动抓住了微信的两个属性：社交和传播。

首先是社交。以活动的趣味性、丰厚的奖品作为与用户沟通的敲门砖。万事利字当头，网络以乐取胜。活动可以通过奖品的方式力争抓住现有的关注用户，以个性化的活动方式作为活动引爆的核心,通过现有用户几何式扩散出去。优质的趣味性活动策划,会让活动个性十足,达成网友好奇、试玩心理与幸福快乐正面主题形象的契合。

其次是传播。只抓住已有的关注用户显然是不够的,要让参与用户的人数几何倍增,必须打通传播的封闭空间,形成圈群爆破。曲美家居通过推动用户使用"分享到朋友圈"功能,使参与活动的用户为了给个人增加票数,动用了从强关系到弱关系的庞大的传播网络。其活动通过优质的趣味性活动策划+尖端的技术研发+精准的渠道覆盖,造就了活动的正循环,使粉丝呈螺旋式上涨的趋势,让圈群爆破的冲击波为我所用,其活动的成功也就水到渠成了。

3.3 微信运营数据分析

3.3.1 案例引入

微信公众号图文分析

活动盒子是一家互联网媒体,该公众平台主要提供最具价值的活动营销案例及运营技巧与经验,同时该公众号可以与运营人员进行在线交流。3月10日该公众号发布了一篇题目为"企业微信来了,你需要了解的是……"的文章。这篇文章主要对企业微信营销进行了全方位的解读,该文章发布后的统计数据如下所示。

图3-22为单篇图文转化率的数据截图。

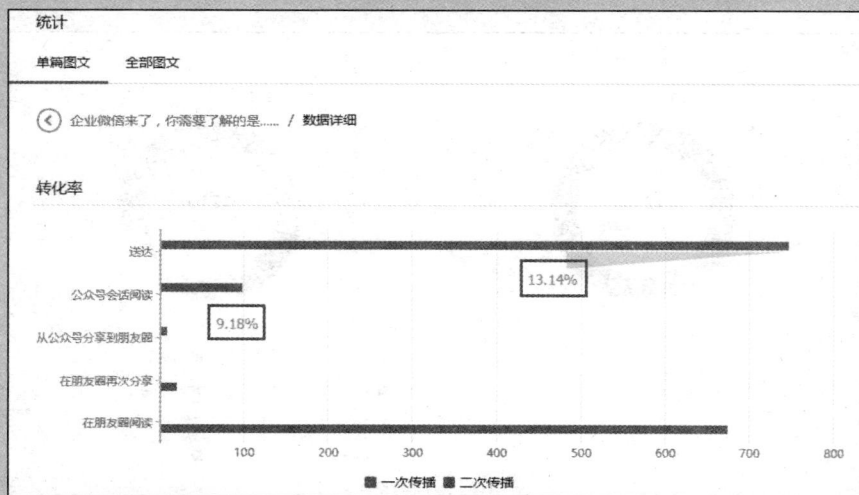

图3-22 单篇图文转化率

图 3-23 与图 3-24 分别为此篇微信文章的阅读来源数据表与阅读来源饼状图。

企业微信来了，你需要了解的是……									导出Excel	
时间 ⇕	图文页阅读		从公众号会话打开		从朋友圈打开		分享转发		微信收藏人数	
	人数 ⇕	次数 ⇕	人数 ⇕	次数 ⇕	人数 ⇕	次数 ⇕	人数 ⇕	次数 ⇕	人数 ⇕	次数 ⇕
2016-03-13	10	12	1	1	2	4	0	0	0	0
2016-03-12	47	64	4	13	15	18	4	4	0	0
2016-03-11	362	478	22	74	201	235	20	24	5	5
2016-03-10	825	1158	79	230	471	567	87	109	8	8

图 3-23　阅读来源数据表

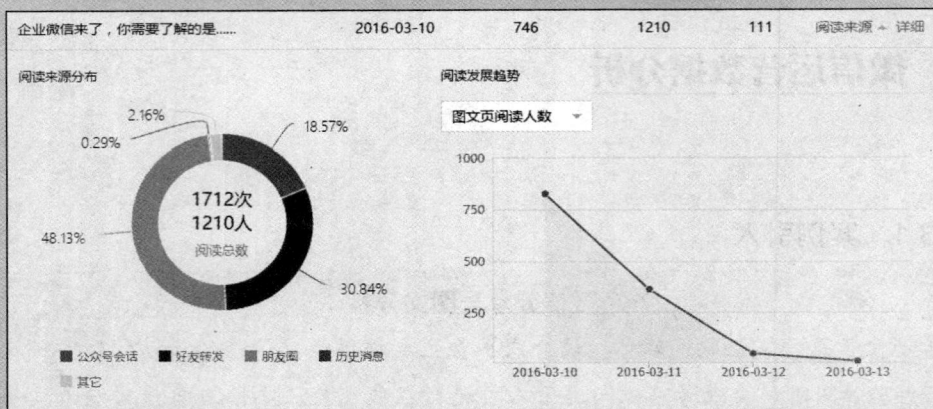

图 3-24　阅读来源饼状图

　　图 3-25 与图 3-26 是用户属性的相关数据，主要从性别分布、机型分布与省份分布几个角度进行分析。

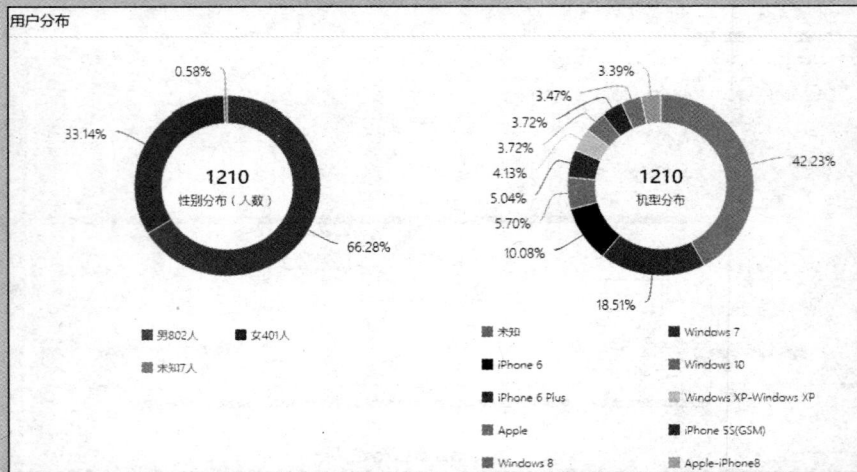

图 3-25　用户性别分布与机型分布

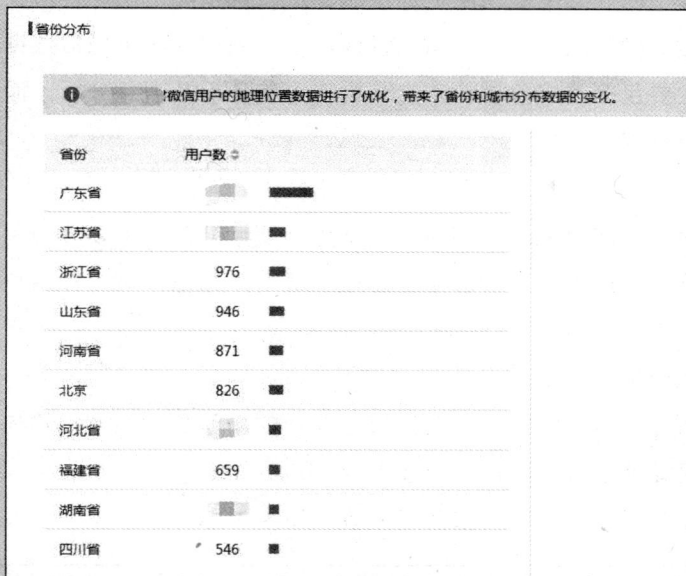

图 3-26　用户省份分布

图 3-27 为该篇文章的"小时报"趋势图。

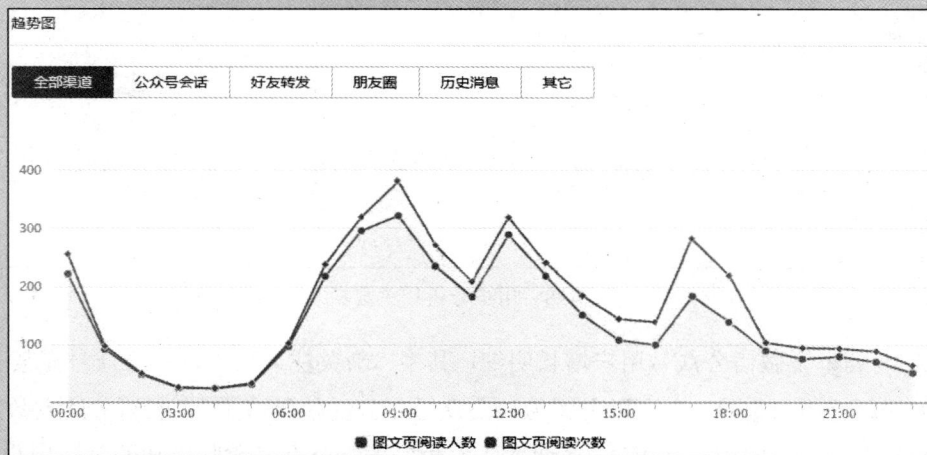

图 3-27　"小时报"趋势图

思考:

1. 针对案例提供的数据对该篇公众号文章的转化率与阅读来源进行分析。

2. 请根据所给数据对用户属性与小时报进行分析,并给出相应的运营建议。

3.3.2　相关知识

大数据时代,数据已成为营销人员开展精准营销的重要依据,营销人员通过对海量用户数据的分析为每个用户的个性化需求提供服务，实现精准营销不再遥不可及。同样，微信运营人员想要运营好公众号、实现营销目标，也必须加强对于微信数据的统计分析。微信运营数据分析主要包括用户分析、图文分析、菜单分析及消息分析，而开通接口和网页的分析不在这部分讲解。

1. 用户分析

用户分析即对于关注该公众号的粉丝数据进行统计分析，主要分为用户增长分析与用户属性分析两部分。通过用户分析能够更好地了解用户画像，对目标用户开展更加精准的营销。

（1）用户增长分析

用户增长分析能够直观反映当前关注该公众号的粉丝数量的增长趋势，从而从侧面反映出某一时间段内该公众号受用户的欢迎程度。用户增长包括四部分内容，即新关注人数、取消关注人数、净增关注人数、累积关注人数，如图 3-28 所示。

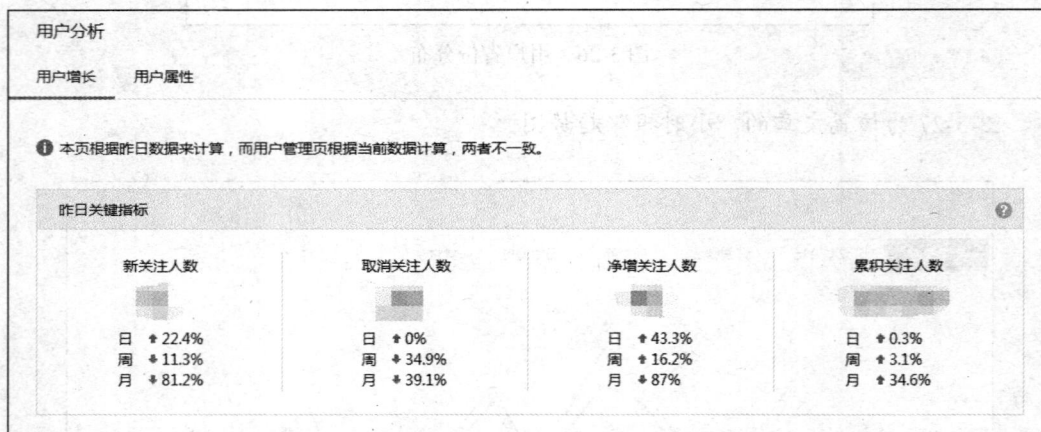

图 3-28　用户分析相关数据

图 3-28 列举了微信公众号用户增长明细，其中"新关注人数"表示公众号在某一时间段内增加的新的用户数量，也可以理解为该公众号带来的粉丝流量；"取消关注人数"表示在某一时间段内丢失的用户数量；"净增关注人数"表示公众号实际增加的关注用户数量；"累积关注人数"是指该公众号当前所拥有的用户总量。

用户分析的下端为折线图，单击鼠标左键单击图中"全部来源"，主要有公众号搜索、扫描二维码、图文页右上角菜单、图文页内公众号名称、名片分享等，如图 3-29 所示。通过查看公众号用户的全部来源，可以了解用户主要从哪些渠道关注的公众号，从而找到最有效的推广渠道，提高推广的效率，获取更多精准用户。

选中其中一项再次单击鼠标左键，如图 3-30 中的"扫描二维码"选项，就会出现图标形式的数据。

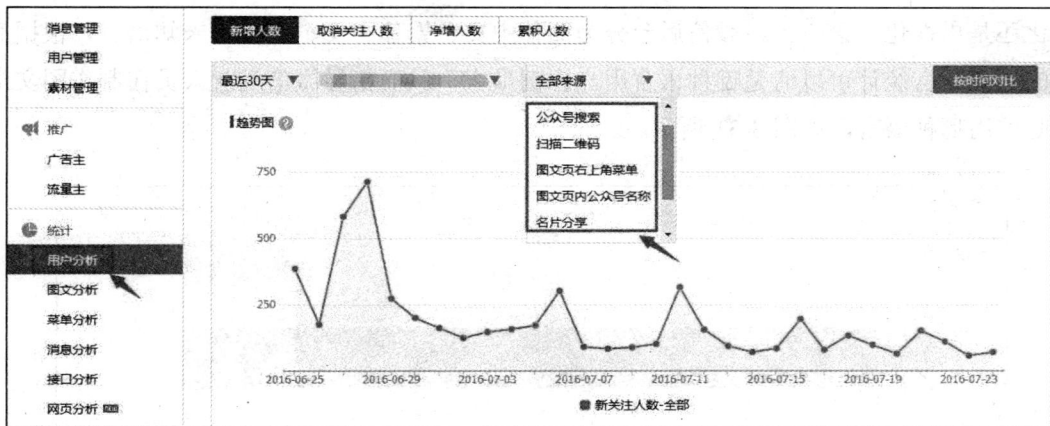

图 3-29 用户分析趋势图

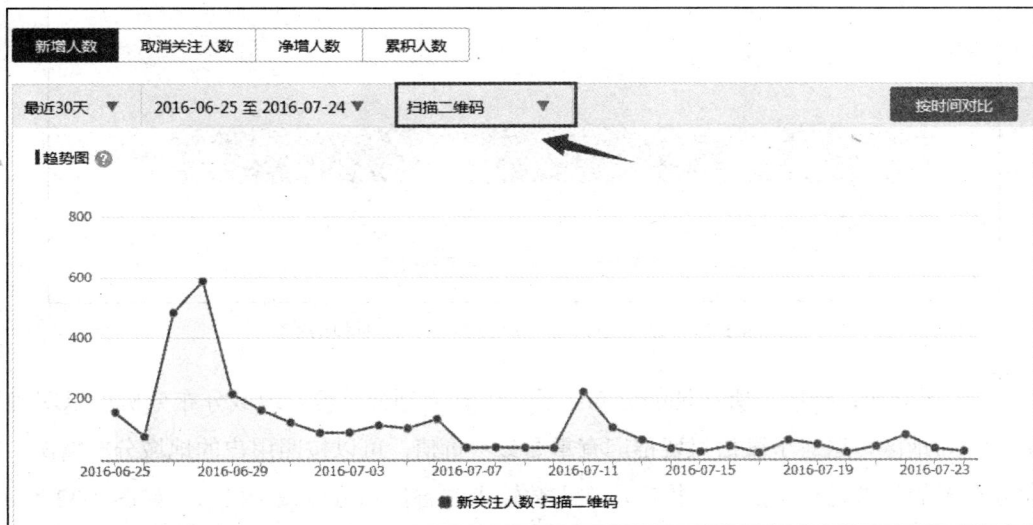

图 3-30 "扫描二维码"的趋势图

通过"扫描二维码"渠道获取的粉丝，意味着粉丝在阅读完文章后是会对公众号进行关注的，这类粉丝较"图文页公众号名称"进来的粉丝更为挑剔。

同时也反映出，这类粉丝更为"忠实"和精准，质量更高。若通过"公众号搜索"加关注的粉丝增多，则可能是因为该文章在其他平台被转载，文章末尾注明了该公众号名称和微信号，粉丝看见后才开始关注。

（2）用户属性分析

用户属性分析主要从用户的性别、语言、地域和终端等几方面进行分析，根据不同的用户属性可以了解用户分属于哪些地域和群体，明确公众号的用户画像，从而制作出针对该群体属性的优质内容，调整公众号的运营方向，为更多用户提供优质服务。

① 用户性别和语言：通过对男女性别比例的统计，可以了解该公众号用户群体是偏女

性化还是男性化。语言上，微信后台分为简体中文、繁体中文、英文和未知语言，根据后台的用户语言统计可以清楚哪种语言用户比例最大，从而指导微信运营人员在制作图文消息时使用哪种语言，如图 3-31 所示。

图 3-31　微信公众号用户属性——性别和语言

② 地域分布：指用户所在地的分布，通常以省为划分单位。地域分布分析可以明确用户主要分布地区，这对于微信付费推广有重要参考价值，可以按照用户的地域分布情况，在用户分布多的省份进行重点付费推广，在人数较少的省份和城市减少投入，如图 3-32 所示。

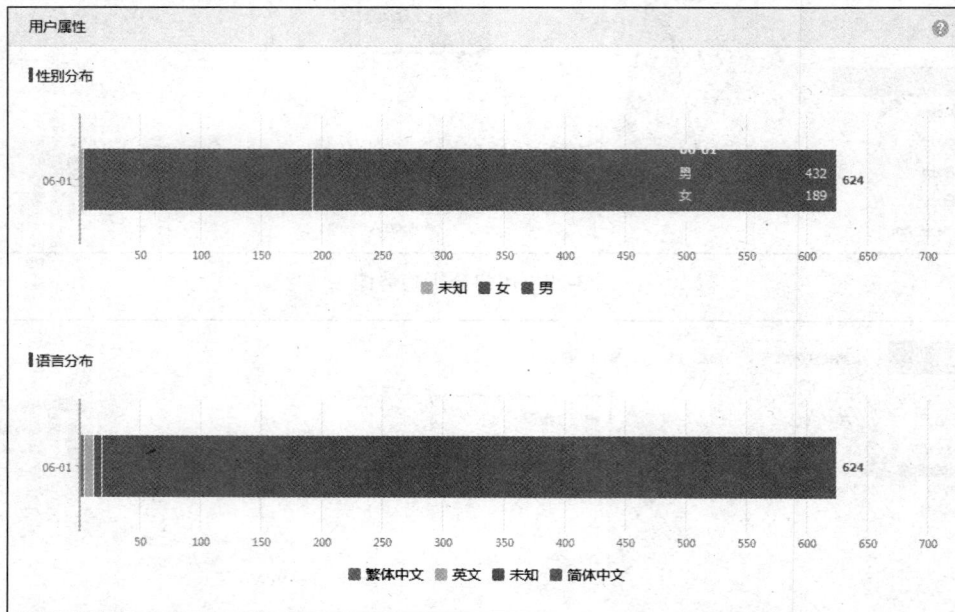

图 3-32　微信公众号用户属性——省份分布

③ 终端分布：主要是对公众号用户使用微信终端的统计分析。公众号后台终端分布可以分为 Android 用户、iPhone 用户、Wp7 用户三类，如图 3-33 所示。通过终端机和机型的分布情况可以判断出用户群体的基本经济状况，从而更有针对性地调整产品的价格和服务。

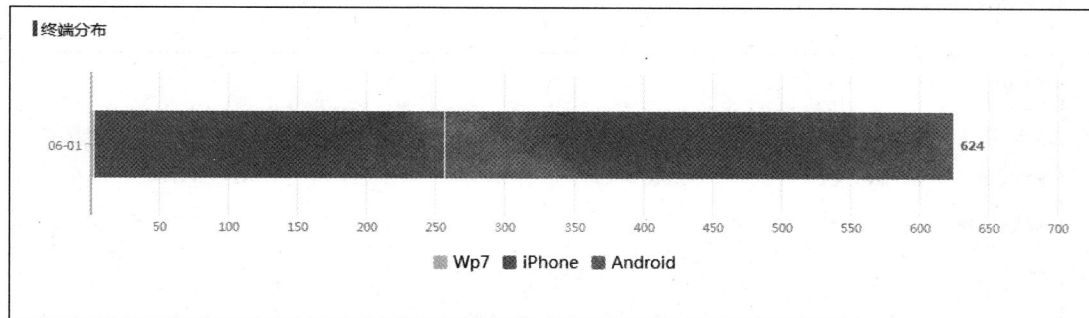

图 3-33　微信公众号用户属性——终端分布

2. 图文分析

图文分析中的数据包含单篇图文与全部图文两项，鼠标左键单击微信公众后台左侧菜单的 "图文分析"，默认跳转到的页面就是"单篇图文"阅读分析，如图 3-34 所示。鼠标左键单击"全部图文"就会显示全部图文的阅读分析。

图 3-34　图文分析数据

（1）单篇图文

选择一定时间段（最长跨度为 7 天），可查看该时间段内群发的所有图文的阅读数据。单击排序按钮可对图文阅读人数、分享人数进行递增和递减排序，哪篇文章最受欢迎自然一目了然，如图 3-35 所示。

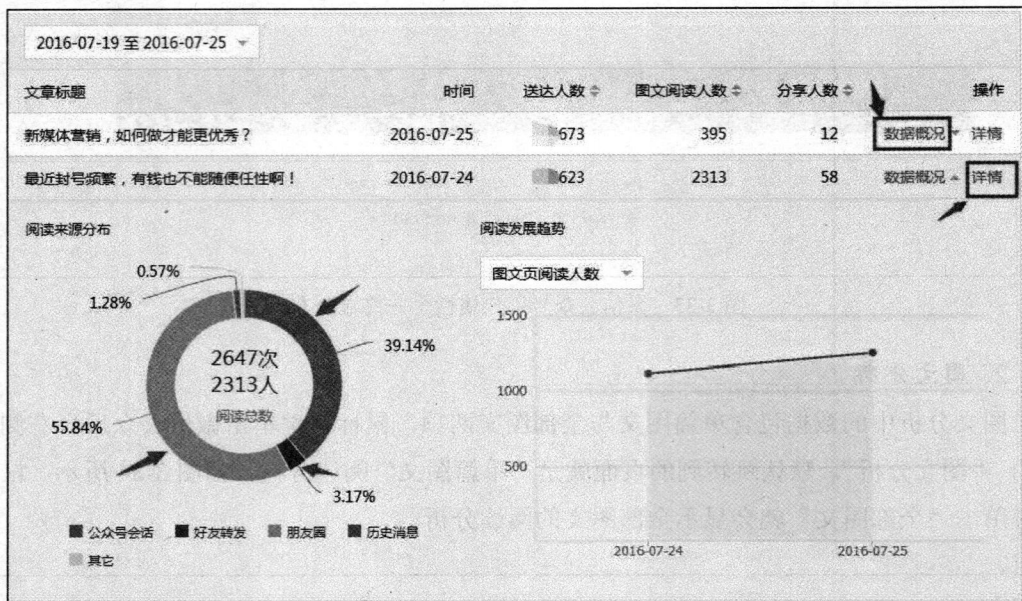

图 3-35　单篇图文消息数据

鼠标左键单击图 3-36 中的"数据概况"可以查看来自各个渠道的环形占比图和阅读发展趋势折线图。阅读来源分布主要指以下几条渠道。

① "公众号会话"指的是通过公众号群发的界面打开的阅读数。

② "好友转发"指的是转发给好友或微信群后的打开阅读数。

③ "朋友圈"指的是转发到朋友圈后打开的阅读。

④ "历史消息"指的是在历史消息里打开的阅读数。

⑤ "其他"来源合计包括了微信内多个阅读量不大的场景，如自定义菜单、自动回复、文章内链单击、微信搜索，等等。

从图 3-35 可看出该单条图文阅读次数为 2 647 次，阅读人数为 2 313 人。"公众号会话"的阅读人数占比为 39.14%，"好友转发"的阅读人数占比为 3.17%，"朋友圈"的阅读人数占比为 55.84%，"历史消息"的阅读人数占比为 1.128%，"其他"来源的阅读人数占比为 0.57%。

通过对图中数据观察，可以发现通过"朋友圈"进行阅读的人数占比较高，这说明分享转发率是最好的；其次，"公众号会话"的阅读人数与朋友圈阅读人数相比较，公众号推送的打开率排名第二。这说明，文章标题决定打开量，文章内容质量决定转发量，标题和内容互相影响。除了公众号直接推出的界面之外，朋友圈成为非常重要的用户来源之一。可见一个吸睛的标题和质量超高的内容，对文章阅读量的影响力极其重要。

鼠标左键单击图 3-36 中的"详情"可以查看公众号单篇文章的详细数据，也可以查看文章在微信内传播的逐层转化数据，逐层转化数据如图 3-36 所示。

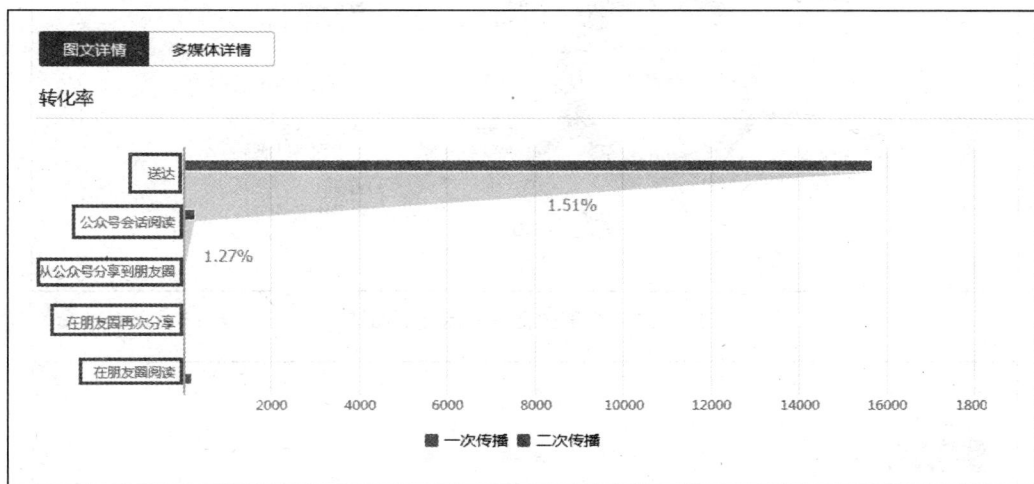

图 3-36　逐层转化数据

通过图 3-36 所示的数据就能知道图文的二次传播效果到底如何，同时结合之前数据整文章的标题和内容，能够更加具有针对性的。

比如，在做渠道推广时想要加大图文朋友圈推广力度，就要结合图 3-35 的饼状图和图 3-36 的层级转化图更清晰地了解推广的效果，如朋友圈阅读占比有没有提高，分享率有没有提高，二次传播有没有变多。其他的推广渠道也一样，控制好变量，数据会很直观。

（2）全部图文

鼠标左键单击"全部图文"，就能看到图文页阅读，如图 3-37 所示，由于有的公众号群发的是多图文消息，每天有多篇文章被用户阅读，所以公众号后台也提供账号每日的总体阅读数据分析，以便发布者了解某个时间段各个阅读来源的情况。

一般来说，由于每天都有历史文章被用户阅读，所以这里的阅读来源分布会跟单篇图文群发后 7 天内的数据有所不同。通过这个表格，就能很直观地知道公众号的整体运营情况，哪个阅读源做得比较好，哪个还需要调整提高。

还有就是整体阅读的每日小时报，如图 3-38 所示，从图中可以了解各个时间段各个阅读来源的阅读情况。

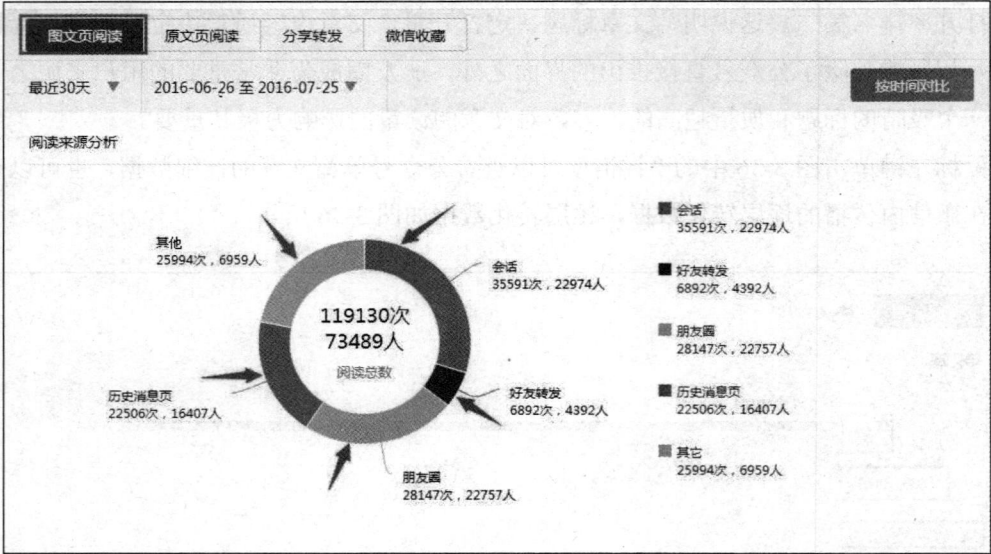

图 3-37　全部图文——图文页阅读

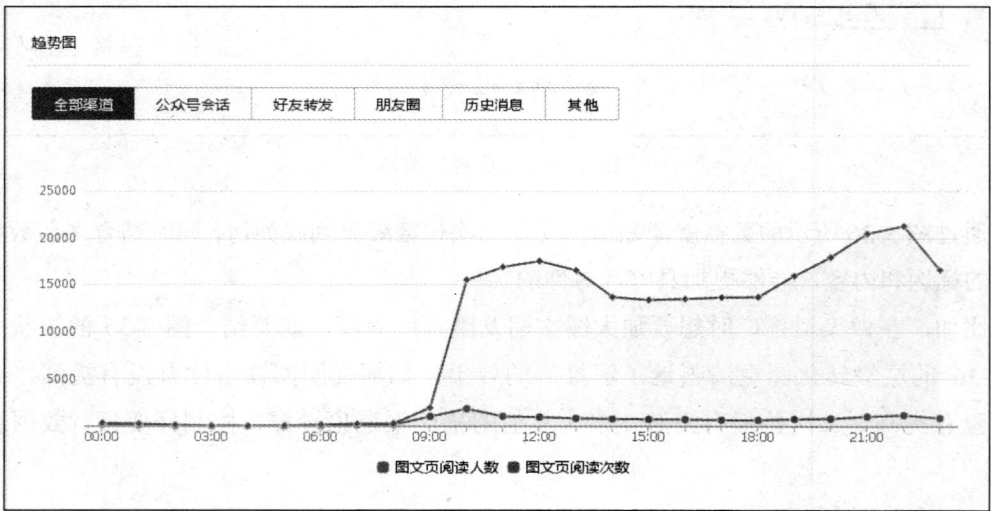

图 3-38　每小时日报

在全部渠道项中，无论是哪篇文章，都能清晰地知道哪个时段的阅读率较高，对于那些推送时间还不是很统一的公众号，他们可以依据这一统计结果来调整最佳推送时间。再比如做活动，根据每小时日报的数据，就能知道关键的几个爆点时间在哪里，然后可以根据对应时间找出对应的触发原因，从而使今后的发布不再毫无依据。

另外，还可以单击公众号会话、好友转发、朋友圈、历史消息等，如图 3-39 所示，这样就能知道，这些人习惯在哪些时间段分享，哪些时间段转发，从而及时做出推送调整。

推送文章之后，我们并不知道，粉丝是从哪个途径观看到我们的文章的，这时我们就可以查看这个数据表格。这样一来，我们就能清楚地知道，粉丝到底是从哪个途径看到我们文章的，若阅读朋友圈转发文章的人数和次数都较少，那么我们就能及时做出更新与调整。

图 3-39　数据表

3. 菜单分析

从公众号后台的"菜单分析"可以看到各个菜单的单击情况，以此分析粉丝的兴趣点并及时更新菜单，下面就以某公众号的菜单分析数据为例进行讲解。图 3-40 为该公众号最近 30 天的各级菜单被单击情况。

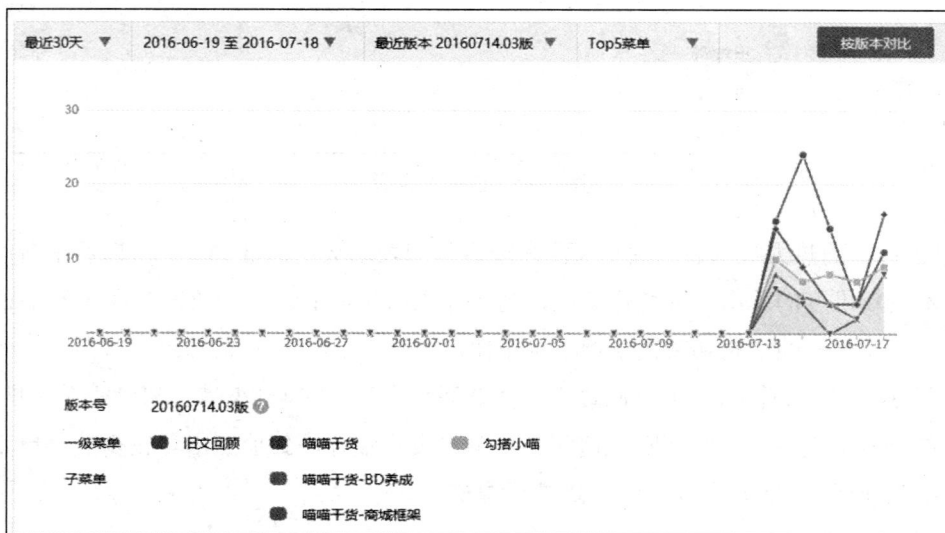

图 3-40　公众号菜单单击折线图

从图 3-40 菜单单击情况的趋势图可以看到近 30 天的各级菜单被单击情况，趋势图部分给予显示的是 TOP5，即累计单击次数排前 5 名的菜单。从图中可以看出，“旧文回顾”这个一级菜单被单击的次数最多，而且出现在 7 月 14 日，这说明这一天的前一天及当天是外部传播开始日，即公众号的文章在外部网站上进行刊载，同时提供了公众号的 ID 和名称，感兴趣者能够通过这些信息搜索添加。这从侧面也反映了当天的用户活跃情况良好，外部传播渠道初现效果。与此类似，“勾搭小喵”即联系作者，其公众号在开始外部传播后也出现了平稳的提升。

图 3-41 反映的是菜单栏各版本的详细单击数据，单击右上方的“下载表格”，即可下载更为详细的单击数据情况。下载经处理后，得到图 3-42 的热力数据表。

2016-06-19 至 2016-07-18 ▼　　下载表格

版本	菜单	子菜单	菜单点击次数	菜单点击人数	人均点击次数
20160714.03版 最近版本	旧文回顾	-	68	46	1.48
	勾搭小喵	-	41	39	1.05
	喵喵干货	商城框架	20	19	1.05
		BD养成	27	24	1.13
20160707.04版	旧文回顾	-	73	53	1.38
	联系小喵	-	32	29	1.10
	喵喵干货	商城框架	24	23	1.04
		BD养成	25	24	1.04
20160701.01版	旧文回顾	-	23	19	1.21
	BD养成	-	19	16	1.19
	商城框架	-	11	10	1.10
20160630.07版	旧文回顾	-	11	7	1.57
	BD养成	-	9	9	1.00
	商城框架	-	6	5	1.20

图 3-41　详细数据表

从图 3-42 的热力数据表（颜色深浅和冷暖色调表示数值由低到高）可以看出时间维度菜单版本更新维度的单击次数变化情况，与上述表所呈现的情形一致，7 月 1 日后的单击量增大，与粉丝量的增长和阅读量增长呈正比。

从图 3-42 可以看到，“旧文回顾”和“联系作者”（“勾搭小喵”和“联系小喵”）这两个菜单点击量最多，由此判断，这两个菜单的设置较好，其他点击量较少的菜单则需要优化，如微商城、BD 养成等，则需要进行调整。

4. 消息分析

消息分析可根据“小时报/日报/周报/月报”查看相应时间段内消息发送人数、次数及人均发送次数，如图 3-43 所示。

版本	一级菜单	二级菜单	菜单点击次数	菜单点击人数	人均点击次数
2016071403	旧文回顾	-	57	37	1.54
2016071403	喵喵干货	商城框架	12	12	1
2016071403	喵喵干货	BD养成	19	17	1.12
2016071403	勾搭小喵	-	32	31	1.03
2016070704	旧文回顾	-	73	53	1.38
2016070704	喵喵干货	商城框架	24	23	1.04
2016070704	喵喵干货	BD养成	25	24	1.04
2016070704	联系小喵	-	32	29	1.1
2016070101	旧文回顾	-	23	19	1.21
2016070101	BD养成	-	19	16	1.19
2016070101	商城框架	-	11	10	1.1
2016063007	旧文回顾	-	11	7	1.57
2016063007	BD养成	-	9	9	1
2016063007	商城框架	-	6	5	1.2
2016063006	旧文回顾	-	3	2	1.5
2016063006	BD养成	-	3	2	1.5
2016063006	微商城	-	6	4	1.5
2016063001	旧文回顾	-	3	3	1
2016063001	BD养成	-	3	2	1.5
2016062908	旧文回顾	-	1	1	1
2016062908	BD养成	-	3	2	1.5
2016062906	联系我	-	1	1	1
2016062906	BD养成	-	2	1	2
2016062904	旧闻回顾	-	1	1	1
2016062904	联系我	-	1	1	1
2016062902	旧闻回顾	-	2	2	1
2016062902	联系我	-	3	2	1.5

图 3-42　热力数据表

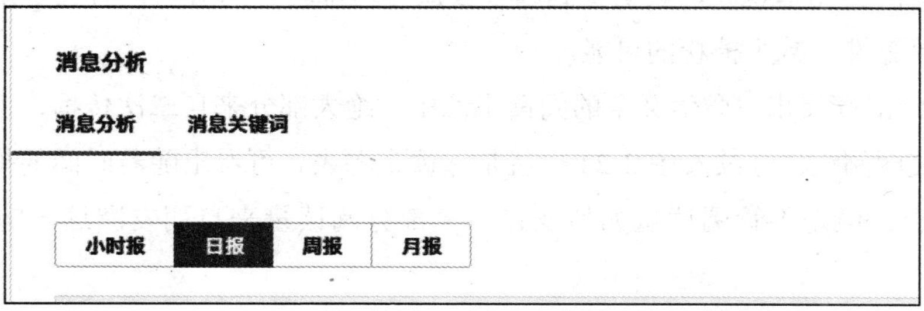

图 3-43　消息分析

从图 3-43 可以看出"消息分析"的右侧还有一个"消息关键词"的选项。单击"消息关键词"可查看前 200 个消息关键词，并分别查询 7 天、14 天、30 天为周期的热词榜。关键词回复分析有助于得出用户与平台互动的频率、平台某项小互动的回复率及小互动在哪一环节后让用户产生怠倦感而停止互动——这有利于在之后设计互动小游戏时，在环节设计上做改善。

从消息分析里可以查询到每一天的关键词回复情况，从而在每一篇文章的末尾设置"埋点"，即对应的关键词，而关键词的回复数量可以反映当天文章的阅读情况和受欢迎程度，也可以作为公众号的活跃度的判定指标，如图3-44所示。

▌趋势图

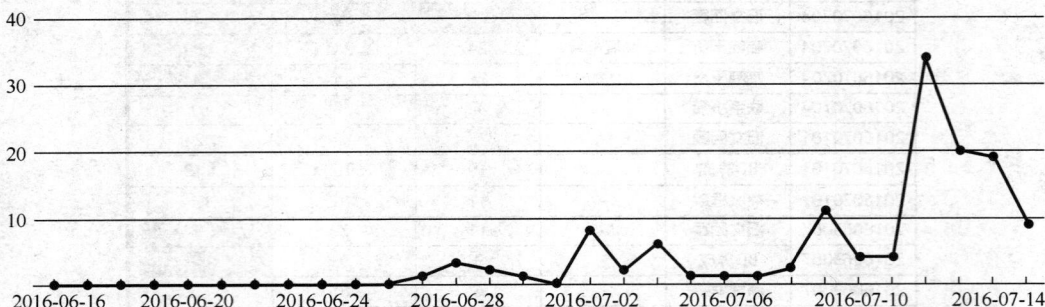

图3-44　趋势图

3.3.3　案例分析

1. 首先分析转化率中的图文转化率，图文转化率=图文阅读人数/送达人数，因此在以上数据中，总图文转化率=746/1210=162.1%，这说明图文的阅读量超过了送达的受众人数，这是一次较为成功的传播。

其次，由图3-22可知，公众号会话阅读人数/送达人数=13.14%，说明此篇文章有13.14%的关注粉丝在会话中点开并阅读了此篇文章。从公众号会话分享率=从公众号分享到朋友圈的人数/公众号会话阅读人数=9.18%，说明有9.18%的关注粉丝将文章分享到了自己的朋友圈。一次传播的转化率越高，表明受到越多公众号内部粉丝的喜欢，有利于维护已有的粉丝，增强粉丝黏性，减少掉粉的可能。

从图3-23能够看出，微信文章的阅读来源中，绝大部分来自二次传播，也就是朋友圈再分享及朋友圈阅读。继续看图3-24也就是阅读来源表，可看出随着时间的推移，图文阅读量逐渐减少。但是不管阅读量如何变化，大部分阅读量来自朋友圈这一情况始终维持不变。

图3-25是阅读来源分布的饼状图，由这个饼状图的占比可以更清晰地看到，微信文章的阅读来源中，好友转发与朋友圈阅读加起来占了将近80%，而在公众号直接打开的占20%左右，剩下的就是通过历史消息及其他途径进行的阅读。

2. 案例引入中的图3-25与图3-26是用户属性分析的相关数据。通过性别分布数据可以看出，超过一半的用户是男性，而女性只占33%，但是这也不能下结论认为该公众号的主要受众为男性。所以该公众号可以把所有的公众号文章图文分析里面的用户性别属性做对比统计。这样就可以做一些针对性的运营推广：如果女性受众居多，可以在"三八"妇女节、母亲节、购物节等与女性相关的日子推送该类文章，或者策划契合女性的微信活动；同样的道理，如果男性关注者居多，则在选题上可以偏向从男性喜欢的话题入手，如汽车、金融等。

根据图 3-26 的用户所在省份数据图可以看出该文章的广东省的用户数最多。所以运营者在推广时可利用受众省份分布，大致分出用户群体的阅读、消费、生活习惯及文化习俗，再根据这些属性进行针对性的策划。

图 3-27 是该文章的"小时报"，结合上图，我们得到几个好的时间段，分别是 8:00—9:00、12:00—13:00、17:00—18:00。8:00—9:00，正处于上班高峰期，用户在等/坐公车、地铁的过程中，有空闲时间阅读微信公众号的文章，顺便打发无聊的时间。12:00—13:00 是中午用餐休息的时间，经过一上午的紧张工作，用户可以通过阅读公众号文章放松自己。17:00—18:00 是下班的高峰期，用户可以利用坐车时间阅读文章。

除此案例中的推送时间，21:00—22:00 这段时间也是阅读的高峰，所以建议运营时也可以将这个时间段利用起来，因为这个时间段是处于晚饭后，一天中难得的休息放松时间，大多数用户喜欢躺在床上玩手机，浏览一些感兴趣的东西，因此是阅读的另一黄金时段。

3.4　第三方平台使用攻略

3.4.1　案例引入

H5 案例：你的朋友圈里有懂你的人吗？

本次案例是腾讯视频做的一次 H5 案例，主题是"你的朋友圈里有懂你的人吗？"

《你正常吗？》是在腾讯视频播出的一档大型调查调查类真人秀节目，由明星 Ella 主持，没有评委和专家，每期节目一位明星与一位普通人组成团队，讨论七八个劲爆的问题，比如"美慕别人的父母比自己的好，正常吗？""当有豪车路过总想看司机长啥样子，正常吗？"之类的问题，在如今满屏综艺真人秀节目里，也算是独具特色的一档节目。目前已经播出了两季，第三季即将于 5 月 23 日在腾讯视频独家上线，而这 H5 案例就是这档节目在朋友圈的推广作品。推广的 H5 页面如图 3-45 所示。

该节目通过 H5 的形式在微信朋友圈进行推广，其劲爆的问题引来了许多网友的转发与参与，同时也为节目中的答案提供了数据基础。

图 3-45　H5 页面

思考：

做 H5 推广时，其内容与效果是很重要的，所以请对腾讯视频此次做的 H5 做简要的分析。

3.4.2　相关知识

互联网时代，用户面对海量的冗余信息常常眼花缭乱，应接不暇，因此视觉审美成为吸引用户眼球的重要因素，如何排出精美的微信文章、设计诱人的 H5 页面吸引用户关注也是运营人员必备的技能。本部分内容围绕图文消息的编辑排版、H5 页面设计及微盟运用等三方面讲解微信第三方平台使用攻略。

1. 美化排版小助手

微信公众号的日常运营主要以推送图文消息为主，这对于运营人员来说，不仅需要有良好的写作能力，而且对于文章的版式及配图设计等也有一定要求。换句话说，文章不仅要内容好，文章的表现形式也要讲究整洁有序，符合一定的审美标准，这样才能令读者读起来赏心悦目。排版助手的出现大大提高了运营人员编辑排版的效率，因而深受运营人员喜爱。下面就介绍几款常见的排版工具，帮助读者提高编辑排版能力。

（1）创客贴

创客贴是一款简单易用的线上图形设计工具，平台提供了丰富的图片、模板等素材，通过简单的拖曳操作就可以轻松设计出精美的海报、PPT、公众号封面图等各类图片。

Step 1　打开浏览器，搜索"创客贴"，然后进入创客贴首页（建议使用谷歌或 QQ 浏览器）。

Step 2 进入主页后，选择需要制作的场景，如图 3-46 所示。

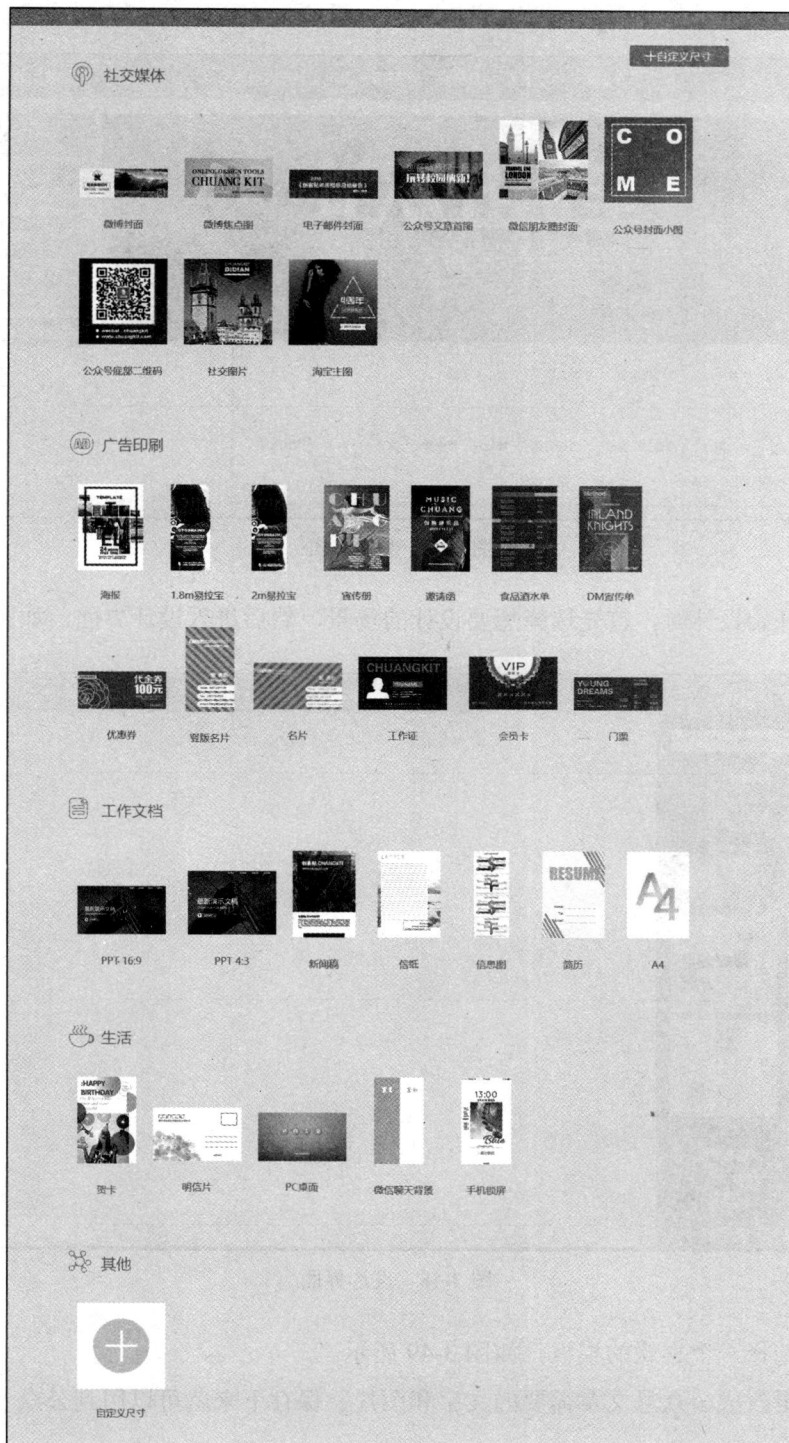

图 3-46　主页场景

Step 3 或者是进入"模板中心"，在专题页面中直接筛选出要用到的模板，如图 3-47 所示。

图 3-47　模板中心

Step 4 开始设计时，首先选择想要设计的场景，然后进入设计界面，如图 3-48 所示。

图 3-48　设计界面

Step 5 选择一个喜欢的模板，如图 3-49 所示。

Step 6 更改成公众号文章需要的文字和图片，保存下来就可以用到公众号中，简单的图片就完成了。

图 3-49　选择模板

（2）秀米编辑器

秀米是一个移动端内容制作发布平台，能提供丰富的模板和流畅的体验，可以快速制作出与众不同的、极具创新的内容，打动用户。下面介绍一下秀米的基础使用方法。

Step 1 通过浏览器搜索"秀米"，进入秀米首页，如图 3-50 所示，然后登录，登录后选择图文排版。

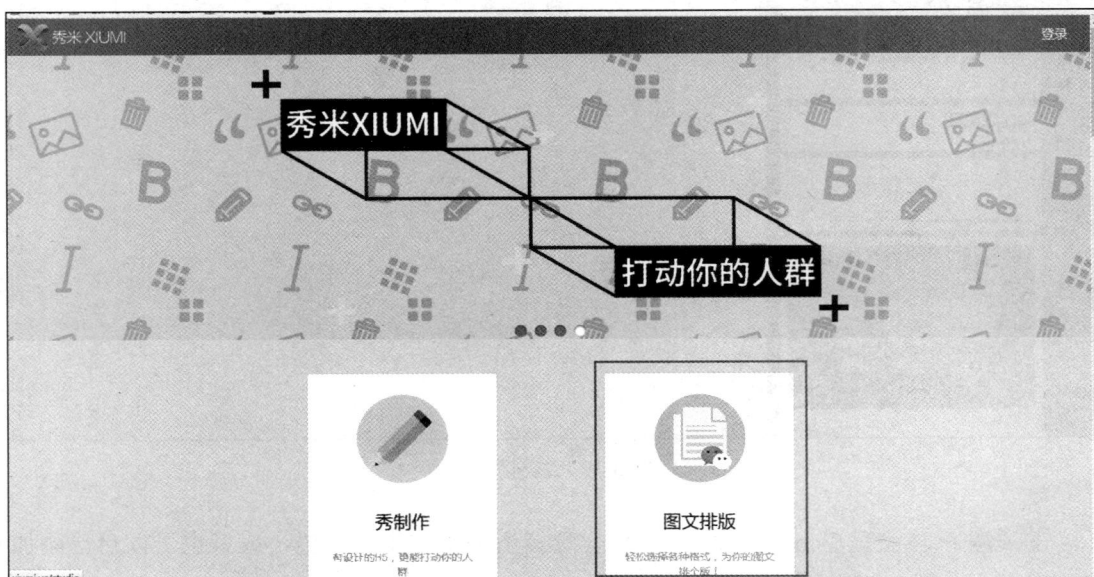

图 3-50　秀米首页

Step 2 进入图文排版后，鼠标左键单击"添加新的 2.0 图文"，如图 3-51 所示。

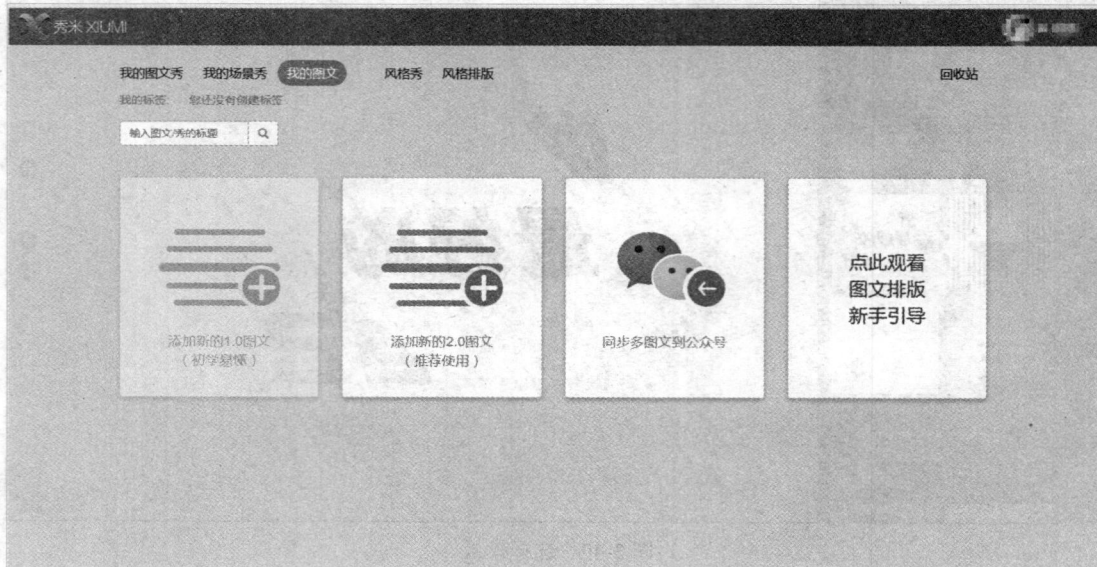

图 3-51　图文排版

Step 3 进入设计主页面，可以看到如图 3-52 所示的编辑界面。

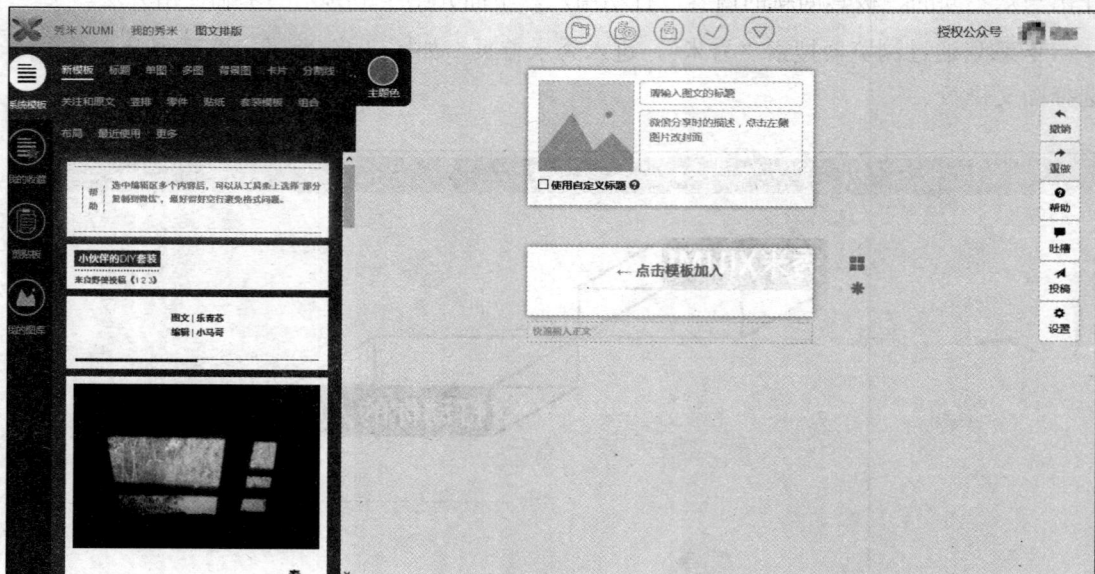

图 3-52　编辑界面

Step 4 鼠标左键单击顶部"主题色"，选择所需要的主题颜色，或者也可以自己添加自定义色，如图 3-53 所示。

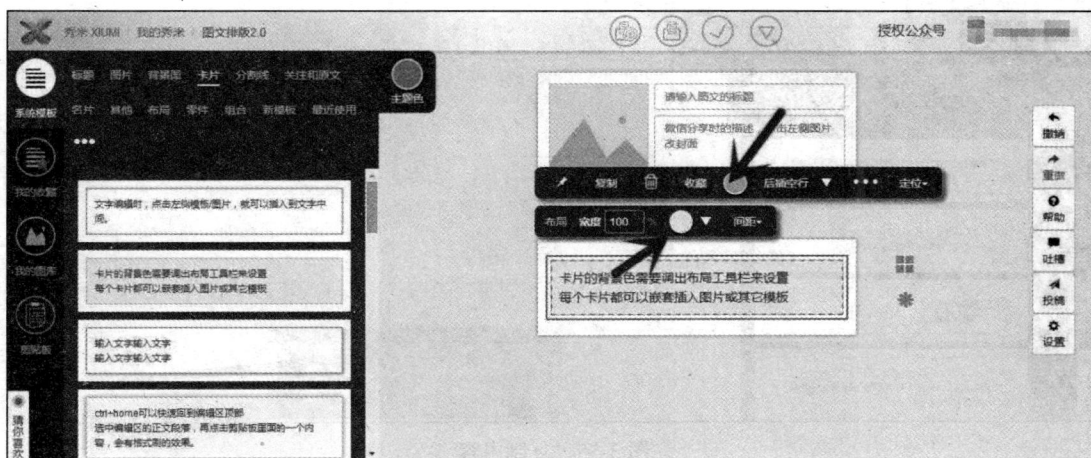

图 3-53　主题色选项

Step 5 在内容编辑区可进行内容编辑，如图 3-54 所示，编辑区主要是图 3-54 所示方框的区域，顶部的图文标题、分析描述、封面图包也可以填，这些内容是同步到微信公众号后台才需要填写的。

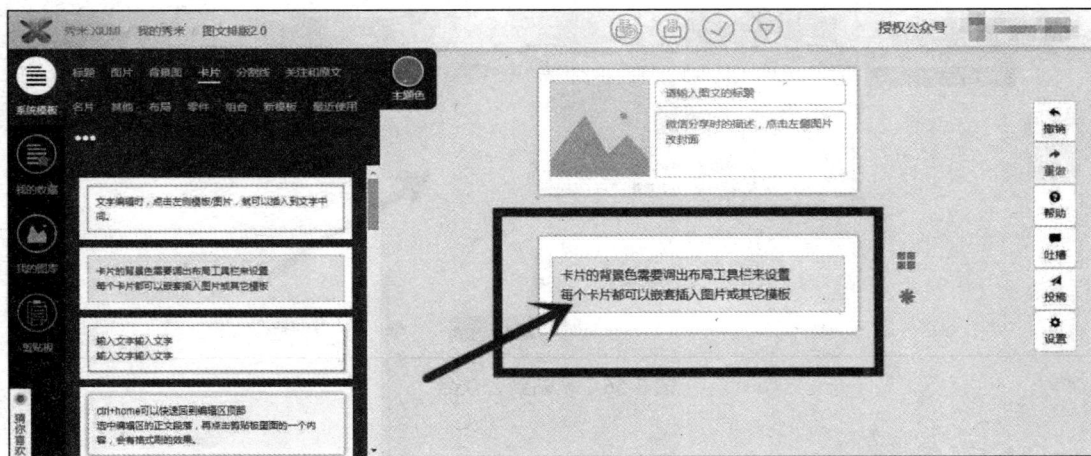

图 3-54　编辑内容

Step 6 在左侧模板区单击选择好样式后即可在右侧编辑区内进行调整，单击模板，将跳出调整工具，编辑人员可根据需要进行修改，其中，关于颜色修改的方法与主题色的修改方法一样，不做重复介绍。

Step 7 完成模板细节修改及内容填充后，鼠标左键单击顶部按钮，将鼠标移至选中模版红色区域，右键单击复制，如图 3-55 所示。

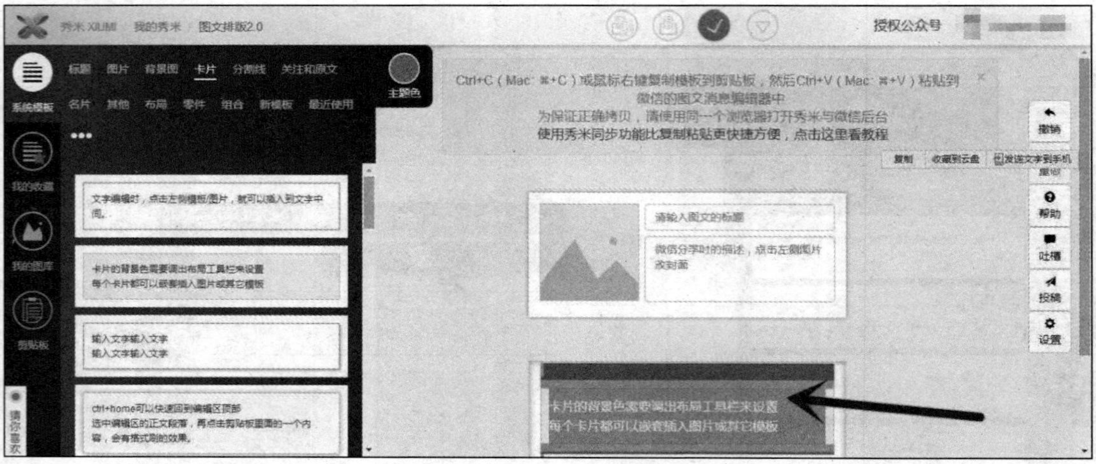

图 3-55　复制内容

Step 8 登录微信公众号后台，在新建的图文编辑区内同时按住"Ctrl+V"快捷键粘贴即可，如图 3-56 所示。

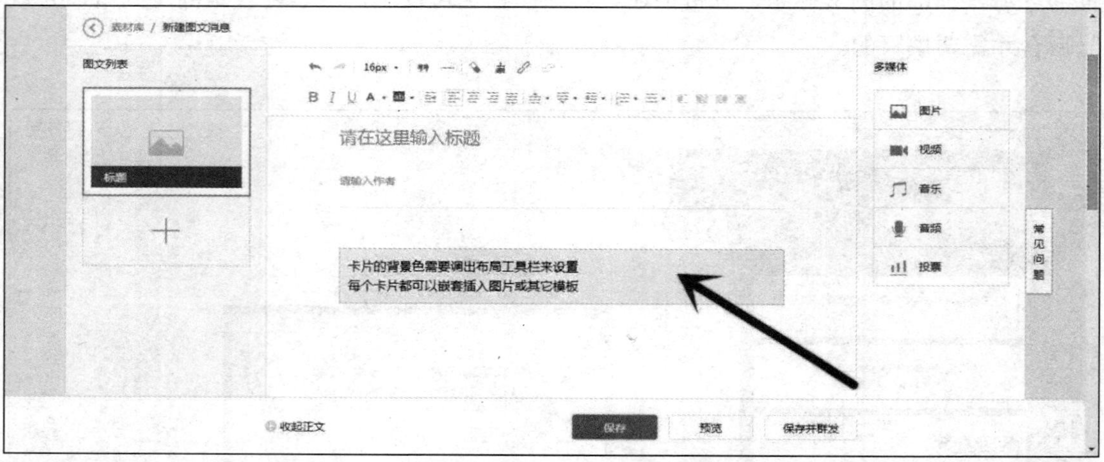

图 3-56　粘贴到公众号

（3）135 编辑器

135 编辑器是一个微信文章美化工具，操作简单方便，旨在提供丰富的样式、精美的模版。编辑文章就像拼积木一样，挑选样式，调整文字，搭配颜色，最后形成排版优质的文章，让读者阅读时更赏心悦目。下面简单介绍其操作步骤。

首先讲解单图文样式编辑的操作步骤，具体操作如下所示：

Step 1 进入样式中心（http://www.135editor.com/），登录 135 账号，收藏需要的样式，如图 3-57 所示。

Step 2 将准备好的文字粘贴到编辑区，选中文字，如图 3-58 所示，然后单击鼠标左键展示区的样式，完成刷文字操作，如图 3-59 所示。

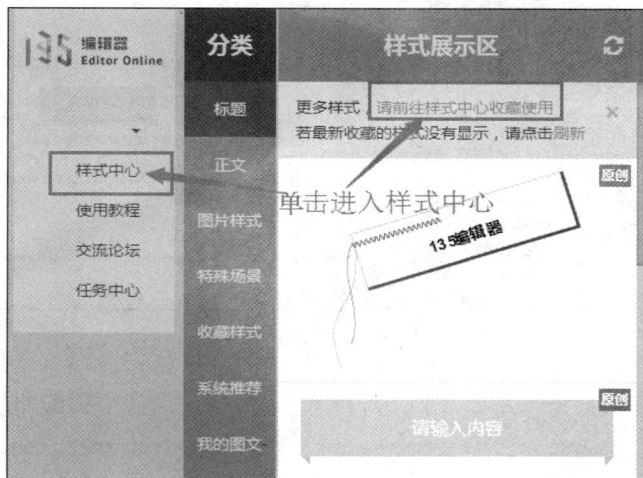

图 3-57　样式中心

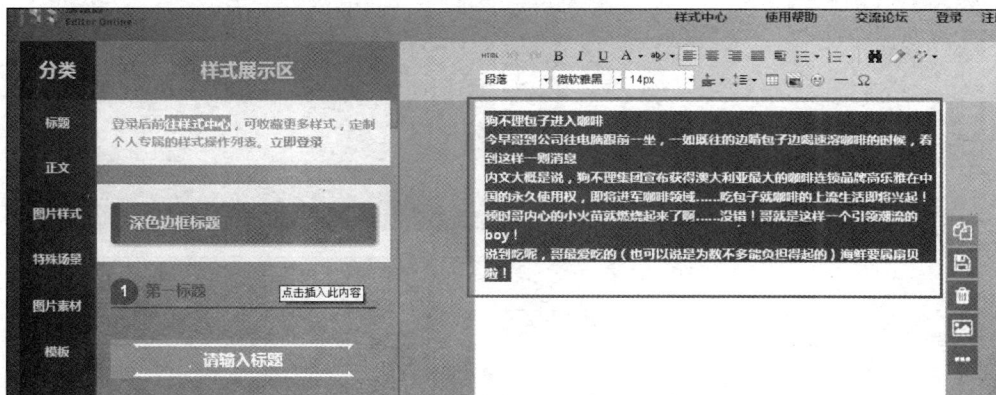

图 3-58　选中文字

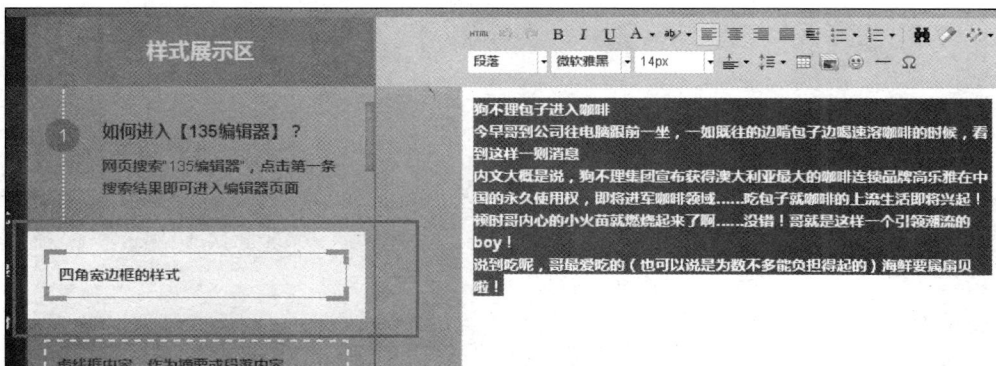

图 3-59　刷文字操作步骤

Step 3 刷文字完成，如图 3-60 所示。

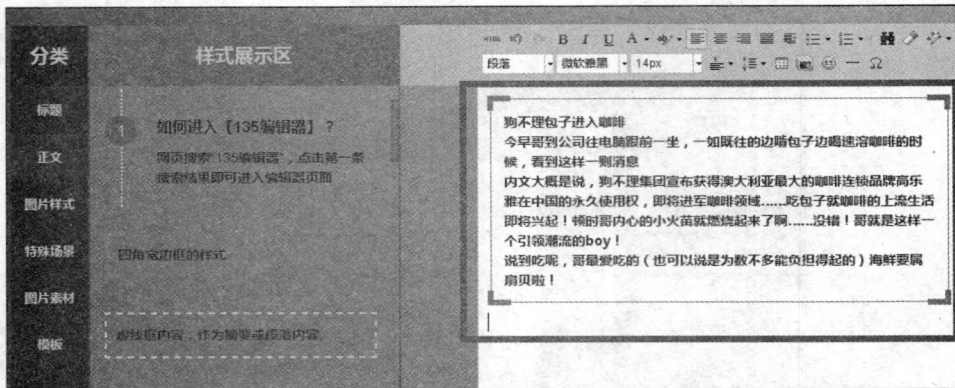

图 3-60　刷文字效果

Step 4 刷文字成功后可根据需要刷图片样式，首先选中所要编辑的图片，如图 3-61 所示。

图 3-61　选中图片

Step 5 鼠标左键单击左侧图片样式，如图 3-62 所示。

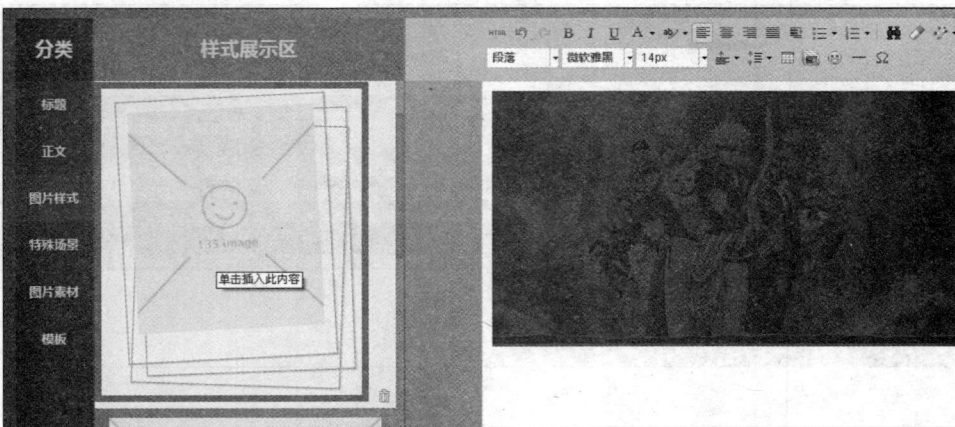

图 3-62　选中图片样式

Step 6 刷图成功，完成样式如图 3-63 所示。

图 3-63　刷图完成

如果需要进行多图文样式编辑，则其操作方法与单图文是一样的，不过需要注意的是，刷图片的顺序是：背景图片>普通图片，所以如果发现刷出来的图片顺序有问题，请撤销后调整图片顺序，再重新刷一遍。

接下来介绍的是插入排版的操作步骤，插入排版可以随心所欲选择喜爱样式，插入到编辑框里，再进行文字编辑，具体操作步骤如下所示。

Step 1 鼠标左键单击所需要样式，或已收藏样式，如图 3-64 所示。

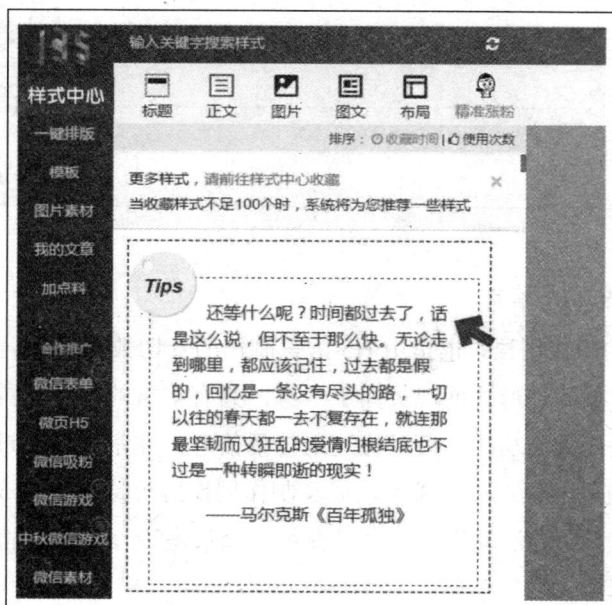

图 3-64　选择样式

Step 2 样式自动插入编辑框内，如图 3-65 所示。

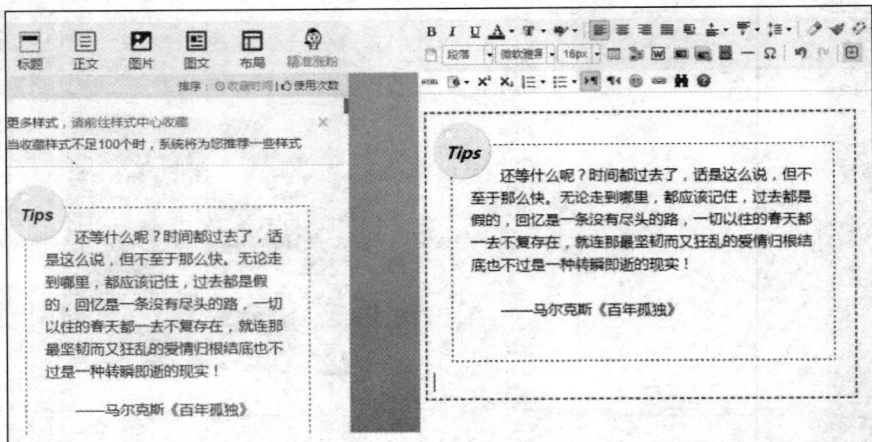

图 3-65　已插入样式效果

Step 3 在已插入样式的编辑框内输入文字即可，如图 3-66 所示。

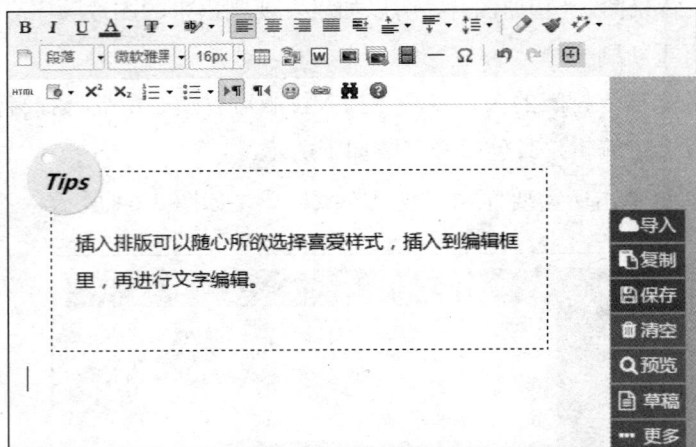

图 3-66　编辑文字

2. 引爆朋友圈的 H5 单页

H5 是 HTML5 的简化用语，也指用 H5 语言制作的一切数字产品。H5 可以集文字、图片、音乐、视频、链等多种形式展现页面于一身，具有丰富的控件、灵活的动画特效、强大的交互应用及数据分析等功能，可以快速地传播信息，非常适合通过微信向用户展示和分享信息。H5 所具有的灵活高效、成本较低及制作周期短等特点使其成为当下企业微信营销的重要方式，常见于企业活动宣传、产品介绍、会议邀请、公司招聘等。

（1）H5 活动类型

活动目标不同，所选择的 H5 页面类型也不相同。通常根据设计目标和功能的要求，

H5 页面类型主要有活动运营型、品牌宣传型、产品介绍型及总结报告型。具体内容如下。

① 活动运营型。为活动推广运营而打造的 H5 页面是最常见的类型，包括游戏、邀请函、贺卡、测试题等多种形式。与以往简单的静态广告图片传播不同，如今的 H5 活动运营页需要有更强的互动、更高的质量、更具话题性的设计来促成用户分享传播。从进入微信 H5 页面到最后落地到品牌 APP 内部，如何设计一套合适的引流路线颇为重要。

图 3-67 为爱奇艺在情人节推出的一款 H5，其主题为《爱奇艺单身特供，有"礼"才完美》，案例讲述的是"单身有毒，爱奇艺有药"。第二屏中有"骨灰宅、游戏控、邋遢王、猫奴狗奴、害羞鬼"5 种单身毒供用户选择，单击其中一种毒可进入这种毒药的解释，单击"这不是我"可以换一种病状，单击"投食拯救"，爱奇艺可以给出相应的单身拯救指南。随后可以领取有赞礼物，分享给好友可以再选一次，通过引导用户分享方式可以大范围的促进该活动的推广。

图 3-67　活动运营型页面

设计上属于扁平加矢量漫画的风格，微微移动略带搞笑的文字与动画人物设计，纯色的背景加上同色系颜色略深的线条不停地转动，让整个画面生动活泼，用色搭配十分舒适。

② 品牌宣传型。不同于讲究时效性的活动运营页，品牌宣传型 H5 页面等同于一个品牌的微官网，倾向于品牌形象塑造功能，目的是向用户传达品牌的精神态度。这种页面在设计时需要运用符合品牌气质的视觉语言，让用户对品牌留下深刻印象。

伴随着浪漫的钢琴旋律，《首草先生的情书》以一位男士的口吻娓娓道来其在成长历程中对妻子的爱与愧疚，最后引出"首草——滋阴圣品，爱妻首选"的宣传语。它设计上采用回忆般的黑白色调，简单的照片加文字，配以花瓣掉落、水面涟漪等轻动画，渲染出唯美优雅的气氛。"首草"这个全新的高端养生草药品牌，用 H5 打出了一副"走心"的情感牌，让用户记住了"半生只为你"的爱妻品牌形象，图 3-68 所示为 H5 活动页面。

图 3-68　品牌宣传型页面

③ 产品介绍型。产品介绍型聚焦于产品功能介绍，运用 H5 的互动技术优势尽情展示产品特性，引导用户下单购买。

该类型的 H5 页面多见于汽车产品的介绍，"LEXUS NX"就是其中的代表案例之一，如图 3-69 所示。精致和极富质感的建模、细腻的光效营造出了酷炫的视觉风格。用手指跟随光的轨迹切割画面揭开序幕，用户通过合理优雅的触碰、摩擦、滑动等互动形式一同探索产品的几大特性，H5 页面将宏观和微观都照顾周全。

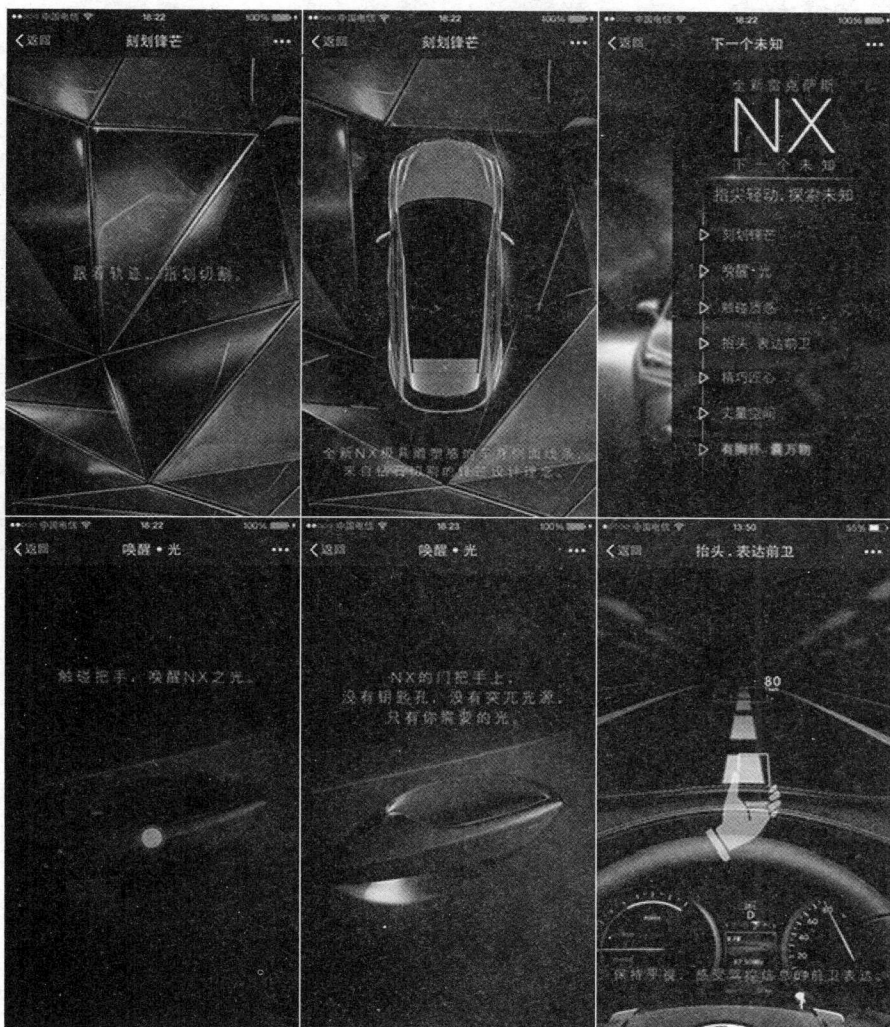

图 3-69　产品介绍型页面

④ 总结报告型。自从支付宝的十年账单引发热议后，许多企业对于公司的年终总结也开始热衷于用 H5 页面展示，通过优秀的互动体验使原本单调乏味的总结报告变得生动有趣起来。

《京东的十大任性》用 10 张横屏页面讲述了京东在 2014 年的十大成就，视觉设计上采用简洁的扁平风插画，加入纸面质感形成复古卡片拼贴感。不同页面间通过手指滑动实现流畅的视差滚动效果，最后还有刘总这个小彩蛋。用户在看完后基本上就了解了 2014 年京东都做了哪些大事，图 3-70 所示为《京东的十大任性》H5 活动页面。

图 3-70　总结报告型页面——《京东的十大任性》H5 专题页

确定了 H5 专题页功能目标后，就进入了页面的设计阶段。这时就需要运营人员考虑具体的应用场景和传播对象，从用户的角度出发去设计 H5 专题页面。概括起来，按照活动形式来选择的 H5 页面类型包括简单图文型、贺卡邀请型、问答测试型及游戏型等几种。

① 简单图文型。简单图文是早期最典型的 H5 专题页形式。"图"的形式千变万化，可以是照片、插画、GIF 图片等。这种 H5 页面通过翻页等简单的交互操作，起到类似幻灯片的传播效果，考验的是高质量的内容本身和讲故事的能力。

滴滴打车这个案例就是典型的简单图文型 H5 专题页，它用几张照片故事串起了整套页面，视觉简洁有力，采用整屏黑白照片，点缀以滴滴的品牌橙色。观众每切换一张图片，文字就渐隐浮现。这种页面没有其他互动形式，可以让观众聚焦于内容，通过陌生人之间的真情联系塑造品牌的正能量形象。图 3-71 所示为滴滴打车 H5 专题页。

图 3-71　简单图文型页面——滴滴打车 H5 专题页

②　贺卡邀请型。每个人都喜欢收到礼物的感觉，抓住这一心理，很多企业设计出了各种 H5 形式的礼物卡、贺卡、邀请函，通过提升用户好感度来潜移默化地达到品牌宣传目的。

AKQA 创意营销公司在圣诞节推出的梦幻水晶球祝福活动，通过镜头从水晶球外不断摇晃推近，渐渐走进水晶球的世界里。用户写下自己的祝福并分享给朋友，能够给对方带来意想不到的惊喜。该专题页面使用了重力感应、3D 等技术，文字与 BGM 的使用也十分讲究，给用户带来了完美的互动体验，值得品味。图 3-72 所示为梦幻水晶球 H5 专题页。

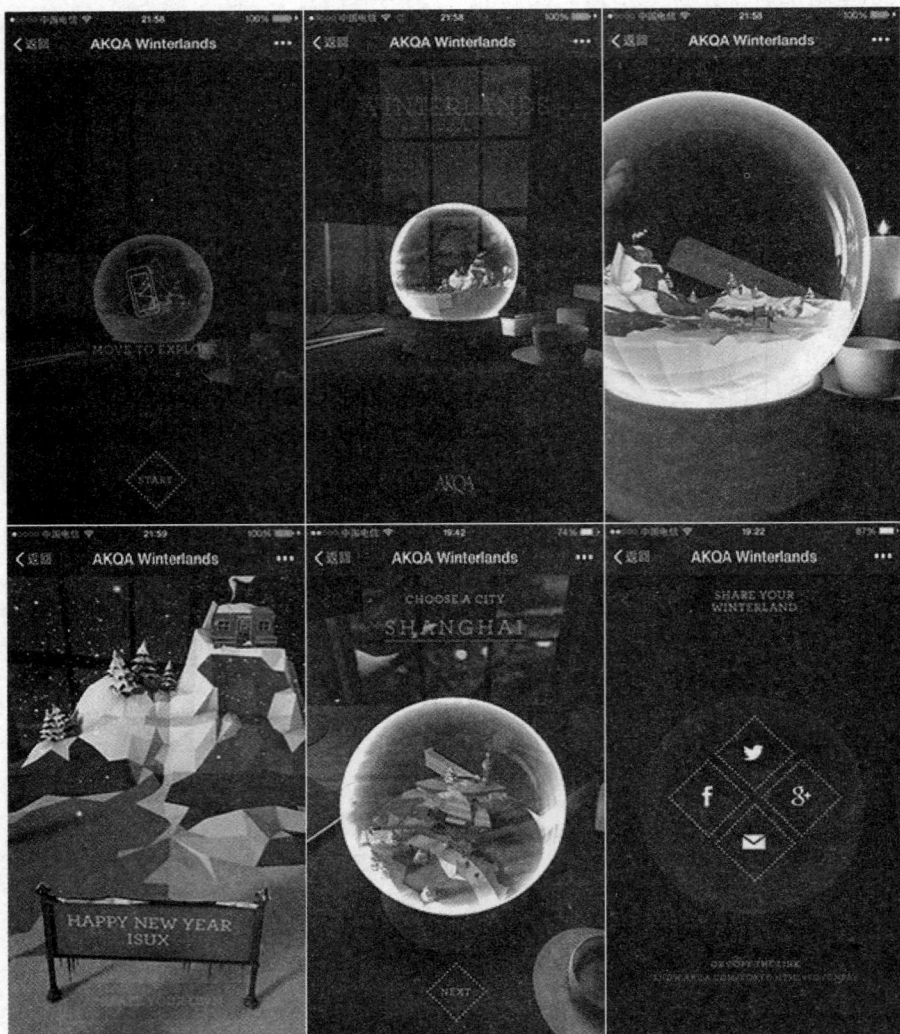

图 3-72　贺卡邀请型页面——梦幻水晶球 H5 专题页

③ 问答测试型。问答形式的 H5 页面也屡见不鲜了，它利用的是用户的求知欲和好奇心，抓住了用户对自己最后成绩的关注度的心理。制作这种页面时一条清晰的线索是必要的，最后到达的结果页也需要符合正常逻辑，如果能辅以出彩的视觉和文案，弱化答题的枯燥感那就再好不过了。

例如，姜文为宣传电影《一步之遥》做的 H5 专题页推广活动，以问答的形式让用户为姜文的代表作评分。该活动延续了怀旧大字报风格，字体、文案、装饰元素等细节处理十分用心，如图 3-73 所示。

④ 游戏型。从"围住神经猫""Core ball"等小游戏到社交应用 Same "圣诞老人拯救计划"等品牌植入式小游戏，H5 游戏因为操作简单、竞技性强，一度风靡朋友圈，但创意

缺乏和同质化现象导致用户对无脑小游戏逐渐产生了厌倦。品牌要在游戏上做到成功传播，需要在游戏环节和设计上多下点儿功夫。

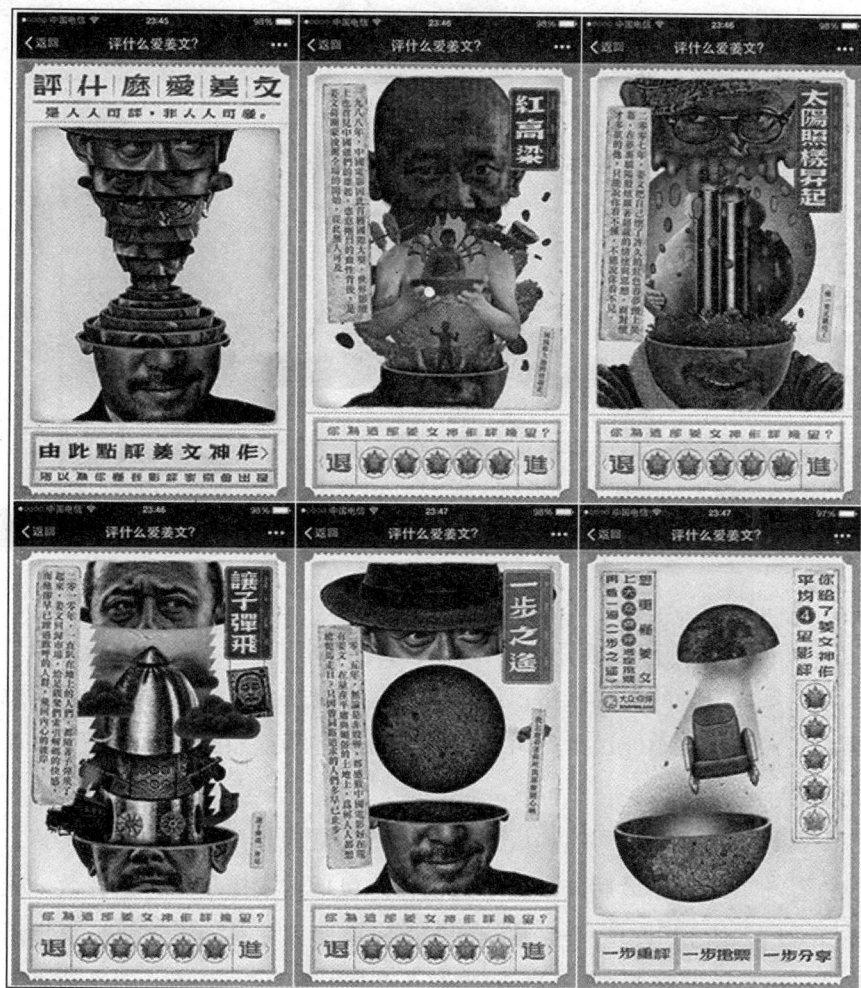

图 3-73　问答测试型页面——《一步之遥》H5 专题页

Same 曾在圣诞节推出了一款名为《圣诞老人拯救计划》的 H5 小游戏，操作非常简单，用户只需用手指交替上滑，把角色的脖子向上拉到无限长，游戏便会记录你拉得最高的距离，然后跟朋友比一比谁比较长。其界面清新可爱，与 Same 的招牌画风一致，游戏角色也是 Same 的品牌角色，通过幽默恶搞的游戏向用户传达 Same 独到有趣的产品文化，如图 3-74 所示。

（2）H5 页面设计要点

一个 H5 页面创意设计是否新颖出众，能否博得用户的眼球并吸引用户参与活动，将直接影响其营销效果，甚至会影响到用户对品牌形象的认知。通常来说，运营人员在制作

H5 页面时应注意以下几点。

图 3-74　游戏型页面

① 注意细节，整体风格要统一。要成就高品质的用户体验，必须考虑到细节与整体的统一性。想体现复古拟物的视觉风格，所用字体就不能是具有现代感的黑体；想体现幽默调侃的格调，文案措辞就不能过于严肃；想呈现情感色彩浓烈的活动，页面设计动画效果则不能过于花哨。

大众点评姜文电影推广系列的《九步之遥》H5 专题页便牢牢抓住了这一点。从二维码入口到性感的着陆页，再到最后分享提示的设计，包括文案措辞和背景音效，无不与整体的戏虐风保持一致，给到用户一个完整统一的互动体验。尤其要关注"分享提示"这个细节设计，比起一个简单的箭头和一句冷冰冰的"点这里分享"，其用心的细节设计带来的高品质和好感度是显而易见的。图 3-75 所示为《九步之遥》H5 专题页。

② 紧跟热点，巧妙借用话题效应。想要你的 H5 专题页一夜爆红，那么第一时间抓住热点并火速上线，借机进行品牌宣传也不失为一条捷径。

天天 P 图抓住武则天热播的契机推出了风靡海内外的媚娘妆，第一时间推出了"全民 COS 武媚娘"的 H5 互动页，它操作简单、易上手，一键上传照片就能立刻完成媚娘妆，与万千媚娘们进行 PK，娱乐了大众又推广了产品，如图 3-76 所示。

③ 讲个好故事，引发情感共鸣。不论 H5 的形式如何多变，有价值的内容始终是第一位的。在有限的篇幅里，学会讲故事，引发用户的情感共鸣，将对内容的传播起到极大的推动作用。

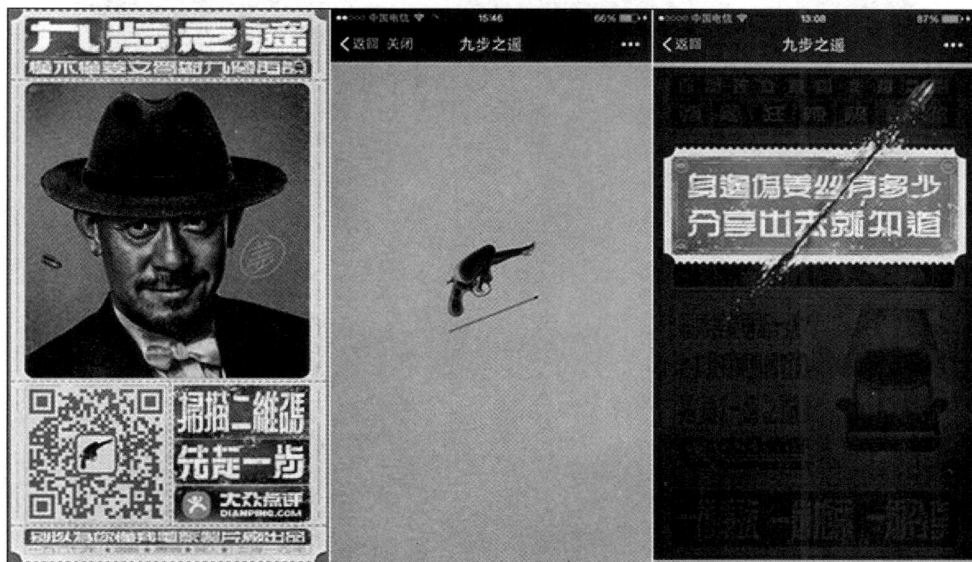

图 3-75　《九步之遥》H5 专题页面

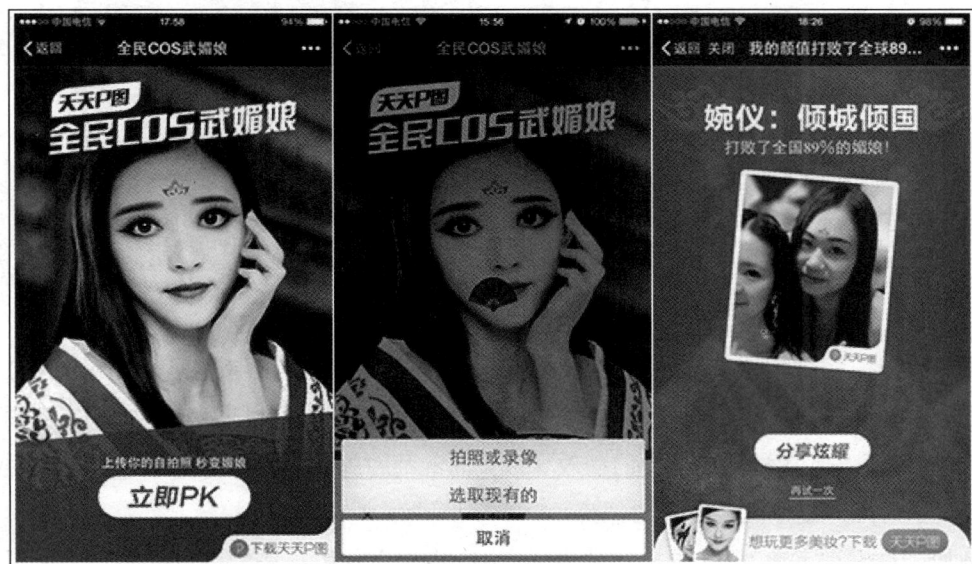

图 3-76　《全民 COS 武媚娘》H5 专题页面

　　LEVI'S 新年优惠活动专题页以第一人称的口吻，用大家小时候简朴却热闹的新年与长大后富足却乏味的新年进行对比，用手绘风渲染出亲切的怀旧氛围，最后引出"这个新年，把压力和束缚打包扔掉，用新鲜的眼光感受生活，一起活出趣"的品牌推广宣传语，代入感极强的故事无疑是驱动分享的原动力，如图 3-77 所示。

图 3-77　LEVI'S 新年优惠活动专题页面

④ 合理运用技术，打造流畅的互动体验。随着网络技术的不断发展，如今的 HTML5 功能更加丰富强大，这让我们能够轻松实现绘图、擦除、摇一摇、重力感应、3D 视图等互动效果。相较于塞入各种不同种类的动效导致页面混乱臃肿，我们更提倡的是合理运用技术，用心专注于为用户提供流畅的互动体验。

例如，对于淘宝在双 12 推出的预售推广 H5 专题页，用户在浏览过程中只需使用一种向上滑动的手势，而页面就能流畅地呈现出动态效果。设计人员巧妙地利用图形设计与组合，在滑动过程中营造出一种丰富的视差滚动效果，单个图形元素的遮罩、旋转与整体页面的动势配合极为默契，如图 3-78 所示。

3. 一站式微信营销服务平台——微盟

微盟又称 Weimob、微盟 Weimob、晖硕微盟，是一个针对微信公众号提供营销推广服务的第三方平台。其主要功能是针对微信商家公众号提供有针对性的营销推广服务。

图 3-78　淘宝"双 12"活动预售专题页面

　　作为目前国内最大的微信开发服务商，微盟基于微信为广大企业提供开发、运营、培训、推广等一体化解决方案服务。其服务范围包括实现线上线下的互通（O2O）服务、社会化客户关系管理（SCRM）、移动电商（VSHOP）、轻应用（lightapp）等综合类业务服务。微盟旗下提供的产品和服务多种多样，下面将讲解常用的微盟产品。

　　（1）微官网

　　微盟在国内首创了微信 3G 网站，用户只要通过简单的设置，就能快速生成属于自己的微信 3G 网站，拥有各种类型的精美模板可以自定义选择，从而满足了用户的个性化需求，给用户带来与众不同的感觉和良好的用户体验。图 3-79 所示便为微官网。

　　（2）微场景

　　微场景以其丰富多元的创意展现重新定义了广告传播的新模式，帮助商家实现病毒式营销。同时，它也支持各种图片风格和背景音乐，主题风格可以自定义设置，因而宣传方式独特。图 3-80 所示为微场景展现形式。

图 3-79　微盟的微官网

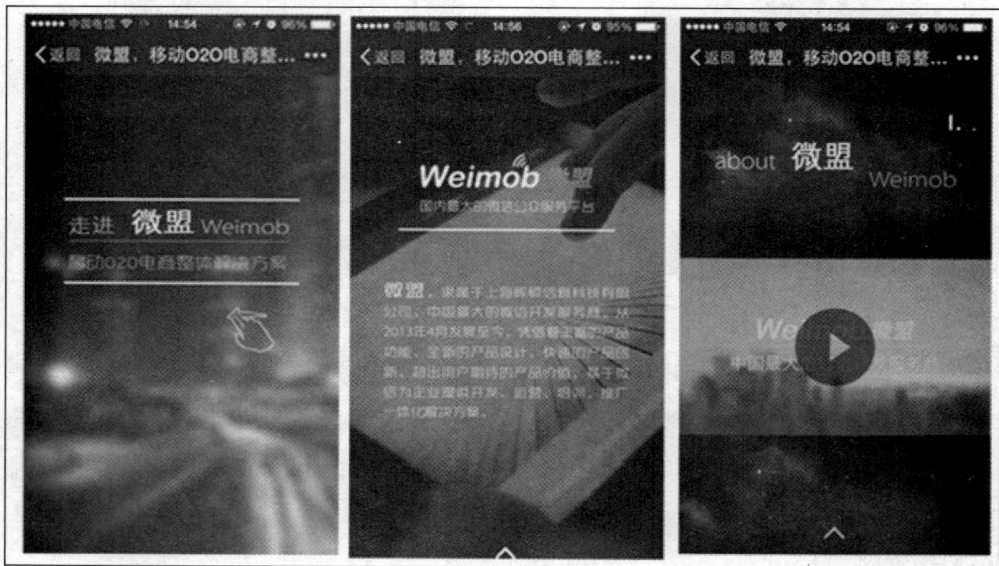

图 3-80　微盟的微场景

（3）微信会员卡

微信会员卡可以将企业的会员卡植入微信中，清晰记录企业用户的消费行为并进行数据分析；还可根据用户特征进行精细分类，从而实现精准营销。同时，该功能可以帮助企业轻松实现客户关系管理，建立集品牌推广、会员管理、营销活动、统计报表于一体的微信会员管理平台。图 3-81 所示为微信会员卡的展现形式。

图 3-81 微信会员卡

（4）互动系统

微信具有强大的交互性，微盟线上平台推出的具有互动营销功能的插件近百种，商家使用简单的插件就可以在公众平台发起各种营销活动。这些功能一方面降低了中小企业策划活动的技术门槛，方便高效，制作周期短；另一方面也降低了企业宣传活动的推广费用，而且活动形式新颖吸引人，可以有效增加公众号粉丝，提高公众号活跃度和企业口碑，获得更多的经济收益。

3.4.3 案例分析

腾讯的这个 H5 案例可以从 4 个方面进行分析，即内容、设计、交互、效果。

① 内容上，腾讯的 H5 页面是一个测试类游戏，首页大写的"谁是你最默契的朋友"，底部是"开始创建"，然后有 10 道不同问题，每道问题有三个选项，用户选出自己的答案，然后在最后一页会有"邀请好友回答问卷"和"换题重新创建问卷"两个选项，用户可以将这些题转发到朋友圈让自己的好友们参与测试，看看到底有多少人与自己的选项一致，一致的问题答案越多，他们的默契也会越高。

② 设计上，以玫红色作为主色调，配以少量的天蓝色，这与节目《你正常吗？》的色调一致。

③ 交互上，需要用户自己选择 10 道问题的答案，然后分享转发。

④ 效果上，这种测试朋友默契度的游戏之前在朋友圈就很常见，每一次都有不少用户参与，用户的积极性很高，因为这种测试游戏不仅好玩，而且用户也很在意和关心到底有多少人能够理解自己，毕竟不少人心中都希望自己是众人的中心，大家都能理解自己。

3.5 课后习题

一、选择题

1. 以下选项中，属于微信营销特点的是（　　）。

    A. "一对一"互动营销　　　　　　　　B. 信息到达率高

    C. 营销方式多样　　　　　　　　　　　D. 强关系营销

2. 下列选项中，关于微信营销的说法正确的是（　　）。

    A. 微信拥有海量的用户

    B. 微信营销可以精准定位，而且它的成本较低

    C. 微信营销方式多样，更具有人性化

    D. 微信营销具有开放性，可以连接一切

3. 以下选项中，属于微信线上广告投放形式的有（　　）。

    A. 朋友圈广告　　　B. 公众号广告　　　C. 广点通广告　　　　D. 网赚类转发

4. 下列选项中，哪些属于微信运营人员主要分析的数据？（　　）

    A. 网页分析　　　　B. 图文分析　　　　C. 消息分析　　　　D. 用户分析

5. 下列选项中，属于常见的微信排版助手工具有（　　）。

    A. 135 编辑器　　　B. 企业秀　　　　　C. 秀米　　　　　　D. 创客贴

二、判断题

1. 微信公众号可以每天群发一条群发消息。（　　）

2. 通过公众号发起投票活动也是推广公众号的重要方式，如各种选美、选最佳员工等投票活动。（　　）

3. 微信公众号名应选择企业或者品牌名，中英文都行，名字长短无所谓，读起来好听就行。（　　）

4. 通过微信单篇图文的分析，可以了解哪些内容受到用户关注，还可以了解用户从哪些渠道关注的公众号。（　　）

5. HTML5 页面的火爆，使许多运营人员热衷于用 HTML 5 页面策划活动，但就企业实际收益而言影响并不大。（　　）

模块 4

APP 营销

【学习目标】

知识目标	➢ 了解 APP 及 APP 营销 ➢ 掌握 APP 营销的主要模式 ➢ 熟悉 APP 运营活动类别 ➢ 掌握 APP 活动策划要点
技能目标	➢ 能够运用常见的活动形式，策划 APP 营销活动的方案 ➢ 能够运用 APP 常见推广方式，会用主要推广渠道进行推广

中国互联网络信息中心（CNNIC）统计显示，截至 2016 年 6 月，中国网民规模达到

7.10 亿，其中手机网民规模更是达到 6.56 亿，网民中使用手机上网的人群占比达 92.5%，手机上网的主导地位进一步强化。用户的导向即市场发展的方向，网民从 PC 端向移动端的转移，必将带动以 APP 应用为主导的移动互联网的新发展。对企业而言，APP 的发展也给企业新媒体营销提供了一种新的有效营销方式。

本模块由了解 APP 及 APP 营销、APP 营销模式、APP 运营活动策划及 APP 推广 4 部分组成。其中，了解 APP 及 APP 营销部分属于知识储备内容，向学生简要讲解 APP 营销的基础知识。重点以 APP 营销模式、APP 运营活动策划及 APP 推广为主，详细讲解了企业 APP 的营销推广及活动策划的相关知识。使学生对 APP 营销产生兴趣，从而掌握了 APP 营销的方法和技巧。

【知识储备】

1. 你了解 APP 吗

（1）什么是 APP

APP 是英文 application 单词的缩写，中文翻译为"应用"。这里的 APP 特指在网络平台或智能终端上运行的第三方应用程序。换言之，就是安装在智能手机或者平板电脑上的手机软件，用来满足用户的个性化的需求和服务。APP 作为一种针对智能终端设备而服务的新型移动应用程序，比较著名的应用商店有苹果的 App Store、谷歌的 Google Play Store、诺基亚的 Ovi Store、黑莓的 Blackerry App World 及微软的 Market place 等。而这其中，又以苹果公司的 APP Store 最具代表性。

（2）APP 的类型

随着国内移动互联网的快速发展，智能终端设备日渐普及为百姓日常生活中的一部分，而搭载在手机、平板电脑上的 APP 应用程序更是得到了大力的发展，各种各样的 APP 层出不穷。那么，APP 都有哪些类型呢？

APP 的类型划分方式有多种，按照其功能来划分，可以分为社交类、资讯类、游戏类、网购类、工具类等几方面。具体内容如下。

① 社交类 APP：拥有网络社交功能，例如，新浪微博、Facebook、微信、QQ 等用以满足用户在网络平台上社交分享需求的应用；

② 资讯类 APP：此类应用程序属于新兴发展的网络媒体，主要功能是向用户传播信息。例如，今日头条、搜狐新闻、一点资讯、腾讯新闻等。

③ 游戏类 APP：搭载于智能手机上的网络游戏给用户带来的体验颠覆了传统的游戏行

业，因而手机游戏也成为企业盈利的重要渠道。此类 APP 如早期的愤怒的小鸟、忍者水果，还有今天的开心消消乐、疯狂跑酷、欢乐斗地主等。

④ 网购类 APP：电子商务作为近年来快速发展的行业之一，其显著特点便是网购用户的不断增加，尤其是使用手机购物的网民数量不断增加。该类应用程序主要有手机淘宝、京东、唯品会、聚美优品等。

⑤ 工具类 APP：现代智能手机与传统手机的最大区别在于，它不仅仅是沟通联系的通信工具，其服务的范围和提供的附加功能更是渗透到了人们日常生活当中。手机可以听音乐、看电影、随时随地上网、购物、打车等，这些功能极大地方便了人们的生活。该类的应用程序主要有高德地图、墨迹天气、Office、百度手机浏览器、优酷视频播放器、美图秀秀等。

此外，按照应用载体的不同，还可以将 APP 应用程序分为网页 APP 和移动 APP 两类。

① 网页 APP 是指需要在 PC 机的浏览器上加载运行的软件，依托浏览器程序语言和网页浏览器进行运作。网页 APP 不需要专门下载，只需要在网页上单击在线加载，就能够在原网页上获得更多的功能。

② 移动 APP 就是在智能手机、平板电脑及其他智能移动终端上运行的各种应用程序。随着各种移动终端设备的普及，移动 APP 成为主流的应用程序。相比网页 APP，移动 APP 的运用要广泛得多。

2. APP 营销基础

（1）APP 营销的含义

APP 营销指应用程序营销，即通过网页或智能手机、平板电脑等移动终端上的各种应用程序而开展的企业营销活动。在 APP 营销中，应用程序 APP 是营销的载体和渠道，这点是 APP 营销与其他营销活动最根本的区别。就《极品飞车》这款游戏来说，如果企业提供的车型只能在游戏的计算机客户端上使用，在手机下载的游戏 APP 客户端中没有，那么对这家汽车企业来说，这就不能称为 APP 营销，而是游戏营销。脱离了 APP 这一载体，就不能纳入 APP 营销的范围。

（2）APP 营销的兴起背景

APP 营销是伴随着移动互联网技术的发展和智能终端设备的普及而兴起的。2008 年，苹果公司推出了首款 iPhone 以后，移动终端逐渐走向智能化。仅 2015 年，中国手机厂商的出货量就达到了 5.18 亿部，智能手机的销量达到 3.9 亿部。移动终端的广泛普及及其硬件水平的不断提升，为 APP 的发展提供了契机，也为 APP 营销的多样化、精细化发展提供了有力的硬件支持。

网民从 PC 端向移动端的转移，无疑将进一步刺激企业开发出更多的移动应用程序，用户与终端程序在互动中相得益彰。时至今日，手机早已不再是用户手中单纯的通信工具，全覆盖的网络和便携的设备，友好的界面和丰富有趣的内容与功能，使得用户可以自由地使用智能终端上的 APP 填补碎片化时间。

iPhone 的问世极大地推动了移动 APP 的发展和普及，进而带来了企业 APP 营销的爆发式增长。2010 年，国内的 APP 营销如雨后春笋般地悄然兴起。最先尝试开展 APP 营销的便是各大电商平台，他们在网页平台的基础上开发出手机 APP，将手机 APP 作为开拓移动市场的重要手段，例如，手机淘宝、手机京东等。2011 年以后，以微信为代表的社交软件开始逐渐强化营销功能，成为 APP 营销中又一大引人注目的发展趋势。在移动互联网市场发展的早期，许多企业都利用 APP 应用程序在移动网络市场领域跑马圈地。

随着 APP 营销概念的不断演进，APP 营销的形式也发生了许多变化。很多企业不再借助第三方的 APP 进行营销，而是自己开发 APP，将信息直接送达给用户。宜家、可口可乐、星巴克等知名品牌都先后开发出了自己的 APP，并开展营销活动。大部分 APP 营销的主要内容为产品信息推广、新品发布、门店或者渠道信息及优惠措施公告等，基本满足了企业宣传推广的需求。

3. APP 营销的特点

APP 营销作为一种新兴的营销模式，不同于传统的营销模式，有其独特的营销特点，主要表现为以下几点。

（1）成本低廉

APP 营销相对于传统的报纸、广播、电视而言，其投入的运营费用要低得多，只要开发一个适合于本品牌的应用基本就能满足企业的广告服务，而这种模式的营销效果也是报纸、广播、电视所不能比拟的。

（2）精准度高

APP 营销与其他营销途径不同，APP 一般是用户根据自己的需求进行搜索并且主动下载的，这意味着，用户在下载 APP 时往往已经对这个 APP 或 APP 代表的企业有了一定的了解或需求，而且用户对 APP 的日常使用与用户自己的需求和消费直接相关，只有当他们准备消费或有所需求时，才会点开相应的 APP，比如打车、地图导航、外卖订餐、网上购物、玩游戏等。因此，APP 营销是一种具有双向选择性的营销模式，营销企业和消费者双方都同时选择了特定的 APP。所以，APP 传递的营销信息，其针对性非常强。

（3）极具个性

在个性化标签时代，人们总是希望能够拥有一款为自己独家设计的 APP，以满足自己的个性化需求。APP 营销在个性化方面具有很大优势。APP 种类繁多，企业可以根据目标群体的特征和使用习惯设计专属该群体的 APP 呈现形式和内容，使用户获得更感兴趣、更富有服务体验的营销信息，真正做到根据用户需求改变服务方式和内容的定制式营销。

（4）信息全面

在传统的市场营销活动中，企业所传达的信息极大地受制于大众媒体的广告版面和播出时段，不能够对产品进行全面立体的介绍和展示。而在 APP 应用中，企业可以将自己举办的促销活动、新品发布等相关活动信息详细、全面地推送给用户，让消费者更加全面地了解企业的产品和服务，从而提高了企业的服务水平和市场的知名度。

（5）随时服务，网上订购

随着移动互联网的高速发展及智能终端设备的普及，人类的生产和生活方式也在悄然发生着改变。企业更是将自己的产品和服务搬到了网上售卖，全天 24 小时向顾客提供服务。消费者则通过手机中的 APP 轻松自如地查看产品，进而通过应用平台付款下单。滴滴打车、美团外卖、手机淘宝等各类应用服务更是逐渐渗透到越来越多的现代人生活中。

（6）全面互动

传统大众媒体的传播属于单向性传播，受众作为信息接受者，只能被动地接受传媒信息，受众反馈渠道较弱。而用户通过企业 APP 则可以改变这种局面。APP 作为连接企业和用户的纽带，能及时将企业和用户之间的信息沟通渠道打通。一方面，用户可以随时随地获取企业信息；另一方面，企业则可以及时获得用户的使用反馈情况，快速调整和优化企业的产品和服务。

4. 企业开展 APP 营销的意义

随着移动互联网时代的来临，用户向移动终端上网的趋势进一步强化，移动互联网无疑成为备受企业关注的新兴市场。越来越多的企业意识到 APP 应用的营销价值，希望借助 APP 应用与用户之间建立快速的沟通渠道，提升企业服务质量并树立良好的企业形象。如此看来，APP 对企业未来发展的重要意义自然不言而喻。下面将详细讲解企业开展 APP 营销的意义。

（1）有效提升企业形象

通过 APP 开展营销活动，中小企业能够迅速提高在客户心中的知名度，强化企业品牌影响力，塑造良好的企业形象。

（2）与用户零距离接触

通过 APP，企业能够与用户紧密地联系起来，方便与用户进行交流沟通，同时也有助于企业对市场做出快速反应。用户对企业产品的喜好程度，能够通过企业 APP 使用数据反映出来，企业可以通过用户反馈的数据，优化调整产品或服务，对市场做出快速反应。

（3）能够强化用户黏性

APP 作为企业对外宣传推广的重要窗口，具有强大的功能，能够将文字、图像、音视频等多样化信息融为一体推送给用户，实现了单一媒体向多媒体形式的转换。同时，企业 APP 以用户为主导的双向互动，也有助于深入挖掘用户的需求，不断改善用户体验，强化用户黏性。

（4）增加企业经济效益

通过 APP 给用户推送最新的促销活动信息，吸引用户消费或者链接到企业的商城，将产品展现到用户面前。这样不但可以降低企业营销成本，又能增加企业的营业收入，从而大大提高了企业的经济效益。

（5）提升企业工作效率

企业 APP 能够提升企业工作效率。将 APP 与企业已有的信息化应用系统进行集成（如与 ERP、CRM 等系统做对接），可以实现企业移动化办公，从而提升企业的工作效率。

4.1 APP 营销模式

4.1.1 案例引入

可口可乐全线产品植入墨迹天气

墨迹天气——国内最具人气的一款生活应用类应用程序，其主要功能是免费为用户提供天气查询服务。2009 年 5 月创立至今，墨迹天气的注册用户已超过了 5 亿，月活跃用户达 1 亿，成为在中国生活服务类应用中排名第 2 的超级 APP。

用户就是市场，墨迹天气上的海量用户就是一个巨大的市场。企业如果能利用这样的平台开展营销活动，便能顺势而为打开移动网络市场的大门。可口可乐公司便是这样一个积极拥抱移动互联网的公司，他选择了与墨迹天气 APP 进行合作，利用墨迹天气中的穿衣助手、指数等功能，巧妙地将可口可乐品牌广告植入。实现其品牌营销推广的目的。

从 2013 年 7 月开始，可口可乐公司利用墨迹天气中穿衣助手及指数可以定制的功能特点，结合不同的天气或日期，为公司旗下的产品做了多套不同的广告方案，同时在墨迹天气的平台上进行推广。

1. 可口可乐注重聚会和分享，因此墨迹天气会在周末的时候提示用户带上可口可乐与朋友一起分享。

2. 雪碧倡导消费者走出户外，墨迹天气在 ≥30° 的天气下投放，提示用户温度较高，做好防暑准备，向用户推荐雪碧产品。

3. 果粒橙倡导"阳光健康"，墨迹天气在晴天、雨天分别通过不同广告内容提示用户保持好心情。

4. 冰露用于满足高端消费者对高品质饮水的需求，因此在天气湿度＜40%时，可以提醒用户注意补水。

5. 果清新倡导"四季健康，湿润平衡"，在空气污染指数为良或以下的天气，提示用户注意保持湿润平衡。

之后，墨迹天气根据可口可乐公司的活动文案定制了专属的穿衣助手。按照墨迹天气穿衣助手小墨妹和小墨哥形象，分别定制了可口可乐不同产品线的衣着服饰及语音提示。随着天气的变化，穿衣助手将换上与品牌颜色相匹配的服装。用户单击穿衣助手，便会出现相应品牌的文字提示，如图 4-1 和图 4-2 所示。

图 4-1　墨迹天气中植入可口可乐广告

图 4-2　墨迹天气——穿衣助手广告

除此之外，墨迹天气的指数页面还为可口可乐定制了"饮料指数"。根据每日天气变化，向用户推荐不同功效的可口可乐产品，如图 4-3 所示。

最后，巧用特殊日期推送开屏广告，每逢农历节气当天，墨迹天气 APP 还会向用户推送开屏广告。当用户启动 APP 时，就会看到该节气日的广告，例如，立秋当日向用户推送的可口可乐美汁源果清新产品，传递了可口可乐美汁源果清新产品四季平衡的理念，如图 4-4 所示。

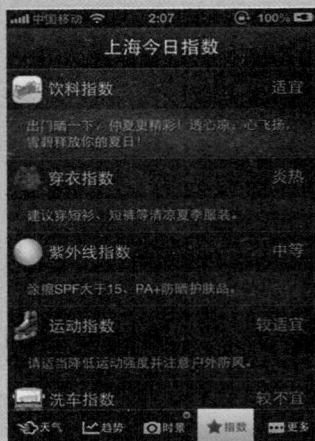

图 4-3　墨迹天气——穿衣助手广告

图 4-4　墨迹天气——开屏广告

从 2013 年 7 月到 2014 年 1 月，可口可乐和墨迹天气的植入合作活动持续了近 6 个月，可口可乐的品牌曝光量高达 49 亿，取得了超常完成 KPI 近 210%、用户总单击量达 1.8 亿、CTR 高达 36.11% 的惊人效果。

思考：

1. 常见的 APP 营销模式有哪些？可口可乐品牌植入墨迹天气应用的营销活动属于什么营销模式？请对活动效果进行分析。

2. 可口可乐的营销模式多种多样，除了上述这种营销模式外，你还了解可口可乐的其他营销模式吗？你认为可口可乐还可以借用什么营销模式进行品牌推广？

4.1.2　相关知识

1. 广告营销模式

广告营销模式，顾名思义，即借助于第三方的 APP 平台，将企业 APP 的广告以硬性广告的方式直接植入第三方平台上开展的营销活动。具体来说，就是将企业的广告在其他第三方应用上曝光，借助于用户规模较大的具有行业相关性的 APP 推广企业自己的营销广告。该营销模式下常见的 APP 营销广告形式有开屏广告、页内轮播广告、封底广告、封面广告等，计费方式通常为 CPC 模式，即按照单击次数收费。

使用这种模式的关键在于，它吸引足够多的用户关注和参与企业营销活动。因此，企业所选择推广的平台非常重要。这种营销模式的受众面广、成本较低、见效较快，对于企业短期内的营销推广活动而言是一个不错的选择。图 4-5、图 4-6 所示分别为招商银行 APP 中的轮播广告和 12306 移动端中的开屏广告。

APP 广告模式营销是最常见的模式，广告主要通过植入动态广告栏的形式进行推广。

当用户单击广告栏的时候就会进入链接网站，通过网站内容可以了解广告主详情或是否参与活动。这种模式操作简单，只要将广告投放到下载量比较大的应用上就能达到良好的传播效果，但是投放价格相对较高。

图 4-5　广告营销模式——轮播广告

图 4-6　广告营销模式——开屏广告

2. APP 植入模式

APP 植入模式是指将产品或服务的信息转化为一个应用的情景植入到该应用中，当用户下载该应用后可以通过该应用看到产品或服务的信息。APP 植入模式主要包括内容植入、道具植入及背景植入三种形式，具体内容如下。

（1）内容植入模式

这种模式是将产品或服务信息转化为应用的内容展现在应用中，比较典型的例子是较为流行的游戏类应用"疯狂猜图"。该游戏融入广告品牌营销，把耐克等品牌名称作为游戏题目的关键词，既达到了广告宣传的效果，又给用户带来了有趣的游戏体验，强化了用户与应用程序之间的互动，因而广告效果更好。图 4-7 所示为疯狂猜图中的品牌植入信息。

（2）道具植入模式

该模式一般出现在游戏类应用中，它将现实生活中的产品或服务作为游戏中的道具植入游戏中。例如，人人网开发的人人餐厅 APP 游戏，将"伊利舒化奶"作为游戏的一个道具植入其中，消费者在玩游戏的同时对伊利舒化奶产品产生独特诉求、认知与记忆，从而达到了提升品牌或产品的知名度，使其在消费者心中树立良好形象的目的。图 4-8 所示为人人餐厅中植入的道具广告。

图 4-7　内容植入模式——疯狂猜图

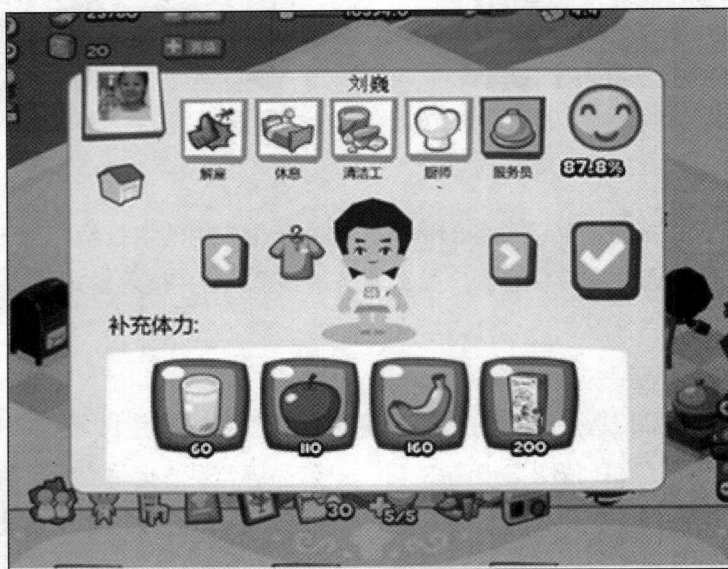

图 4-8　道具植入模式——人人餐厅

（3）背景植入模式

该推广模式主要用于网站移植类 APP 和品牌应用类 APP 推广，依托的第三方应用程序往往具有独特的虚拟化特点，应用场景和用户的现实生活非常接近。具体而言，即通过应用中虚拟化的场景或应用中的某一元素，强化用户对于企业产品或品牌的认知。例如，抢车位游戏中虚拟停车场的场景,将摩托罗拉(MOTO)手机广告以停车广告牌的形式植入游戏背景中,当用户在玩这款游戏时,便会不自觉地关注背后的广告牌,如此便强化了摩托罗拉在用户心中的品牌形象。图 4-9 所示为抢车位游戏中植入的背景广告。

图 4-9　背景植入模式——抢车位游戏

3. 用户参与模式

这种营销模式主要是企业通过开发具有趣味性或使用价值的 APP,吸引目标用户参与使用,从而达到潜移默化地提升品牌知名度、塑造企业良好形象或者提升顾客满意度等目的。例如,宜家推出的"IKEA 移动应用"就采用了用户参与模式,软件所显示的家具并不单是一块 2D 的平板照片,而是可以调整角度的图片。借助一些辅助工具,用户可以从商品目录中选择一件家具并将其"摆放到"家中,具有较强现实感。图 4-10 所示为 IKEA 移动应用的用户参与场景。

图 4-10　用户参与——IKEA 移动应用

4．购物网站模式

这种模式是将购物网站移植到智能手机、平板电脑等移动端上的一种营销模式。用户可以随时随地浏览网站获取商品信息，并可以直接支付下单。相对于手机购物网站来说，该模式的优势是快速便捷，内容丰富。同时为了促进购买，这些网站通常还会发布一些优惠政策，如淘宝客户端的手机专享价等。图4-11所示为手机淘宝应用的主页面。

5．内容营销模式

在移动互联网时代，手机已成为用户获取信息的重要渠道。用户的需求就是企业的市场，因而，给用户提供优质的内容也成为企业开展 APP 营销的重要盈利点。内容营销模式以解决用户的实际需求和问题为核心，通过提供优质的内容服务帮助用户解决生活学习中的实际问题，吸引目标用户，从而达到营销的目的。例如，作业帮 APP 作为一款帮助用户解决学习问题、提高学习效率的移动应用程序，以提供优质的课程知识服务展开营销，如图4-12所示。

图 4-11　购物网站模式——手机淘宝应用的主页面

图 4-12　内容营销模式——作业帮的应用程序

以上 5 种即为企业 APP 营销的主要模式。运营人员在实施 APP 营销过程中，应根据企业营销活动的实际需求灵活选择营销模式，巧妙地运用各种营销模式将企业的产品或品牌形象植入到活动中，潜移默化地培养起用户的企业品牌或者产品认知心理，强化企业的市场认可度，树立良好的企业形象，实现企业 APP 营销的长远发展。

4.1.3　案例分析

1. 常见的 APP 营销活动模式有广告营销模式、APP 植入模式、用户参与模式、购物网站模式及内容营销模式等 5 种营销模式。

上述案例中，可口可乐通过墨迹天气应用中穿衣助手、指数等用户喜爱的服务功能，以场景化的方式将可口可乐的品牌广告植入其中，根据不同的天气和日期条件，向用户推送不同的产品，因而该活动模式应属于 APP 植入模式。具体而言，可口可乐植入墨迹天气的营销模式分别属于内容植入模式和道具植入模式：一方面将可口可乐产品的广告口号直接放在饮料指数上面，推广可口可乐的品牌；另一方面产品又以墨迹天气中的"小墨哥"和"小墨妹"手中的道具出现，以道具的方式植入场景当中，展现品牌。

可口可乐在本次移动营销活动中，与拥有海量用户的墨迹天气应用进行合作，根据提示的天气和日期，以场景化的方式将企业的产品形象及品牌巧妙地植入其中，活动超额完成了企业营销目标，取得了良好的传播效果。该活动的巧妙之处在于潜移默化地将企业的产品和品牌植入用户生活情境当中，在长时间的曝光和传播之后，将品牌形象悄然植入用户内心，培养起用户的消费习惯，实现企业的营销目的。

2. 可口可乐除了上述营销模式之外，还有其他营销模式。

例如，可口可乐曾推出的 CHOCK 应用，该款应用属于用户参与模式。它通过电视广告与手机的互动，让用户参与到新鲜有趣的互动游戏中。用户下载此款 APP 到手机后，在指定的"可口可乐"沙滩电视广告播出时开启 APP，当广告画面中出现"可口可乐"瓶盖并且手机出现震动时，挥动手机去抓取电视画面中的瓶盖，每次最多可捕捉到 3 个。广告结束时，手机 APP 会揭晓活动结果，丰富的奖品吸引了许多用户参与此次活动。

除了上述案例中的植入营销模式外，还有以广告营销模式进行广告植入的方式，为此可以参考下面的营销活动。

与公司业务具有关联性的企业合作，进行应用内推广，例如将可口可乐的公司活动植入其他应用中，如可以考虑在购物类网站（手机京东、手机淘宝等）里插入开屏广告、首页轮播图广告，进行广告营销。

4.2 APP 运营活动策划

4.2.1 案例引入

口袋理财——周年庆典活动

随着移动互联网时代的来临，越来越多的传统企业在"互联网+"潮流下积极拥抱这个新事物。时下火热的互联网金融就是其中颇能体现"互联网+"概念的典型例子。它是将传统金融企业和互联网企业相结合，利用互联网技术和信息通信技术实现资金融通、支付、投资及信息中介服务为一体的新型金融业务模式。口袋理财 APP，就是这样一款专业的互联网金融理财的移动平台。

口袋理财 APP 是由上海凌融网络科技有限公司研发推出的一款帮助个人金融理财的移动应用。该款 APP 在 2014 年年底的时候正式上线运营，平台目前提供的理财产品主要包括随取随存的口袋宝及银行票据、基金、保险理财、优质 P2P 产品等。用户或者投资者在口袋理财 APP 上可完成理财产品的购买、转让及个人资产的转出与提现。

从 2014 年 12 月上线运营到 2016 年 12 月，口袋理财 APP 的用户数量突破了 560 万、交易规模超过 133 亿元，成为了业内名列前茅的互联网金融公司。2016 年 12 月，为庆祝 APP 上线两周年，公司运营部准备在移动端策划一场两周年庆典营销活动，一来是为了回馈广大的新老用户对于口袋理财的大力支持，同时也为了推广企业品牌，拓展良好的用户口碑，从而实现公司 APP 长期营销的目的。随着日期的临近，运营人员正在紧锣密鼓地策划准备着这场庆典营销活动。

思考：

1. 你知道 APP 营销活动都有哪些类别吗？口袋理财周年庆典活动可以选择哪些活动类别呢？

2. 假如你是口袋理财 APP 的运营人员，请你为公司设计一套庆典活动方案。

4.2.2 相关知识

1. APP 运营活动类别

根据企业的不同发展阶段及营销目的，APP 营销活动可以分为回馈用户类、品牌推广类、公益类及社交平台推广类等几种活动类别。具体讲解如下。

（1）回馈用户类活动

回馈用户活动作为较为常见的活动方式之一，有些企业会定期策划此类活动，目的是刺激新老用户的活跃度，提升平台的商品或者服务的销量。常见的表现形式有抽奖、打折、送红包等。

（2）品牌推广类

这类活动形式较多，主要用于推广企业的品牌形象，运营此类活动时重在活动的创意，比如曾经较火的支付宝结合"星际穿越"和"梵高为什么会自杀"的神级文案，利用大家熟知的人物、事件等讲故事，一步一步引人入胜，到最后"顺理成章"引出支付宝品牌。不论故事是真是假，都能逗读者一笑，达到了很好的传播效果。

（3）公益活动类

通常，企业开展公益活动有利于塑造其良好的形象，能提高企业的知名度和品牌影响力。因而一些规模较大的企业常常会举办此类活动。企业在 APP 上策划公益活动时，通常是利用线上传播渠道进行推广，收集相关信息内容，然后在线下展开活动，实现线上与线下的互动营销，从而起到强化营销效果的目的。例如，立白集团在 2015 年通过发布互动 APP "HOME+"的形式启动的"立白健康幸福工程"，以创新形式致力于"留守儿童问题"公益活动。立白集团通过在 APP 线上举办公益活动吸引了众多的爱心市民参与，并通过 APP 为留守儿童送出数百个公益赠品。

（4）社交平台推广活动

企业新开发的 APP 在刚上市的初期，需要在短期内吸引大量的种子用户下载注册，因而许多企业都会开展推广宣传活动，而这又主要以社交平台的推广活动为主。通常而言，社交平台拥有海量的用户，能够使企业的 APP 在短时间内获得高频率的曝光和大量的用户下载，提升企业 APP 的用户数量。例如，2014 年快看漫画 APP 就通过微博社交平台的推广活动，在短短一周的时间内就取得了 30 万用户的下载量，成功地将快看漫画 APP 推送了出去。

2. 常见的 APP 活动形式

企业开展 APP 营销，首先要有企业自己的 APP 应用程序，然后才能开展相关活动。随着网络技术的快速发展，如今的 APP 功能变得愈加强大，表现形式也更加丰富多样，可以满足企业不同的业务和营销需求。那么，常见的 APP 活动有哪些呢？下面就详细介绍几种常见的 APP 活动形式。

（1）页面游戏有奖

页面游戏有奖活动的趣味性较浓，再加上丰厚的活动奖品，对用户有着极大的吸引力。这种活动形式适用于企业举办的大型活动上线前期，目的是在短时间内吸引大量的人气，引导用户关注和参与活动，从而起到活动的预热作用。常见的页面游戏活动形式有砸金蛋、摇一摇赢福利、猜价格、玩拼图、猜拳等，这些活动都可以起到良好的营销效果。

例如，同程旅游 APP 策划的"6.16 同程旅游狂欢节，指尖狂欢 24 小时"的页面游戏有奖活动，如图 4-13 所示。该活动通过活动页面的"点赞看更多惊喜"按钮和分享后再产生的"邀请好友参与点赞"按钮吸引用户单击参与，用户每点一次赞幕布的一角就会被掀开，最终幕布上的特惠信息将全部公开。

图 4-13　页面游戏有奖——同程旅游

（2）刮刮卡刮奖

刮刮卡刮奖活动的参与难度较低，刮奖次数一般不会受限，用户可以随时参与。刮卡中奖能刺激用户注册或登录账号以领取福利，从而为 APP 带来新用户并能提高平台用户的活跃度。不过，对于刮奖而言，尽管形式较简单，但中奖率的设置、奖品的设置、每人中奖的额度和限制都需要在策划活动时仔细考虑好。

例如，手机京东 APP 策划的"618 PARTY ON，10 亿红包全民抢"活动，如图 4-14 所示。通过登录京东账户，用户在活动页面可以通过参与刮刮卡活动幸运获得 1 元至 618 元面额的京券红包，同时分享能增加获奖机会，关注微信公众号能增加 1 次奖励，但每人最多得 4 个红包。

（3）100%中奖

长期以来，抽奖活动作为商家用来吸引用户的常见营销手段，经常在线下商场看到。

有一些商家暗箱操作中奖名单，故而使这种方式饱受垢病，许多顾客不再相信其公正性。而企业通过 100%中奖的活动，能够有效地打消顾客的这种顾虑，赢得顾客的信任。

　　需要注意的是，这种活动方式成本较高。企业在短期内推广 APP 时，为了提高下载量、获得大量潜在用户时会采用这种方式。活动形式一般会对用户提出明确的任务要求，如下载安装、注册账号、成功支付等，只有完成了指定操作，才能 100%获得承诺奖品。

　　例如，携程旅行 APP 策划的"初体验，领红包"的 100%中奖活动，如图 4-15 所示。在该活动中首次下单并支付成功的用户，就可获得 10 元红包奖励，单击活动页面领红包。此外，还有网易火车票 APP 策划的"安装送 20 元现金"100%中奖活动，图 4-16 为此次活动页面。下载并成功安装 APP，新用户登录即可领取最高 20 元的红包。

图 4-14　刮刮卡刮奖——手机京东 APP 活动页面　　　　图 4-15　100%中奖活动——携程旅行 APP

　　（4）充值有奖

　　充值有奖通常是为了鼓励用户在 APP 应用上注册并绑定账号、开通支付功能、下单购买平台上的商品和服务而策划的活动。该类活动以充值有奖的方式诱导用户下单，常见的方式有低价秒杀红包、充值送红包等。

　　例如，同程旅游 APP 策划的"10 元度周末住五星，1 元购买入场券"充值有奖活动，活动开启前支付 1 元钱，活动开启时有入场券的用户进入抢购页面，抢购 10 元周末套餐，未成功抢购的用户享受该套餐的 5 折限时优惠，如图 4-17 所示。

图 4-16 100%中奖活动——网易火车票 APP

图 4-17 充值有奖——网易彩票 APP

（5）定向支付有奖

企业除了策划单独的 APP 营销活动外，还可以结合时下主流的移动支付平台以合作的方式推广自己。例如，以抽奖的方式鼓励用户使用商家指定的第三方支付应用，达到良好的营销效果。一方面可以增加第三方支付平台的用户数量，促进第三方支付平台的发展；另一方面，以定向支付有奖的方式，促使用户下单，提升企业的收益。此外，"定向支付有奖"活动也能提升企业的服务质量，方便用户生活，有利于企业的长远发展。

例如，美团 APP 策划的"微信新客返红包微信红包 100%送，最高 200 元"定向支付有奖活动，如图 4-18 所示。用户首次用微信支付订单，可获得 5 元到 100 元不等的微信现金红包。

（6）大转盘抽奖

大转盘抽奖也是一种常见的 APP 营销活动方式，类似于刮刮卡刮奖活动。大转盘抽奖的活动形式较为简单直观，用户参与难度低，能够有效地吸引新用户关注平台或登录账号。企业可以通过策划此类活动提升应用平台的用户活跃度和用户黏性。图 4-19、图 4-20 分别为驴妈妈旅游 APP 策划的"0 元世界杯"大转盘抽奖活动和新浪彩票 APP 策划的"首次投注高频彩，免单无上限"幸运大转盘抽奖活动。

（7）后台系统抽奖

相比幸运大转盘对用户的视觉冲击，后台系统随机抽奖则表现得相对"温和"。后台系统抽奖采取的方式一般有两种，一种是在活动页面上提供"抽奖"按钮，用户自行单击获得幸运奖；另一种是用户打开或登录 APP 后，根据活动页面提示，直接去指定路径查看和领取奖励。例如，去哪儿旅行 APP 策划的后台系统随机抽奖活动，如图 4-21 所示。用户登录即获得抽奖资格，每天随机抽取，送 50 元酒店红包。

图 4-18　定向支付有奖——美团 APP

图 4-19　大转盘抽奖活动——驴妈妈旅游的 APP

图 4-20　大转盘抽奖活动——新浪彩票 APP

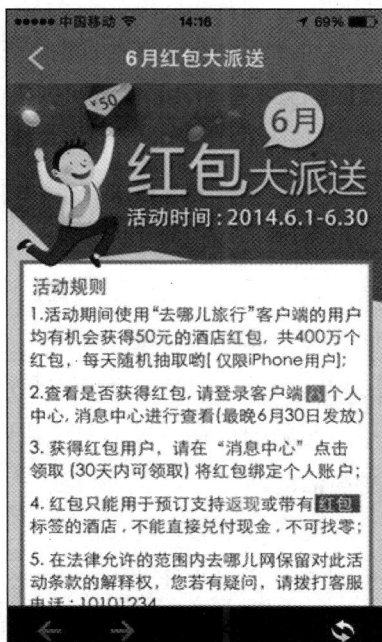

图 4-21　后台系统抽奖——去哪儿旅行 APP

整体而言，APP营销的活动形式较为多样，企业在策划活动时应根据用户接触APP的阶段不同而有所侧重，可以采用支付送红包、下单随机免、充值赢红包等活动形式。此外，策划APP的营销活动时还可与社会化媒体进行合作。如关注微博和微信公众号，分享给好友和朋友圈等以提高用户的中奖机会或增加其获奖次数，从而进一步提升APP活动的运营效果。

最后，策划APP活动还要注意活动的新鲜度和吸引力问题，在活动期间内要争取活动能吸引用户持续地关注和参与活动，而不是参与一次活动后就不再关注。尽量保证活动的用户体验和良好口碑。

3. APP活动策划要点

俗话说，"运筹帷幄之中，决胜千里之外"。一个好的APP营销活动离不开前期的精心策划，尤其是营销活动中的关键环节更是需要缜密考虑，否则可能会因为一点小问题而影响了整个活动。这里总结了几点关于策划APP营销活动需要注意的要点，具体内容如下。

（1）明确活动核心目的，设计上有的放矢

现在很多企业看到其他企业推出的APP营销活动获得成功后，便一窝蜂地去推送自己的APP活动，盲目跟风似地开展APP营销。不顾企业实际情况一味地迎合市场潮流，结果非但没有获得收益，反而给企业经营造成巨大的负担。因此，在策划APP营销活动时，首先要明确活动的目的，在设计制作活动时要做到有的放矢，围绕主要目标策划活动，例如将活动目标定为提高新用户数量或APP用户下载量等。

（2）降低活动参与门槛

在策划APP营销活动时，要尽可能地吸引最大目标用户的关注和活动参与，为此，企业设计的活动就要降低参与门槛和要求，方便用户参与。换言之，参与门槛较低的活动，用户的参与度自然会高。因此设计时应尽量减少将用户登录的页面放置在活动页面后，不然用户还没进入活动页面就提示要登录，用户可能会感觉繁琐直接跳出页面，不再参与活动。

（3）给用户明确的视觉导向

前面曾讲到，移动互联网时代，用户阅读呈碎片化趋势。因此，用户通常是在自己的闲暇时间参与企业的APP营销活动，他们大多是为了放松娱乐或者出于好奇才参与活动，在这种心理状态下，用户在活动中是漫不经心、随意的。这就要求运营人员在策划活动时能够给用户明确的视觉引导，避免让用户深度思考，以清晰明了的视觉提醒，一步一步引导用户参与活动。

（4）给用户一个分享的理由

一个创意较好的APP营销活动通常会吸引用户进行分享转发，获得意想不到的传播效果。因而，运营人员在策划APP营销活动时，应注意引导用户分享转发，给用户一个分享的理由，激励用户分享活动。常见的方式有有奖转发、分享体验、免费服务等。

（5）营造活动氛围

现代 APP 应用拥有强大的功能，表现方式更是多种多样，集文字、图片、音频、视频、动画等多媒体于一身，给用户以震撼的视觉和听觉感官刺激。因此，在策划 APP 营销活动时，可以考虑在活动中植入与活动相关的动画或者音乐，营造良好的活动氛围，让用户以愉悦的心情置身于活动中。

4.2.3　案例分析

1. 根据企业的发展阶段及营销目的的不同，常见的 APP 营销活动包括回馈用户类、品牌推广类、公益活动类及社交平台推广类。根据案例提示的信息，"为了回馈广大新老用户对于口袋理财的大力支持，同时也为了推广企业品牌形象，提高用户的口碑"，因此，口袋理财的周年庆典活动可以选择回馈用户类和品牌推广类活动。

2. 策划 APP 营销活动应当围绕策划活动的要点展开策划，首先要设定明确的活动目标；第二，活动的形式应尽可能降低参与门槛，让所有的新用户和老用户都可以参加；第三，活动的流程及游戏规则一定要清晰，给参与用户明确的行为导向；第四，提示用户将活动分享出去；最后，努力营造活动氛围。为此可以参考以下活动方案，如表 4-1 所示。

表 4-1　　　　　口袋理财两周年感恩大回馈活动详情

口袋理财两周年感恩大回馈	
活动时间	2016 年 12 月 3 日 00:00—2016 年 12 月 31 日 24:00
活动平台	口袋理财 APP
活动目标	（1）提高平台用户的活跃度。 （2）扩大用户规模，吸引新用户的下载注册量
活动创意	活动内容
活动 1：两周年投资有奖	（1）每位投资用户参加投资项目即可参与幸运转盘抽奖活动。 （2）每天按累计年化投资额进行排名，前 10 名"袋王"均有丰富奖品，每天 24 点过后数据清零，投资金额和排名会重新计算
活动 2：两周年一齐狂欢	1. 邀请好友投资，立返好友投资金额的 0.2% 作为红包奖励 邀请好友注册，可获得邀请好友自注册日起 30 天内每笔投资金额的 0.2% 的奖励，上不封顶。 2. 邀请再拿现金红包 每邀请 1 位好友注册且好友在 30 天内充值，邀请人可再获平台现金红包（按用户投资数额可获得 3 元至 90 元不等红包）
活动 3：两周年见面有礼	1. 注册送红包 （1）3 元无门槛现金红包，可直接提现。 （2）10 元现金红包，注册 30 天内首次投资满 2 000 元使用。 （3）20 元现金红包，注册 30 天内首次投资满 5 000 元使用。 （4）50 元现金红包，注册 30 天内首次投资满 10 000 元使用。 2. 刮刮卡刮奖 新用户在活动期间完成首次投资，每日可获得一次刮刮卡刮奖机会

活动说明	（1）年化投资额=投资金额×项目天数/365 天。 （2）转让项目、口袋宝、私人订制项目不参与本次活动。 （3）现金红包自动发放到用户平台账户。 （4）风云榜排名时，若有"袋王"年化投资金额相等，则先达到该投资金额的袋王排名更高。 （5）实物奖品于活动结束后 10 个工作日内发送，获得奖品的用户将以短信通知，请及时完善地址，否则无法联系将取消资格。 （6）口袋理财网保留取消一切恶意刷奖所获得奖励的权利

4.3　APP 推广

4.3.1　案例引入

51 信用管家——成功植入营销

51 信用管家是一款高效、简便、实用、安全的信用卡管理 APP 工具。它通过智能解析信用卡电子账单来实现持卡人用卡信息管理和个人财务的智能化应用。该款应用在 2012 年 6 月刚推出的时候并不叫 51 信用管家，而是之后才改名的。

公司在刚刚推出 51 信用管家 APP 应用时，运营人员尝试着用微博平台推广这个 APP，结果获得了出人意料的效果。在短短 50 个小时内，便获得了 500 万次曝光，APP 排名进入 TOP40，广告费却仅花了 150 元，这是如何做到的呢？

随随便便发几条微博竟有如此神奇效果，不得不让那些整天苦哈哈的 APP 运营人员汗颜。那就看看他们的神作吧（见图 4-22）。

艺术源自生活。在策划推广活动时，公司运营人员@潭理想的老婆刚刚怀孕，爱妻

图 4-22　51 账单官方微博发布的博文

心切的他便想到了图 4-22 中的微博内容："看了闺蜜的手机，瞬间想嫁人了。这是他老公出差前帮她设置的……"结果微博刚刚发出去几分钟，就获得了 200 多个转发量，这让大家非常激动。

公司的 CEO 孙海涛也马上号召全公司同事来转发。海涛向其 500 多名好友一个一个地发送转发邀请和链接。一直到微博草根大号@冷笑话精选转发，转发量马上超过了 2 000，引爆点终于来了。

很快海涛又策划了一个新创意，按照用户手机桌面图标的各类应用虚构了一个貌似他们自己的转发内容"有我+鼓掌"。没想到很多人误以为真，纷纷转发。后来淘宝也转了，支付宝也转了，金山电池也转了，京东商城也转了，连新浪微博 iPhone 客户端也转发了，转发量超过了 4 万，成了互联网上知名官方微博参与度最高最默契的案例了。网友戏称：官方集体卖萌，如图 4-23 所示。

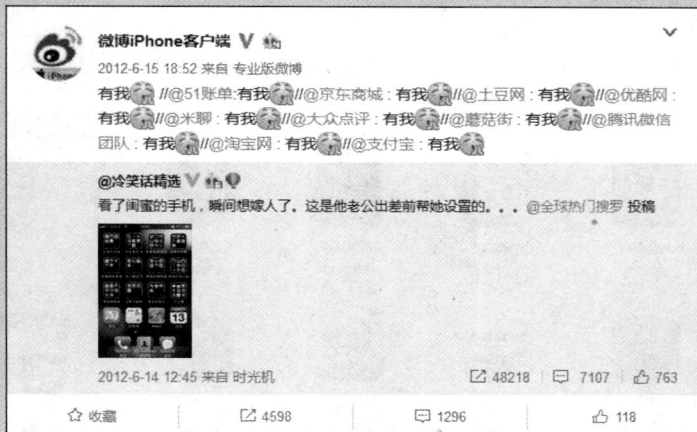

图 4-23　51 账单官方微博发布的博文

整个 APP 微博推广活动，所有转发的大号粉丝总和超过了 2 亿，创造了 30 多万的转发量，累计共有 500 万次曝光。而 51 信用管家 APP 在应用市场的排名更是成功进入了 TOP40，成了业界微博植入营销的成功案例。

思考：

1. 良好的创意等于成功的一半，请你对 51 信用管家的 APP 推广策略进行分析。

2. 假设你是 51 信用管家运营推广人员，你有什么好的推广创意呢？

4.3.2　相关知识

1. APP 推广方式

互联网时代，用户意味着市场。企业 APP 在上线后的首要任务就是将其推广出去，吸引新用户使用企业的 APP。那么，运营人员该如何推广企业 APP 呢？常见的 APP 推广方式有哪些？接下来将为大家讲解 APP 推广方式的相关知识。

APP 的推广方式多种多样。目前，主流的推广方式有应用市场推广、应用内推广、社会化媒体推广、网络广告推广以及线下预装等，具体内容如下。

（1）应用商店推广

应用商店推广作为当前 APP 推广的主要方式，是指企业将 APP 发布到各大手机应用市场，供手机用户在应用商店里直接下载。国内主流的应用市场有以下几类。

①手机厂商应用市场：企业 APP 运营人员可以将想推广的 APP 提交到该类应用市场进行推广。使用这种推广方式进行推广时运营人员需要与手机厂商进行洽谈合作。这类应用市场主要有联想乐商店、华为应用商城、小米商城等，图 4-24 所示为华为应用市场。

图 4-24　手机厂商应用市场——华为应用市场

②手机运营商应用商店：如中国移动、联通、电信三大运营商的应用商店。作为主要通信运营商，它们拥有海量用户，推广资源较为丰富，但对所推广的 APP 产品要求较高，而且收费也较高，所以适用于大公司进行 APP 推广，如支付宝、手机京东、百度糯米等，图 4-25 所示为中国电信官方手机应用商店——天翼空间。

图 4-25　手机运营商应用商店——天翼空间

③ 手机系统商应用商店：如 Google Play、App Store 等官方应用商店，国内的苹果手机用户大部分都是从 App Store 下载 APP 应用，企业在发布针对苹果手机用户的 iOS 版 APP 时可以选择用这种方式进行推广，图 4-26 所示为苹果 App Store。

图 4-26　苹果手机系统应用商店——App Store

④第三方应用商店：如豌豆荚、应用宝、360 手机助手、91 助手等，推广人员需要准备大量资料，及时与应用市场沟通对接。如果企业 APP 推广预算资金较为充足，可以适当考虑投放一些广告位进行推荐，推广效果会更好些，图 4-27 所示为 360 手机助手。

图 4-27　第三方应用商店——360 手机助手

（2）应用内推广

应用内推广是指将企业 APP 植入到其他应用中进行推广的一种推广方式。这种方式在其他应用中的相关位置（如开屏广告、底部 banner、焦点图广告等）展现企业 APP 广告信息，以业务合作或者企业付费的方式开展推广。此种类型的推广方式有以下几种。

① 消息通知推广：它是比较重要的手机应用程序运营手段，通过向用户推送通知消息来提醒用户下载相关应用，需要用户授权进行。

② 应用内互推：又称换量，指合作双方互换流量，分别利用各自的应用帮助对方推广应用。换言之，就是形成"你中有我，我中有你"的局面，互相推广对方的应用。通常来说，采用这种推广方式的企业具有业务相关性或者二者的应用用户规模相当。

③ 广告弹窗推广：即常见的开屏广告或者插屏广告。当用户打开应用时即会弹出企业 APP 广告，这种推广方式效果较好，但是用户体验较差。此外，还可以在部分应用内以轮播图的形式展示企业 APP 广告，吸引目标用户单击下载。

④ 开放平台：它是指将网站的服务封装成一系列计算机易识别的开放的数据接口，供第三方开发者使用。目前，国内的开放平台主要有腾讯开放平台、360 开放平台、百度开放平台、人人网开放平台等，这些平台大多拥有海量的用户，因而企业可以将自己的 APP

提交到网络开放平台进行推广。

（3）社会化媒体推广

社会化媒体作为当下主流的信息传播方式，越来越多的用户通过社交平台接受信息和分享内容，因此，利用社会化网络进行 APP 推广自然会受到推广人员的青睐。利用这种方式推广通常采用软性广告植入的方法，需要有较好的创意才能带来高的爆发流量。社会化营销推广的方式多种多样，具体内容如下。

① 论坛贴吧推广：推广人员以官方贴和用户贴两种方式发贴推广，发布产品相关内容，征求用户意见，还可以与论坛管理员进行洽谈以合作的方式策划一些推广活动。需要注意的是，推广人员在发完贴后，需定期维护贴子，为用户解疑释惑，搜集用户反馈信息并据此调整优化产品。比较常见的 APP 推广论坛有安卓论坛、机锋论坛、木蚂蚁论坛等。

② 微博推广：即通过发布微博进行推广。将推广的 APP 拟人化，赋予其情感，以讲故事的方式发布博文，坚持原创内容的产出。同时，注意多关注行业内知名的微博账号，与其保持互动，提高品牌曝光率。除此之外，还可以直接利用微博粉丝通推广企业应用，这也是一种重要的推广方式。例如，快看漫画 APP 在推广之初，就是利用公司创办人陈安妮的微博大号发布原创内容"对不起，我只想过 1% 的生活"进行推广，一周时间就突破了30 万的下载量，取得了不错的效果。

③ 微信推广：主要是利用微信公众号进行推广，通过查找一些主题相似的 APP 公众号或者与推广 APP 业务相关性较高的公众号进行推广。例如，一家医药商城可以用一些养生、保健类公众号帮助推广，提高 APP 的下载量。

（4）网络广告推广

企业用付费网络广告推广 APP 也是一种有效的推广方式，常见的方法有积分墙推广和移动广告推广。

① 积分墙推广：积分墙作为一种新兴的移动广告，也是推广 APP 的重要方式。它通常会在自己应用内展示各种任务，如下载安装推荐的应用、注册、填表等，然后用户在嵌入有积分墙的游戏内完成任务以获得虚拟货币奖励。积分墙广告按照 CPA 模式计费，用户下载量的数据比较真实，企业是最大的受益者。

② 移动广告推广：通过与移动广告商直接合作，投放移动广告进行推广，如百度移动推广、Google Adwords 移动版等，通过设置定向投放的条件，向精准人群展现 APP 下载广告。使用这种方式时，可选择 CPA 计费模式，但是推广成本相对较高，企业需考虑自己的预算经费承受能力。

（5）线下预装

线下预装推广 APP 属于传统的 BD 商务拓展合作推广方式，对于线下资源较丰富的企业来说，也是一种不错的推广方式。常见的线下预装活动方式有两种，一是与手机厂商合作，在其生产的手机上预装企业 APP；另一种方式是与线下售卖手机的实体店铺合作推广企业 APP。

这种推广方式的最大优点是可以实现 APP 的下载量在短期内快速提升，注册用户量瞬间暴增，用户的转化率也较高。但是这种粗犷的推广方式并不利于企业 APP 营销的长远发展。一方面，采用这种方式的推广成本较高，规模小的公司无法承受高额推广费用；另一方面，这种推广方式带来的用户并不精准。用户购买手机后，会按照自己的需求选择相应的应用，因此即便是预装进手机，用户如果不需要，还是会将其卸载。

2. APP 推广策略

企业 APP 根据运营的不同阶段可以分为推广前期、中期和成熟期三个阶段，在这三个不同的阶段，APP 推广应该运用不同的策略，具体如下。

（1）APP 推广前期

在推广前期，由于产品刚刚上线，用户数量较少，此时的推广策略是进行全面推广。可尝试使用上述提到的各种推广方式，如应用市场、第三方应用商店、网络广告、微博等。需要注意的是，在前期推广中，需要对各推广方式及时进行总结和调整，以快速找到推广的有效手段和主要方式，只有这样才能取得良好的推广效果。尤其是对于新兴的中小企业，由于公司用来推广产品的广告费用预算较少，因此在前期推广过程中，更是应当以主要的推广渠道为主，避免大范围粗犷式的推广，从而降低企业推广的成本。

（2）APP 推广中期

经过前期的全面推广后，企业 APP 的下载量呈逐渐增长趋势，产品逐步打开了市场局面，在市场站稳脚跟。此时的推广策略应是优化和调整主要的推广方式，加大对前期主要推广渠道的推广力度。同时，对于来自市场上的用户提出的问题和产品存在的漏洞，需要及时、有效地反馈用户，并着手抓紧时间对产品的功能和服务进行优化和完善，以消除隐患。

（3）APP 推广成熟期

APP 推广进入成熟期后，企业已经积累了一定的用户量，各主要推广渠道也都运营得比较成熟。此时用户对于的 APP 的需求热度逐渐下降，用户下载量的增长速度由初级阶段的高速增长转变为中高速增长。因而企业的主要任务是维护好现有的用户，通过优化和完善企业 APP 的功能和服务质量，满足更多用户的真实需求，以拓展提高用户口碑为策略。

4.3.3 案例分析

1. 51 信用管家 APP 的推广模式是微博推广，利用微博将推广的产品场景化，以讲故事的形式巧妙地将产品推出。这种方式感情色彩浓厚，让人在关注其微博内容的时候，不知不觉地将 51 信用管家的推广广告推入公众视野，成功地达到了营销目的。

（1）真正优秀的创意更多是基于社会生活的实践活动而获得，该运营人员之所以能策划出这样优秀的创意，更是基于自己的生活实际经历，从用户的角度出发，模拟用户心理将产品同用户现实生活紧密地联系起来。

（2）能够继续引爆热点，51 信用管家在微博上经初期推广变得火热之后，迅速地打开了局面，顺势而为又策划了另一创意，继续围绕热点推广自己。同时又轻松撬动那些微博大号，与支付宝、京东等较为知名的 APP 密切结合，促使他们帮其转发微博，获得了大量曝光，将 51 信用管家成功推广。

2. 目前，APP 的主要推广模式或渠道为应用市场推广、应用内推广、社会化媒体推广、网络广告推广及线下推广等几种方式，各种推广方式各有优缺点，而我们在推广的时候应该按照由产品找渠道而非由渠道找产品，那样的推广只会本末倒置。因此，我们在推广 51 信用管家时也应从用户角度出发，模拟用户情境，以讲故事的形式将其和盘托出。

（1）除了公司已在微博上做过的推广，还可以考虑到相关的贴吧、论坛、问答平台上进行推广，为 51 信用管家 APP 做口碑，以讲故事的方式或者第三者提问咨询的方式将 51 信用管家营销广告软性地植入到问题和贴子中。例如，可以在省钱贴吧、百度知道上询问网友省钱、信用管理等相关妙招、技巧等相关问题，或者回答网友提出的类似问题，巧妙地将 51 信用管家的特点和功能软性植入，向网友推荐介绍。

（2）开通微信公众号，用微信服务号进行客户关系管理，帮助用户解决理财、信用管理方面的相关问题，吸引目标用户下载和注册 51 信用管家 APP。

（3）企业的推广费用预算如果较充足，还可以尝试投放网络广告。以腾讯广点通为例，它在进行移动 DSP 广告的投放时，需要先对目标用户属性进行分析，多维度划分用户，选择精准的人群进行曝光，匹配产品的属性，激发目标用户群体下载和传播。

4.4　课后习题

一、选择题

1. 下列选项中，属于企业开展 APP 营销的意义是（　　）。

  A. 有效提升企业形象　　　　　　　　B. 与用户零距离接触

  C. 能够强化用户黏性　　　　　　　　D. 增加企业经济效益

2. 下列选项中，属于 APP 植入营销模式的有（　　）。

  A. 内容植入模式　　　B. 产品植入模式　　C. 道具植入模式　　　D. 背景植入模式

3. 下列选项中，属于当前 APP 推广的主要方式是（　　）。

  A. 应用商店推广　　　B. 应用内推广　　　C. 手机厂商推广　　　D. 网络广告推广

4. 下列选项中，哪些选项属于应用内 APP 推广方式？（　　　）

    A. 广告弹窗推广   B. 开放平台   C. 应用内互推   D. 积分墙广告

5. 以下选项中，哪些选项属于常见的 APP 社会化媒体推广方式？（　　　）

    A. 论坛贴吧推广   B. 微博推广   C. 公众号推广   D. 知乎推广

二、判断题

1. APP 营销指应用程序营销，通过网页或智能手机等移动终端上的应用程序而开展的各种企业营销活动。（　　　）

2. 大转盘抽奖是一种常见的 APP 营销方式，可在短期内提高下载量，不过活动成本较高。（　　　）

3. APP 推广进入到成熟期后，运营人员的主要任务是维护好现在的用户。（　　　）

4. 当前国内主流的手机应用市场有手机厂商应用市场、手机运营商应用商店及第三方应用商店。（　　　）

5. 通过线下预装方式推广 APP，对企业门槛要求较高，所以一些中小企业会选择"地推"的方式推广。（　　　）

模块 5
社群营销

【学习目标】

知识目标	➤ 正确认识社群及社群的构成 ➤ 树立社群营销的意识
技能目标	➤ 掌握社群搭建方法，学会搭建社群 ➤ 能够进行社群运营

近年来，"社群"这个词火了起来，网友通过网络可以更加方便地找到有共同兴趣爱好或者共同价值追求的群体组织。同时一批具有行业和社会影响力的"大咖"的加入更是增

添了社群组织的活力，吸引了更多的群成员。网络世界中越来越多的群体组织的出现给市场激烈竞争中苦于寻找目标群体的企业带来了新的营销机会——"社群营销"。借助社群组织，将目标群体聚集起来，可以更加有效地开展企业精准营销。

本模块由认识社群与社群营销、从 0 到 1 搭建社群及社群运营三部分组成。其中，认识社群与社群营销部分属于知识储备内容，向学生简要讲解社群营销的基础知识。重点以从 0 到 1 搭建社群、社群运营为主，详细讲解在社群营销中如何快速搭建社群和运营社群等相关知识，使学生对社群营销产生兴趣，从而掌握社群营销的方法和技巧。

【知识储备】

1. 认识社群

社群是互联网时代前的产物，社会学家瑞格尔德在 1993 年率先提出了"虚拟社群"概念，意指由"一群通过计算机网络连接起来的突破地域限制的人们，通过网络彼此交流、沟通、分享信息与知识，形成具有相近爱好的特殊关系网络，最终形成了具有社区意识和社群情感的社群圈"。

社群，简单讲就是一个群，但是社群还有一些自己的表现形式。比如，我们可以看到社群要有社交关系链，不仅只是拉一个群而是基于一个点、需求和爱好将大家聚合在一起，而是要有稳定的群体结构和较一致的群体意识；成员有一致的行为规范、持续的互动关系；成员间分工协作，具有一致行动的能力，我们认为这样的群就是社群。

2. 社群营销的兴起

网络社群的概念是由于 Web 2.0 的发展及社交网络的应用才逐步流行起来的。从 SNS 发展的时间上推测，网络社群的概念大约出现在 2006 年前后，社群经济、分享经济等概念也是在同样的背景下逐渐被认识的，可见社群是以社交化为基础的。

社群营销就是基于相同或相似的需求，通过某种载体聚集群成员，通过产品或服务满足群体需求而产生的商业形态。将有共同兴趣爱好的人聚集在一起，将一个兴趣圈打造成为消费家园，如猫扑专门为七喜建立了一个品牌俱乐部，而且使 FIDO 这个七喜独有的虚拟形象在网友里得到了最大化的延伸。社群营销的载体不局限于微信，各种平台都可以做社群营销，如论坛、微博、QQ 群，甚至线下的社区，都可以建立社群。

此外也可以通过组建社群为企业做宣传活动，让社群形成一个宣传途径或者一个小的发布平台，不过这种性质的社群依赖于群主对群的组织和维护能力。目前向群主提供这种"群"变现帮助的有微社群联盟等，它基于连接各个微信群的功能，通过对外统一接单，向各个加盟群下单，并帮助群主维系群稳定和群关系联盟平台。

5.1　如何搭建社群

5.1.1　案例引入

估值上亿的社群："罗辑思维"

2012 年，在传说中的"世界末日"那一天，"罗辑思维"出现在了大众的视野之中。当天，同名微信公众号开通运营，第一期视频也同时上线。主讲人罗振宇开始了每天早上 6 点半推出 60 秒音频和每一期的视频节目更新。

其口号是"有种、有趣、有料"，倡导独立、理性的思考，推崇自由主义与互联网思维，并由一款互联网自媒体视频产品，逐渐延伸成为互联网社群品牌，致力于打造成为一个有灵魂的知识社群，一群自由人的自由组合。

三年时间里，"罗辑思维"拥有了超过 600 万的微信订阅用户，视频单击量近 3 亿，订阅会员更呈多达数千万。2015 年 10 月 20 日，"罗辑思维"正式对外宣布完成 B 轮融资，估值 13.2 亿人民币。2016 年 3 月，新一代网红 papi 酱拿到了 1200 万人民币的投资，由真格基金、"罗辑思维"、光源资本和星图资本联合注资。"罗辑思维"微信公众订阅号、知识类脱口秀视频及音频、会员体系、微商城、百度贴吧、微信群等具体互动形式为一体，主要服务于 80 后、90 后"爱智求真"强烈要求的群体，成为目前影响力最大的互联网知识社群。

思考：
请根据社群的五大构成对"罗辑思维"进行分析。

5.1.2　相关知识

1. 社群的构成

在搭建社群之前，首先要了解的是社群的构成。一个社群由同好、结构、输出、运营、复制五方面构成，想要搭建一个社群也要基于这五个构成因素。

（1）同好

社群构成的第一要素——同好，它是社群成立的前提条件。所谓"同好"，是对某种事物的共同认可行为。可以是基于某一个产品，如苹果手机、锤子手机、小米手机；可以基于某一种行为，如爱阅读的读书交流会；可以基于某一种标签，如星座、某明星的粉丝；可以基于某一种空间，如某生活小区的业主群；可以基于某一类三观，如"有种、有料、有趣"的"罗辑思维"。

（2）结构

社群构成的第二要素——结构，它决定了社群的存活。很多社群为什么会很快走向沉寂，是因为最初就没有对社群的结构进行有效规划，这个结构包括组成成员、交流平台、加入原则、管理规范。这四个组成机构做得越好，社群的存活时间就越长。

① 组成成员：发现、号召起那些有"同好"的人抱团形成金字塔或者环形结构。最初的一批成员会对以后的社群产生巨大影响。

② 交流平台：找到成员后，需要有一个聚集地作为日常交流的大本营，目前常见的有QQ、微信、YY 等。

③ 加入原则：有了元老成员，也建好了平台，慢慢就会有更多的人慕名而来，那么就得设一定的筛选机制作为门槛，这样既可以保证质量又可以让加入者由于加入不易而格外珍惜这个社群。

④ 管理规模：人越来越多后就必须有管理，不然大量的广告与灌水行为会让很多人选择屏蔽。所以，一要设立管理员，二要不断完善群规。

（3）输出

社群构成的第三要素——输出，它决定了社群的价值。所有的社群在成立之初都有一定的活跃度，但是若不能持续提供价值，群的活跃度就会慢慢下降，最后沦为广告群。没有足够价值的社群迟早会成为"鸡肋"，群主和群成员就会选择退群或者解散群。也会有一些人再去加入一个新的"好"群或选择创建一个新群。

还有另外一种情况是群成员也不退群，继续留在这个群，他会看一看这个群能不能够带来价值，如果观察一段时间以后，发现自己在群内并没有得到真实意义的效用，这个群完全不能给他带来想要的东西，就会在这个群里捣乱（发一些广告信息），因为他已经不在乎会不会被踢出这个群，发一些广告也许还能拿回一点沉淀的时间成本。

为了防止这种情况发生，好的社群一定要能够给群员提供稳定的服务输出，这才是群员加入该群留在该群的价值。另外，"输出"还要衡量群员的输出成果，全员开花才是社群。

（4）运营

社群构成的第四要素——运营，它决定了社群的寿命。不经过运营管理的社群很难有比较长的生命周期，一般来说从始至终通过运营要建立"四感"。

① 仪式感：比如，加入社群要通过申请、入群要接受群规、行为要接受奖惩等，以此保证社群运营规范。

② 参与感：比如，通过有组织的讨论、分享等，以此保证群内有话说、有事做、有收

获的社群质量。

③ 组织感：比如，通过对某主题事物的分工、协作、执行等，来保证社群的战斗力。

④ 归属感：比如，通过线上线下的互助、活动等，以此保证社群的凝聚力。

（5）复制

社群构成的第五大因素——复制，决定了社群的规模。

由于社群的核心是情感归宿和价值认同，那么社群越大，情感分裂的可能性就越大，能够做到规模巨大还能情感趋同的，好像只有宗教了。一个社群想要复制多个平行社群形成巨大的规模，在真正做出此举之前，请先思考三个问题。

① 问题一：是否已经构建好组织？要考虑是否具备充足的人力、物力、财力。不能过于围绕中心展开，但也不能完全缺乏组织。

② 问题二：是否已经组建了核心群？要有自己的一定量的核心小伙伴，他们可以作为社群的种子用户参加，引导社群往良性的方向发展。

③ 问题三：是否已经形成了亚文化？要形成一种群沟通的亚文化，比如大家聊天的语气、表情是否风格一致？这都是社群生命力的核心。

2. 树立社群运营目标

进行社群搭建之前首先就是要树立一个社群运营的目标，即为什么要建立社群，社群的目标用户是哪些人，社群里需要哪些角色。

（1）为什么要建立社群

在创建社群之前，一定要想好：为什么创建社群？一般来说建群的动机主要有以下几种。

① 卖货：例如，某人对衣着搭配很有研究，于是建立一个群，分享衣着搭配经验，分享之后就可以推销淘宝小店的对应商品。但是这里的"货"是泛指，产品、服务、会员、智力成果都包含在内。

② 人脉：不管是基于兴趣还是为了交友，社交的本质都是为了构建自己的人脉圈。这是任何一个职场人士都会去努力维护的关系。例如，正和岛，它是定位于企业家群体、围绕创业者社群建立的生态链，并且下面细分了很多的组织。

③ 兴趣：这类群主是想吸引一批同学共同学习和分享，组成一个网络学习的小圈子。学习是需要同伴效应的，没有这个同伴圈，很多人就难以坚持，他们需要在一起互相打气、互相鼓励，很多考研群就是如此。

④ 品牌：品牌打造社群旨在和用户建立更紧密的关系，这种关系并非简单的交易关系，而是在实现交易之外的情感链接。

⑤ 影响力：群具有快速裂变特点，有的群主就借助这种效应更快地构建了自己的个人影响力。因为网络交往缺乏真实接触，所以新入群成员往往会相信甚至夸大群主的能量，

形成对群主的某种崇拜，然后群主通过激励、分享干货、组织一些有新意的挑战活动，鼓励大家认同某种群体身份，最终借助群员规模和影响力去获得商业回报。

（2）社群的目标用户是哪些人

创建社群就需要寻找目标用户，那么去哪里找目标客户群体呢？要在每个人社交网络关系里寻找。

每个人的社交网络关系都可以分为强中弱三层。强关系是指个人的社会网络同质性较强，人与人的关系亲密，有很强的情感因素维系着的人际关系，如亲戚、朋友、同学、同事等。弱关系的特点是个人的社会网络异质性较强，人与人关系不亲密，也没有太多的情感维系，也就是所谓的泛泛之交。中关系就是介于两者之间的关系。

强调到中关系中寻找目标用户是因为中关系对强关系来说可开发资源较多，而且都有信任的基础，是最可以沟通、交流、培养的目标用户。而且一旦跨过信任壁垒，开始第一笔交易，他们将会成为最稳定长久的客户。所以每个推广人都应该积极开发自己的中关系，中关系可以是强关系的裂变，如亲戚的朋友，朋友的朋友。也可以是弱关系的转化，例如，通过泡论坛、逛博客、发微博、聊 QQ 群等，把陌生人转变为朋友。

（3）社群里需要哪些角色

每个人在现实生活中都有自己的角色，而社群中也不例外，社群中也有角色分配。每个不同性质的社群都会有不同的角色，大致分为以下三大类。

① 组织者，也就是群主。群主不一定自己能力非常强，就像刘备一样，他自己可能武功不是很高，但是却能够整合"关张赵马黄"等五虎上将，整合"卧龙、凤雏"两位超级智囊，最终实现了三分割据的鼎足之势。从这个意义上讲，刘备就是一个很好的"群主"。一个好的社群要有一个优秀的群主，他了解社群中人们的特点、需求，他们拥有的能力和资源。群主每天会发布一些主题内容，组织社群里的人参与讨论，群主所需要的能力就是"大家给点颜面"，换句话说就是人脉好，会引导。

② 专家，也就是问题解决者。因为想要做成一件事，必须要有高手，社群中的人很多，关键能力者其实只需要几位或者十几位就可以了。但是不要小瞧这些人，社群能够持续发展是不能够缺少专家的。当一个新进社群的用户发问的时候，他们的回答能够让人安心地留下来，因为他的问题能够在社群中得到解决，如果他发现社群无法帮他解决问题，就会立即离开。

③ 积极分子，也就是气氛活跃者。当社群中有一个话题落下后，大多数人都是观望的，这时候谁能够参与进来，谁就是气氛的活跃者。这个角色就像是一个链条，也是一个榜样，吸引大家一起参与。很多社群在前期大家还不熟悉的情况下，未必有气氛活跃者。这就需要群主先来安排几个活跃者参与，也就是我们俗称的"托儿"，等群内氛围渐渐做起来就不再需要这么做了。

3. 社群运营平台的选择

当前互联网比较主流并且适合社群运营的几大平台有 QQ 平台、微信平台、微博平台、百度贴吧、陌陌平台、知乎、豆瓣等其他平台，如图 5-1 所示。不同的平台有不同的优势和缺点，选择社群运营平台时，应该根据自己所创建的社群的属性、目标群体、社群类型等进行选择。下面就选择最常见的微博、微信、QQ 等平台进行讲解。

图 5-1 社群运营平台汇总

（1）微博平台

微博平台汇集了大量明星、品牌与草根粉丝，因此如果社群的活动众多，受众群辐射全国，那么微博显然是最佳的选择。通过官方账号发布活动、预告等，引导社群进一步转化互动，甚至可以直接发起大规模活动，这是微博平台的突出优势。

微博的平台场景建设，主要侧重于粉丝、兴趣爱好，并且不被地域所限制。同时，微博用户还会不断创造 UGC 内容，有利于社群的内容传播，出现裂变式效应。在特定兴趣和特质的关系群体中通过信息的交流与互动，进行信息分享、价值互通和增值，会给微博平台带来非常丰富的场景。

与社群用户进行丰富互动，是微博平台的主要社群运营模式。除了基础转发，在微博平台需要做的还有很多，微博平台具有转发、话题讨论、分享和有奖转发的功能，如图 5-2 所示。这些功能都必须灵活掌握，从而更好地服务于社群。

① 转发：发现热门话题，一键转发，吸引更多网友互动，从而给微博用户曝光的机会，尤其是品牌忠实粉丝关注的内容。

② 讨论话题：设定话题，鼓励网民参与讨论，如临近"十一"长假时，发起#随手拍美景#的话题。

图 5-2 微博平台功能

③ 分享：每天发布与品牌相关的内容，如"×××品牌你不知道的小秘密""轻松动手，让手机变行车记录仪"等，给社群粉丝带来惊喜。

④ 有奖转发：定期发布有奖转发活动，给予粉丝一定的物质奖励，并借助参与者的"@"功能，吸引新的粉丝，扩大社群规模。

（2）微信平台

微信作为个人即时通信工具，与微博相比，其私密性更加突出。例如，微信公众平台所发布的内容，只有关注的粉丝才能直接看到。同时，相比微博的字数限制，微信公众平台可以发布较长的深度内容，因此具备与微博不同的传播模式与效率。那么，什么样的社群适合在微信平台开展活动呢？这里总结了以下三类适合在微信平台开展社群运营的社群。

① 圈子类：微博主打"半熟社交"，好友之间不一定在现实中相互认识；微信则不同，微信中的大部分好友都相熟，甚至为身边的好友。因此，圈子类社群最合适选择微信平台，例如服务于广告人的大统计软件、服务于教师群体的课程分享品牌等。一旦社群粉丝在朋友圈分享，那么圈子里的人就会第一时间看到，并且选择阅读、关注或者成为粉丝。

② 产品类：相比微博平台，微信平台的产品类社群更加侧重于深度解析，以活动为辅。尤其是对产品较为丰富、产品更新较快的品牌来说，深度测评、解析类文章非常适合微信平台。微博侧重分享、交流与互动，微信侧重评测、解析，从而能形成各自清晰的社群模式，创造出主题一致、风格迥异的场景模式。

③ 内容类：移动互联网的蓬勃发展，促成了一个全新的名词的诞生——自媒体。独立挖掘选题、独立编辑，挖掘更深层次、主流媒体不易发现的内容，这是自媒体的主要特征。自媒体主打"内容为王"，因此微信平台就成了非常好的传播渠道。

除以上三类社群，其他诸如餐饮类、服务类，同样适合于微信平台。例如，黄太吉煎饼、雕爷牛腩，都依靠微信平台打造出了让人过目不忘的社群场景与社群文化、趣味性、情感属性等，因此微信平台带来的不只是产品，更是其背后所承载的感情要素。当社群用户置身于这样的场景之中，被内容所带动时，就会愿意主动分享，从而激发社群活跃度，甚至直接变现，为销售带来直接的提升。

（3）QQ平台

QQ作为国内即时通信类软件市场规模最大的网络社交平台，月活跃用户超过8亿，是运营人员不可忽视的重要社群运营平台之一。尽管微博、微信的出现，给QQ带来了不小的冲击，但QQ凭借其所拥有的数以亿计的海量用户基数、丰富的功能、跨平台操作的优势，依然占据着通信社交类软件龙头地位。

QQ平台的最大优势在于既可以点对点聊天（好友之间），也可以点对多聊天（QQ群），签到、群论坛、公告、相册、群直播等功能一应俱全，几乎能满足所有场景建设的需要，大大超越微信的场景设置功能；同时，QQ 作为即时通信软件，比微博更具效率，非常适合话题讨论等，活跃度高。QQ 社群主要有以下几种类型。

①　培训类社群，群视频可以轻松满足视频授课的目的，同时，最新上线的"作业"功能，还可以让讲师第一时间针对学员布置功课。

②　分享类社群，群文件提供的空间，可以让成员将内容迅速上传并分享出去。

③　知识类社群，群论坛、群相册、兴趣部落可以在及时讨论的基础上，进一步长期深层次讨论。

④　娱乐消费类社群，群支付、AA 收款等功能，可以轻松实现收费、变现的目的。

⑤　垂直类社群，可以通过投票轻松确认线上、线下活动主题。

⑥　地域类社群，通过群活动的快速设置，即可以迅速开展成功的线下见面交流会。

由此可见，地域类、垂直类，乃至产品类、培训类社群，都可以借助 QQ 平台实现场景化社群营销的目的。同时，腾讯公司对 QQ 软件全新的升级与改造，使其社群属性更加彰显。所以无论运营哪一种类型的社群，运营人员对于 QQ 平台都应予以重视。尤其是初创的社群，更是应该将 QQ 平台作为开展社群活动的主要阵地，深度挖掘 QQ 平台的功能和场景，提高社群运营的效率。

4. 社群搭建

明确了社群运营目标，选择好社群运营的平台之后，便可以开始着手搭建社群了。那么，如何搭建一个优质的社群呢？主要应从以下几点去做。

（1）目标用户精准定位

一个社群能否发展起第一批成员至关重要，而社群早期的成员需要由核心人物出面。

建立社群首先就是要设计联系群成员的纽带，不论是产品、内容还是工具。社群必须要有一个载体作为入口，可以是产品、服务或解决方案，如小米的载体是手机，大三湘的载体是山茶油。在消费升级和移动互联网的推动下，整个商业逻辑发生了变化，过去是先有产品后有用户，但现在可以先有用户后生产产品。因此，对企业而言，首要的任务就是重新定义目标用户，根据用户画像以最快的速度推出最小化可行产品，这就是所谓的 MVP（Most Valuable Player，原意为美国职业篮球联赛中最有价值球员，此处引申为最有价值群成员）。产品才是凝结群成员关系的媒介和群成员需求的解决方案，社群的调性、价值观标签固然可以把群成员快速圈起来，目前来看正在崛起的中产阶级受到各大厂家的青睐，另外目标用户定位必须精准，不能简单地说你的用户是年轻的白领女性，而应该是如图 5-3 所示般细致入微。

目标用户定位明晰后，接下来就是产品，在这个物品过剩、物欲横流、认知盈余的时代，产品功能已远不能满足用户诉求，它们还必须肩负起用户展示自我及与外界互动的使命，这就使得产品人格化的特征越来越明显。只有同时符合"平民的价格、贵族的气质"

才可能打动中产阶级，产品或服务要惊艳到让粉丝引以为傲，逢人就赞不绝口主动分享、推荐，让用户有炫耀的资本，这样产品才能有自传播的动力。

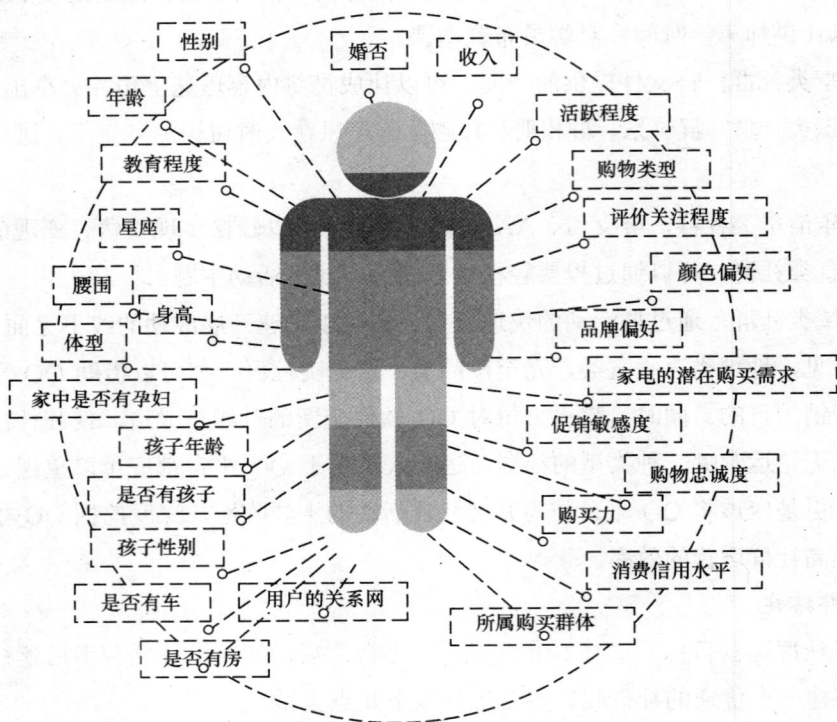

图 5-3　用户画像

（2）寻找意见领袖

无论是小米还是其他产品型社群，他们发展的轨迹都是首先从万千潜在用户中筛选100位 KOL（Key Opinion Leader，关键意见领袖），那么这些 KOL 从哪里找？需要符合哪些条件？第一批 KOL 只能靠创始人的人脉资源来定向邀请，或从垂直论坛找大咖、达人，这些人名气不一定大，但在细分领域有绝对话语权和影响力，还有一定的语言表达力，当然能幽默风趣那就再好不过了。更关键的是这些 KOL 要都有一个共同的爱好，喜欢分享，喜欢晒。

"道不同，不相为谋"。因此第一批进入者必须高度认可社群发起人，高度认可群文化和群目标，某种程度上用金钱来投票是甄别是否为同路人很管用的方法。金钱既是一定的门槛，同时也可以认为，愿意为一个社群付出金钱的人，也愿意付出时间，愿意为社群投入时间的人才是真正的"铁杆"。当然并不是所有的社群都要用金钱来投票，但是加入必须有门槛，无门槛的社群，只是一味地拉人头追求数量，最终只是一个人群而已，跟"牛群""羊群"没任何区别。

（3）策划群活动，强化身份认同

社群是一群志同道合的人的聚集与连接，线下活动是保持社群生命力和活跃度最为重要的保障。

无论哪种社群，只有在高频互动中才能强化成员彼此的联系，增加成员的归属感。《大连接》的作者尼古拉斯·克里斯塔基斯认为，参与（即重复的合作性互动）能够建立信任并增加关系的价值。互动分为线上和线下互动。线上聊一百次不如线下见一面，通过移动互联网很容易找到价值观相近的伙伴，但若没有见面机会，则彼此很难产生信赖。

目前，很多活动内容聚焦在新产品体验或邀请铁杆会员参观工厂、观摩生产流程等。很多社群不重视用户之间的交流，而在意活动的影响力或规模。活动的目的是为了促进用户彼此的交流，而非活动本身，更不是形式上在一起。据统计，小米平均每个月举办 21 场活动，如"米粉"节、同城会等，从中可以看出高频次活动对社群发展的重要性。

总之，社群需要通过一系列的活动对内聚拢成员、强化成员关系，对外宣扬社群核心价值、吸引新成员加入，同时不断地向外界宣告社群存在。在信息泛滥的今天，如果人们一周看不到企业的消息，企业就很容易被人们遗忘。这就是为什么那么多 EMBA（高级管理人员工商管理硕士）同学喜欢参加玄奘之路的原因，一方面是活动本身能带给人们刻骨铭心的体验和人生感悟，但最重要就是人们在一起徒步穿越戈壁途中能凝结而成的一生情谊。

（4）构建一套极客文化体系，提升成员专业认知

小米公司的 CEO 雷军曾说过，"看不懂的人以为我们是手机公司，看懂一点的人以为我们是一家移动互联网公司，其实都不是，我们是一家品牌公司、文化公司"。文化是社群的灵魂，文化体系回答了构建社群的目的是什么？社群存在的价值是什么？社群文化体系至少包括社群目标、价值观、社群公约。

社群成员必须要一起做一些事才能加深和固化彼此的感情，也就是常说的"一起扛过枪、下过乡"。优秀社群的基础在于：让对的人在一起做对的事。这里 "对的事" 就是共同的目标，或者说共同的任务。有了共同的任务、持续的活动，社群才有活力，也才可持续。共同目标和价值观可以增加成员之间的情感连接，让弱关系升级为强关系，社群目标不仅可以激发人们的潜能，也是吸引新成员加入的关键要素。

移动互联网时代的社群除了应该遵循"平等、开放、协作、分享"的基本原则外，还要有其他文化基因。法国思想家卢梭在《社会契约论》里讲，人类社会早期是混乱的，个人放弃部分权力和自由，共同来维护集体的权力，以集体的力量来帮助每个人，这就是社会契约，这样社群才能发挥巨大的力量。其中，关键是精神的认同，思想的引导。因此，对文化的认同是一切关系的开始，创造共同的认知和价值后，追随是必然的行为。社群只有源源不断地带给群成员归属感和优越感，成员才会留下来，并自发传播社群文化。

对于产品型社群而言最重要的就是打造一套极客文化体系，塑造极客文化氛围，类似小米的"为发烧而生"。当社群目标定位为中产阶级后，那么无论是产品定位还是社群调性，都应宣扬一种极客的价值文化主张。从认知到行为，从文化符号到仪式展演，由内而外全方位提升成员的专业认知，为社群建立品牌护城河。通常采用的手段就是提供一套鉴别方法，与友商比赛各个指标、参数以突显自身产品的独一无二。试想，一个新产品该如何迅速从山头林立的市场脱颖而出呢，目前来看除了找那些已成名的品牌过招外，再没有第二种方法。无论是小米、滴滴还是钉钉，无一例外都是拉着友商围绕各种指标、参数做比较，这不仅赢得了更多成员的拥护与垂青，而且还为成员创造了对外炫耀的资本和内容。

（5）社群裂变，培植自组织

社群的发展壮大离不开裂变，裂变的前提是社群已经形成一套成形的亚文化体系和运营机制。社群裂变并不是由社群领袖主导的，而是依靠社群内的核心成员主动发起的。现在很多图谋长远发展的社群，都不约而同地布局线下，为线下成员提供聚会、活动的固定场所。

社群场景化极大地增强了社群成员的仪式感和体验感。社群需要通过仪式来宣告它的存在，弘扬社群的价值主张。举行仪式可以强化社群成员的共同价值观，从而增强成员间的凝聚力。仪式感塑造了统一化和符号化，无论是语录体系还是外在的衣着、行为，成员统一整齐的行动带给他们的心灵震撼是产品无法比拟的。

5.1.3 案例分析

社群构成的五大因素有同好、结构、输出、运营和复制。对"罗辑思维"进行分析也就需要从这些方面入手。

（1）同好

"罗辑思维"社群的形成是基于大家对"罗胖"及他所倡导理念的认同。不能否认，初期很多人了解、认同、加入"罗辑思维"其实都是对于"罗胖"的喜爱。很多人每天早上都先去听"罗胖"的语音然后起床上班，像每天追剧一样。但"罗胖"在有意识地通过各种活动与输出，将大家对自己的认同转移到对"罗辑思维"的认同。

随着社群的壮大与边缘的扩展，它便会形成以"有种、有趣、有料"为核心价值观的社群，然后像一个磁场一样不断地吸引同类者或者想要变成此类的人们，让不少围观的人开始基于三观认同而加入社群，再然后就出现了很多罗友或者打着罗友名号的罗友。不少人靠着"罗友"两个字开发出各种利益和好处。投资、创业合伙、旅游、相亲……但"罗胖"本人并没有参与。论社群生态及目前的影响力，基于"三有"的"罗辑思维"在当下国内确实最大。

（2）结构

"罗辑思维"社群的会员分高级会员和一般会员，社群设立了进入门槛，第一次会员招募原计划是 5500 人，六个小时就被抢光，集资 160 万元之多，第二期更有 800 万元入账。用付费的形式筛选忠实用户是最直接有效的方式。到后来，"罗辑思维"融资之后，会员暂停招募，会员资格可转让。

除会员群，"罗辑思维"在全国各地自发建成的群也有很多，活跃度还不错，但是自组织的社群缺乏有序管理，导致刷屏严重，很多人加入后选择了屏蔽。虽说有发红包才能发广告的规则，但并没有一套成体系的管理规范，所以群结构在明朗度、控制度、规范度上还有欠缺。

（3）输出

"罗胖"每天坚持一条语音和定期的视频，群内还会分享扩展阅读，分享"罗胖"推荐的好文章、好活动，还有罗友组织读书会等。

但在输出上，第一是显得有点单一，基本上以"罗胖"的语音、视频为主打，稍显单薄；第二，"罗辑思维"早期文章授权问题一直被诟病，不过"罗辑思维"已经全面和出版社合作，推出知识产品——"得到"APP，也是在输出方面的一大突破；第三，社群整体的输出能量不足，大多成员也只是参与，从未输出；第四，"罗辑思维"转型电商平台之后，虽然商业运营非常成功，但是什么都卖的模式让社群定位变得模糊不清。

（4）运营

① 仪式感。成为铁杆会员不仅仅有钱就可以，还需要有老会员推荐。这种仪式感增强了门槛与新老人之间的关系，强化了弱关系。

② 参与感。营造"参与感"最重要的是找到"连接"，在各有收获的前提下连接不同的社群。"罗辑思维"经常被人们津津乐道，就是因为他们的很多想法是基于互联网群体实验的探索，让每一个好奇的人都可以连接。比如，每年一度的霸王餐可谓轰轰烈烈。霸王餐顾名思义就是吃白食，"罗辑思维"向全国的餐饮业发出开展霸王餐活动的邀请，然后招募会员参加，再由团队去运营。这里就用到了"罗辑思维"的"连接"这一概念。会员的"参与感"来自可以去免费大吃一顿，商家的"参与感"来自于一次利用平台与活动提高知名度的机会。

③ 组织感。"罗胖"为精神领袖，不参与管理，由各地自发组织，自选负责人，碰到运营组织能力强的人就会取得很好的效果，比如，众筹的一次"失控的儿童节"就是很好的案例。

④ 归属感。仅仅三观认同是不够的，"罗胖"还鼓励罗友组织线下读书会、线下各地建立基地等，网络社群还得回归现实生活中的链接。而且"罗辑思维"还会给铁杆会员送铁牌、送书，这也是建立归属感的一种手段，有了身份标签，就有了炫耀的资本。

（5）复制

"罗辑思维"做得这么大，围绕着"罗胖"又不完全围绕着"罗胖"。"罗辑思维"以高级会员为核心，然后在各地又有自己建立的群和基地，整体上形成了一个开放的、好玩的、有干货的文化氛围，但鉴于复制过程中质量把控和文化传承的不足，加上"罗胖"已经逐步转型电商平台，会员发展开始停滞，社会运营投入力度在下降，目前运营模式更多的是与不同社群和"牛人"进行跨界联合，构建商业生态链条。

5.2　社群运营

5.2.1　案例引入

小米的社群：和"米粉"做朋友

开发小米手机系统（MIUI）时，雷军下达了一个指标：不花钱将 MIUI 做到 100 万用户。于是，主管 MIUI 的负责人黎万强只能通过论坛做口碑：满世界泡论坛，找资深用户，几个人注册了上百个账户，每天在手机论坛灌水发广告，精心挑选了 100 位超级用户，参与 MIUI 的设计、研发、反馈等。借助这 100 人的口碑传播，MIUI 得以迅速推广。

那时，雷军每天会花一个小时回复微博上的评论，即使是工程师也要按时回复论坛上的帖子。据统计，小米论坛每天有实质内容的帖子大约有 8 000 个，平均每个工程师每天要回复 150 个帖子。而且，在每一个帖子后面，都会有一个状态，显示这个建议被采纳的程度及解决问题的工程师 ID，这给了用户被重视的感觉。

小米的社群结构是非常完整的，有领袖人物，有参与研发设计的荣誉顾问和明星用户，小米论坛也活跃着一大批认证用户。教主雷军，号称乔布斯附体，有近乎神的光环，短短三年时间内，小米论坛注册用户达到了 2 700 万，其中拥有小米产品的认证用户达到了 500 多万，VIP 用户 7 万。此外，小米社群还有自己的"米粉"狂欢节，在全国各地散布有各种中小型的"爆米花"活动，在小米论坛中，还有随手拍、酷玩帮、1 元的体验评测、米兔等塑造米粉社群文化的内容。

此外，和其他论坛纯线上的交流不同，小米有一个强大的线下活动平台"同城会"。小米官方则每两周都会在不同的城市举办"小米同城会"，根据后台分析哪个城市的用户有多少来决定同城会举办的顺序，在论坛上登出宣传贴后用户报名参加，每次活动邀请 30 ～ 50 个用户到现场与工程师做当面交流。

思考：

请根据所给资料分析小米社群能够长久运营的原因是什么？

5.2.2　相关知识

1. 如何运营社群

社群运营是指通过一系列运营手段，聚集这群人并促使他们保持活跃状态，使他们与产品、品牌产生更为频繁的交集，想要运营好一个社群，可以从以下几方面着手去做。

（1）健全社群运营机制

一个群体是变得更聪明还是更愚蠢取决于互动的时空环境和机制等，而不是互动这个动作本身。因此，想要让成员的连接和汇聚产生群体智慧，最重要的是改善连接与汇聚的机制。

社群有自己共同的价值观和责任，同时构建社群的规范，通过制度、层级和角色来进行成员区分，并通过权利和权益的不同分配、激励的干预和惩罚措施等影响和控制社群的集体行动，提升社群的认同感和执行力。

如何激发群成员的智慧和能量？这就需要制定评价标准和激励机制。由于社群不同于企业组织可以单纯地依靠利益来驱动，社群还有其他办法，如人文情怀、使命追求、愿景，因此，社群运营除了常规的利益奖惩之外，还需要有一套全新的运营机制。

游戏化升级思维是个不错的体系，其核心就是 PK（对决），充分利用人性中的攀比心。对于评价机制而言，它主要参照两个指标，参与度、贡献值。激励包括利益激励、荣誉激励和情感激励。群体激励的两个关键因素如下。

① 给出简单而清晰的目标，逐级实现。社群发展到一定阶段后，一定要将社群的成员按照贡献度与影响力划分会员等级，成员等级不同，权限也不同，像游戏中打怪兽升级一样设置任务、点数、关卡、徽章、排行榜等激励体系。

② 每个人都清晰地知道自己的任务，并去完成它。

（2）保持社群的活跃度

社群创建之后，接下来就是保持社群活跃度的问题，那么怎样保持一个社群的活跃度呢？主要有 4 个方法。

① 不断地重组和细分用户。社群的生命周期确实很短，正常运营情况下大概能维持一年时间。一年后则需要重新打乱社群，重新细分。类似大熊会，每年都会解散原会员，再交 1000 元会员费才能重新入会。

② 以产品为导向，不断更新产品服务内容刺激用户需求。如秋叶 PPT，每隔一段时间都会更新课程内容就是基于这样的考虑。

③ 重点运营核心种子用户。因为一旦社群规模不断变大，运营者便会无暇顾及每一个

社群，这就需要在核心种子用户中招募一批小伙伴参与整个社群的运营。正如《参与感》那本书所说，"让你的用户参与到你的产品，参与到你的运营中"。

④ 培养社群的亚文化和子品牌。这是最难做的，但是一旦做好就是最有价值的。如"罗辑思维"和十点读书，他们做的是最好的，已经形成了自己独特的文化，用户是非常认可他们的文化的。

（3）打造高效运营团队

社群用户保持了持续的忠诚度之后，接下来就要考虑如何打造一个高效的运营团队，概括起来主要有 3 种方法。

① 去中心化管理：让社群形成自运转，脱离了官方管理后用户自己也能玩得转，运营人员只需制定正确的运营策略和方向。

② 运营团队保持持续更新：主要是吸引新鲜血液保持团队的活力和执行力。因为线上运营人员可能都是招募而来，并不一定都是员工。如招募的是志愿者，可能会因为其他的事情耽误运营工作，这就需要吸引新的运营人员加入。有 3 种方式可以吸引成员加入，第一是不断发掘社群内部的种子用户；第二是持续制造品牌曝光，可以通过持续输出干货内容或和重合度较高的机构或大 V 来做活动获取曝光机会；第三是要有完善的淘汰机制、奖惩制度，以保证整个团队的执行力和战斗力。

③ 稳定的沟通：这一点是非常重要的，每周的会议总结、周报及培训是必不可少的。针对新加入的运营人员和新人进行培训。每次的会议纪要保证传达到每一个运营成员。

2. 社群运营注意事项

在社群运营的过程中，要重点关注以下几项工作。

（1）持续完善社群运营流程

要将工作逐步标准化，减少核心团队成员在产出比低的琐事上的精力耗费。一个社群随着规模的增加，就需要总结一些工作方法，变成可以标准化操作的流程，这样就可以把一些非核心业务外包给其他人完成，既可以解放核心成员的精力，也可以控制运营工作的质量。这个运营标准化梳理工作会随社群的扩大而持续进化。

（2）不要追求大而全的运营规模

所有的管理理论都强调把正确的人放在正确的位置，合理分工，尽量让成员做自己擅长的事。社群成员并不需要全部聚在一个群或是加入全部的在线聊天群，这样会给核心群员极大的信息过载负担。而是可以采用"核心群+多讨论组"的运营模式。

（3）建立情感链接

社群核心成员常聚在一起，彼此熟悉后，知道对方的生日，可以通过网络互相发送祝福，或者发个小红包，对特别有贡献的小伙伴进行奖励，这样能逐步建立社群核心成员的情感联系。另外，社群成员遇到困难时，要及时发现、私下沟通、发动社群资源帮助解决。

所有的连接都应建立在关注对方真正的关切点上。

（4）设置有弹性的组织架构

有些社群的核心成员属于兼职或者志愿者，那么他们在本职工作和学习压力过大时就只能退出。如果采用弹性的组织架构，忙的时候就到组织架构的休息区，不忙的时候就到组织架构的高速运转区，这样就能让成员有一个回旋的余地，而不是一忙起来就只能离开。因为一个核心成员离开社群后，回来的概率不是特别大。

（5）建立合理的回报机制

社群首先要能给核心成员的未来提供一个清晰的发展规划，不断让团队成员去学习、提升自我，让其获得在管理、技能、专业知识等方面的提升。

社群创建初期，留住核心成员应靠成就感。精神上的回报要高于物质回报，要让核心成员觉得自己的存在是有必要的，他所做的事情是有价值的，而且在组织里能够找到自己的定位，从而产生归属感。

一旦核心成员深度参与社群的运营，见证社群的成长，那么社群对于他们来说，就不仅仅是一个平台，而更像是自己的作品和陪伴自己的朋友，建立了这种深厚的感情，就不会轻易割舍。

当社群有了盈利能力，更需要一套清晰的奖惩制度和绩效考核，让付出有效劳动的成员有相对应的物质回报，让精神力量有物质基础的支撑。

（6）及时清理不同频的人

对于核心成员，要秉承疑人不用，用人不疑的原则，要给人以足够的信任和尊重。真正的信任能调动核心人员发挥自己的主观能动性，增加其在社群的参与感。

但是对于加入社群刚开始表现积极但没有真正认同社群核心价值观的人，或者加入社群更多是为了谋取个人名利的人，也要及时清理。及时清理不同频的人，把内部矛盾从源头肃清，保持一致的价值观，反而能调高团队含金量。

（7）增加社群品牌影响力

社群发展的根本在于平台本身逐步形成品牌影响力，这个影响力即使核心成员跳出去也带不走，反而会让自己因离开这个具有非凡价值的平台而失去一些发展和连接的机会。努力运营好社群，不断让社群成员慎重考虑自己的每一次决定，才是保持社群健康发展的正常节奏。

3. 社群的生命周期

在中国，长期泡在网上的人，恐怕都有过加入某些群的经历。一开始是激动和兴奋的，但当怀着良好愿望加入一段时间后，却发现群里充满灌水、刷屏、广告行为，甚至两个群友一言不合，变成争执，愤而退群，而群主也会因各种琐事纠结。另外群人数还不能太少，少于 30 人不成群，超过 80 人就开始热闹，超过 500 人又乱糟糟的不好管，不出半年，大家就慢慢地不再发言，最终成了一个死群。社群大致的生命周期图如图 5-4 所示。

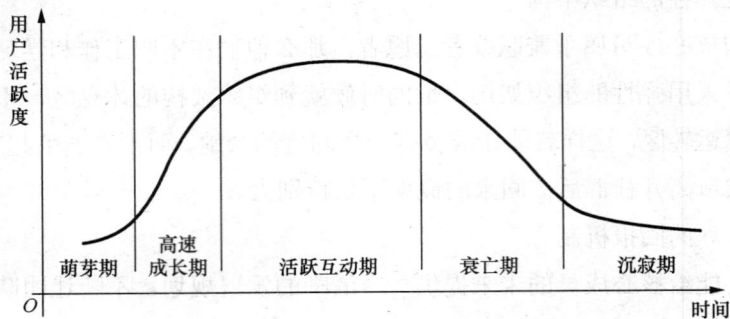

图 5-4　社群生命周期模型图

　　任何事物都是有生命周期的，大部分群都经历了如图 5-4 所示的生命周期模型，一个群走完整个生命周期模型长则 6 个月，短的甚至只需 1 周。即便是出于商业的目的而去组建一个群，在运营好的情况下，群也是有生命周期的。这个生命周期大概在两年时间。

　　为什么是两年？首先，一个论坛的热心坛主往往坚持时间很难超过两年，同样，一个群的热心群管也很难工作超过两年，即便是专职团队管理，两年内群的运营给社群群友带来的新鲜红利也会消失殆尽。其次，这是因为一个群在两年的生命周期内一般而言已经完成商业价值的转换。即便有死忠品牌粉，企业的产品也能不断升级换代，那么在两年时间内，从商业上讲，该挖掘的商业价值也挖掘得差不多了，继续维护成本会超过回报。

4．如何延长社群生命周期

　　社群是一个两两交织的网状关系，是为了满足用户、服务用户。一般来说，它都是有生命周期的，但是怎么延长社群的生命周期呢？下面就介绍一些延长社群生命周期的方法。

　　（1）被连接

　　人人渴求"被连接"的心理是适用于社群运营的。现在线上已经出现了无数个自称是"社群"的组织，但谁真正有价值，最好的衡量标准就是"被连接"的次数与深度。仔细分析便可以发现，"罗辑思维"这个社群像是一个带有互联网营销势能的 U 盘，插入之后可以创造出新的有用的亮点，这就是"罗辑思维""被连接"的价值。企业运营社群经济，延长其生命周期的第一个要诀就是寻找具有"被连接"价值的社群或社群孵化平台，并与之亲密接触。

　　（2）增强参与感

　　抢红包、玩游戏成为很多社群维持人气的法宝，许多潜水者在"抢红包"时才会浮出水面，但仅靠这种缺乏凝聚力的方式聚拢人气，很难长久维持一个社群的生命力。同样是参与感，却可以有不一样的玩法。好的社群只能是一个有机整合体，每个成员都要"动"起来，社群的建立初衷、社群的运营想要调动起成员的积极性，最好有一个核心价值一线贯之。

（3）被服务

如果在一个社群中，成员能够感受到专享服务，其吸引力可想而知。从增值服务空间角度看，可以提供一种轻服务，而且这种轻服务最好能够"隐身"为社群日常活动中最自然、最便捷的一个组件，以保持社群的活跃度，继而营造商业盈利的空间，并延长其生命周期。

（4）策划高质量活动

一个活动策划对于社群的发展是很重要的。做好一个社群我们需要创意、需要给社群进行明确定位，我们要了解群成员属于哪类人群，哪些人通过这个社群参与了活动。实际上，活动提倡"参与感"，也就是说我们尽量降低门槛让更多人参与进来，参与活动的人多了，群也就活跃了，生命周期自然也就增强啦。

5.2.3　案例分析

小米社群之所以可以运营如此之久主要有以下几点原因。

① 参与感强：小米的每一款产品都会征求米粉的建议和意见，案例资料中就提到了"同城会"活动，它是根据后台分析哪个城市有多少用户来决定同城会举办的顺序。在论坛上登出宣传贴后用户报名参加，每次活动邀请 30～50 名用户到现场与工程师做当面交流。这点就充分体现了小米社群的参与感。

② 被连接：小米与用户的连接中介就是小米的产品，企业运营社群经济，延长其生命周期的一个要诀就是寻找具有"被连接"价值的社群或社群孵化平台，并与之亲密接触。

③ 被服务：案例资料中提到小米论坛每天有实质内容的帖子大约有 8 000 个，平均每个工程师每天要回复 150 个帖子。而且，每一个帖子后面，都会有一个状态，显示这个建议被采纳的程度及解决问题的工程师 ID，这就给了用户被重视的感觉。这种做法同时也增强了社群的活跃性。

④ 策划高质量的活动：小米社群有自己的米粉狂欢节，在全国各地散布有各种中小型的爆米花活动。在小米论坛中，还有随手拍、酷玩帮、1 元的体验评测、米兔等塑造米粉社群文化的内容。策划高质量的活动不仅增强了群成员的参与感，也使社群的活跃度提高，生命周期增强。

5.3　课后习题

一、选择题

1. 以下选项中，属于社群中应有的角色是（　　　）。

    A. 小白   B. 专家   C. 群主   D. 积极分子

2. 以下选项中，属于常见的社群运营平台的是（   ）。

    A. 百度贴吧   B. 钉钉   C. 微信   D. 微博

3. 下列选项中，关于提高社群活跃度的做法中正确的是（   ）。

    A. 不断重组用户   B. 不断更新产品刺激用户

    C. 大力吸引新用户   D. 培养社群的亚文化和子品牌

4. 下列选项中，哪些属于社群的结构部分？（   ）

    A. 组成成员   B. 交流平台   C. 加入原则   D. 管理规模

5. 以下选项中，属于社群运营中注意事项的是（   ）。

    A. 持续完善社群运营流程   B. 尽全力快速扩大规模

    C. 建立合理的回报机制   D. 增加社群品牌影响力

二、判断题

1. 社群营销是基于用户需求，利用社交网络将网民聚集起来，提供产品或服务满足群体需求而产生的商业形态。（   ）

2. 创建社群前，一定要想好为什么创建社群，树立明确的目标。是为了卖货，还是为了兴趣。（   ）

3. 培训类、知识类及地域类社群非常适合在微信平台上运营。（   ）

4. 优秀的社群是靠自身的社群文化体系进行运转的，但是脱离了官方管理后用户自己就玩不转了。（   ）

5. 社群发展的根本在于社群所拥有的价值及成员之间的情感联系。（   ）

模块 6
新兴自媒体营销

【学习目标】

知识目标	➢ 了解自媒体的演进和营销基础 ➢ 了解资讯媒介的传播特点和营销优势 ➢ 了解网络直播营销的基础知识 ➢ 了解直播营销的困境及发展趋势
技能目标	➢ 熟悉资讯媒介的主要营销渠道 ➢ 掌握资讯媒介的营销流程 ➢ 熟悉网络直播的主要营销模式 ➢ 熟悉网络电台的主要营销模式

移动互联网时代的来临，催生了微信、今日头条、一点资讯等众多的新兴媒介，并逐渐发展成为社会信息传播的主要渠道。这一时期的显著变化就是受众由过去的单向被动的信息接受者变成了传播者和接受者双重身份，人人拥有了麦克风，人人成为了自媒体。随之而来便是像"罗辑思维"、吴晓波频道、电商直播及网络电台等一大批新兴自媒体的崛起，这也让企业看到了自媒体的营销价值，为企业开展网络营销活动提供了新的思路。

本模块由了解自媒体及自媒体营销、资讯媒介营销、网络直播营销及网络电台营销 4 部分组成。其中，了解自媒体及自媒体营销部分属于知识储备内容，向学生简要讲解自媒体营销的相关基础知识。重点以资讯媒介营销、网络直播营销及网络电台营销为主，详细讲解新兴的资讯媒介、网络直播及网络电台的相关营销知识，使学生了解和熟悉新兴的自媒体营销渠道，掌握新兴自媒体营销的方法和技巧。

【知识储备】

1. 自媒体的含义及特点

（1）自媒体的含义

自媒体与新媒体一样，都是数字化网络技术发展的结果。"自媒体"一词最早源于谢因·波曼与克里斯·威理斯两人于 2003 年 7 月在美国新闻学会媒体中心发表的《自媒体：受众如何影响未来的新闻和信息》中对自媒体下的定义："自媒体就是在数字科技强化并与全球知识体系相连之后，普通大众参与生产并提供与分享他们真实想法和自身新闻的传播途径。"

国内学者夏德元编写的《电子媒介人的崛起》中为自媒体下的定义得到了国内多数学者的认可，"自媒体就是私人化、平民化、自主化的传播个体提供信息生产、积累、共享、传播的独立空间，可以从事面向多数人的，内容兼具私密性和公开性，交互信息传播的传播方式总称"。自媒体的核心是普通公众对信息的自主提供和分享。

本书在综合国内外学者的相关观点的基础上，将自媒体定义为："公民媒体"或"个人媒体"，指私人化、平民化、普泛化、自主化的传播者，以现代化、电子化的手段，向不特定的大多数或者特定的单个人传递规范性及非规范性信息的新媒体的总称。

近年来，随着网络技术的快速发展，新兴的媒介技术层出不穷，从最初兴起的博客、论坛发展到微博、微信，再到今日移动互联网世界活跃的各类应用平台，如资讯类媒介今日头条、一点资讯，音频类媒介喜马拉雅、荔枝 FM 及花椒、映客等视频直播等，媒介技术不断推陈出新，受众的信息传播渠道也在不断地拓宽和走向多元化。

（2）自媒体的特点

自媒体作为一种新兴的信息传播媒介，不同于传统的大众媒介，它有其自身独特的传播特点，主要表现在以下几个方面。

- 传播内容多元化

网络时代，新兴的网络传播技术对传统大众传播的冲击可谓史无前例。传统大众传媒不再是唯一的信息传播渠道，把关人的权利趋向弱化。网民可以借助新兴的社交网络随时随地分享和发布消息，这些渠道极大地拓宽和满足了受众传播信息的需求。此外，传播内容的多元化还表现为内容表现形式更加丰富多样，同早期用户在网络平台只能发布文字和图片的时代相比，新兴的短视频、音频、网络直播极大地丰富了信息传播和表现的方式。

- 交互性强，传播快

新兴的自媒体平台能够更加高效地将用户和媒体连接起来，使信息传播者和受众之间的互动沟通变得更加及时方便。一方面传播者或用户通过智能手机或平板电脑等智能终端在任何时间、任何地点都可以快速地将信息发布出去，时效性大大增强。2016 年微博爆红的"蓝瘦香菇哥"自拍视频，最早是在 QQ 空间和百度贴吧引起关注，其后由秒拍网红"@当时我就震惊了"发布了男主角韦勇的自拍视频，发布当天就引起了网友们的高度关注，获得了 1 万的转发，2 万多评论。这显然是传统大众媒介不能比拟的。另一方面，用户借助社交网络平台，也可以直接与传播者进行互动沟通，因此信息反馈渠道畅通无阻。

- 接收方式从固定到移动

传统的大众传播中，人们主要通过读报纸、听广播、看电视来获取信息。受众的信息接受方式比较单一固定。而在移动互联网时代，智能手机、平板电脑的日渐普及，更加方便了人们获取信息，因此越来越多的网民通过移动社交应用来及时了解社会热点及新闻消息。因而受众接受信息的方式也从固定发展为移动，用户移动碎片化阅读现象变得愈加明显。

- 传播行为更加平民、个性化

自媒体以个人的社交网络为基础，个人之间的信息沟通和传播占据了较大内容，用户主要是以普通平民百姓为主。人们可以在这些自媒体平台上自主地获取所需要的信息并分享自己想要表达的内容，传播者的色彩更加突出，用户可以自主地在这些"媒体"上"想写就写""想说就说"，每个"草根"都可以利用互联网来表达自己想要表达的观点，分享自己生活中的喜怒哀乐，构建自己的社交网络。

- 传播速度实时化

网络视频直播、微博、微信等社交平台的信息及时分享大大提高了信息的时效性。自媒体的另一突出特点是能够将正在发生或者刚发生的事件、信息的传播渠道及信息的受众三者同步连接起来。快速发展的信息技术更是将其推向极致，用户利用功能强大的智能手机可以随时拍照、录音来记录信息，并使用新兴的社交网络平台，将这些信息快速地分享出去，信息的传播速度近乎实时化。

2. 自媒体的演进

自媒体是继报纸、广播、电视、网络媒体之后，伴随着数字通信和网络技术的发展而出现的一种新兴的传播媒介。近年来，随着国内智能手机的普及，手机用户不断增加，自媒体更是蓬勃兴起，人们发微博、晒朋友圈、开视频直播等早已成为日常生活的一部分，自媒体逐渐成为信息传播的主要渠道。自媒体是伴随互联网的发展而产生的，在不同发展阶段有不同的表现形式，具体内容如下。

（1）博客、社区

博客、社区是最初的自媒体形式。互联网从 Web 1.0 进入了 Web 2.0 时代，用户从被动地接受网络信息发展为向主动创造内容的模式迈进。2000 年年初，博客开始兴起，成为承载用户的重要载体，用户以个人为主，信息的表现方式以文字和图片为主。

（2）社交网络

伴随着国外 Facebook、Twitter 的兴盛，2009 年左右，国内的新浪微博、腾讯微博、网易微博等门户网站创立的微博快速积累起大量的用户，基于社交网络的自媒体形式逐渐兴起。用户群体由前期的个人参与发展到个人与组织群体共同参与，此时的信息表达方式仍然以文字和图片为主。

（3）公众号

2012 年，微信推出公众号服务，公众号逐渐成为用户获取信息的重要渠道。其后，今日头条、搜狐、网易等门户网站也纷纷推出公众号平台，自媒体发展进入公众号时代。以个人公众号和群体组织公众号为代表的自媒体爆发出令人惊讶的内容生产力和传播活力。

（4）富媒体

富媒体，即 Rich Media 的英文直译，本身并不是一种具体的互联网媒体形式，而是指具有动画、声音、视频等交互性的信息传播方式。这一时期以爱奇艺视频、腾讯视频为主的综合视频网站内容不断丰富发展，秒拍视频、美拍视频等短视频社区开始兴起，喜马拉雅、蜻蜓 FM 等网络电台也逐渐活跃起来，这极大地丰富了富媒体的表现形式。此外，用户利用这些平台创作的内容开始获得受众的关注，成为了这一阶段的另一显著特点。

（5）新兴载体

在以社交为核心的富媒体时代下，各种新兴载体也不断产生。视频直播兴起，基于移动客户端的网络直播平台 YY 语音、映客直播、花椒直播等开始大量出现。不同于电视直播，网络直播更加注重直播人与受众的互动。不仅如此，电商等非媒体平台正在成为新的自媒体载体，用于扩大市场，直接促进企业销售业绩提升，探索着新的流量变现模式。

纵观自媒体的发展脉络，不难发现，每一次媒介技术的变革都会推动媒体取得新的发展。正如加拿大传播学家麦克卢汉所言："媒介即信息"，换句话说，人类只有在拥有了某种媒介之后才有可能从事与之相适应的传播和其他社会活动。移动互联网时代的来临，手机网民的不断增长，智能终端设备的日渐普及必将继续推动自媒体继续向前发展。

3. 自媒体营销基础

（1）什么是自媒体营销

狭义上讲，自媒体营销是指利用互联网技术，以微信、微博、网络电台、网络直播等新兴传播媒介为载体而开展的一系列营销活动，尤其以利用微信公众号、今日头条公众号、一点资讯公众号等资讯类媒介公众号为主进行营销。广义而言，自媒体营销可泛指一切为个体提供的生产、共享、传播内容兼具私密性和公开性的营销方式，包括企业为推广产品或品牌发布的软文、图片、视频等内容。

（2）自媒体营销的特点

自媒体营销具有门槛低、传播快、可信度低三个主要特点，具体如下。

① 低门槛。企业利用自媒体进行营销的门槛较低。几乎任何人、任何企业都可以利用现有的网络社交平台开展产品推广和销售等营销活动，其平民化程度可见一斑。

② 传播快。企业依托新兴的自媒体平台开展营销，可以随时随地进行传播并得到在线反馈，突破了空间和时间的限制。尤其是对于拥有忠实用户的知名企业来说，更是可以通过粉丝效应，实现病毒式传播，快速地将信息传播出去。

③ 可信度低。自媒体的兴起极大地提高了用户对与内容创作的积极性，但同时也削弱了传统媒体的把关作用。用户在自媒体平台上发布的各类信息难辨别真伪，真实性更是饱受质疑，显著表现便是网络谣言的传播。近些年不断报出不法商户利用自媒体进行营销骗局的活动，这也为企业自媒体营销带来了一定的负面影响，使得企业在自媒体平台发布的活动信息可信度降低。

4. 自媒体的盈利模式

近年来，越来越多的企业和个人依托新兴自媒体平台开展自媒体营销活动，但是各自的盈利模式却各不相同，自媒体的盈利模式逐渐呈现出多样性以及可持续性。归纳起来，自媒体盈利模式大致可分为以下几种。

（1）内容输出型模式

许多自媒体人在自媒体平台上分享自己的内容创作、专业经验等，目的是将这些产品借助平台力量传播出去，让更多的读者看到，自媒人从其创作的内容中获益，如微博、微信中对于优质文章的打赏。当然，就目前而言，由内容而产生收益的最主要方式还是广告投放。

（2）服务输出型模式

自媒体既可以展示内容，也因具有交互性而可以作为即时通信手段，因此为服务输出型自媒体提供了一条新的收益路线，尤其是当自媒体与电商相互合作后，更为服务输出型自媒体提供了方便。个性化时代，用户对个性化产品和服务的需求也越来越强烈，因此利用自媒体为用户提供个性化服务获取收益成为可能。

（3）社区关系型模式

自媒体具有交互性，方便用户与自媒体之间沟通反馈，因而更容易形成社区关系。利用自媒体聚集的粉丝开展营销也是自媒体的盈利模式。例如，会员制度就是其中最为显著的自媒体社群变现形式。自媒体通过自身内容积累会员用户，会员用户因得到自媒体的额外增值服务而付费。会员付费盈利模式依赖于自媒体积累的社区强关系，这种强关系使得用户对自媒体产生极强的忠诚度，会自动去传播自媒体的品牌。当然，这种模式通常对于自媒体要求较高。例如，"吴晓波频道"公众号就曾向会员推出了"每天听见吴晓波"增值服务而收取一定的会员费，目前该栏目的收听用户已超过 10 万。图 6-1 所示为"每天听见吴晓波"栏目的订阅广告。

图 6-1 "每天听见吴晓波"栏目订阅广告

（4）传统广告模式

该盈利模式与传统大众传媒的盈利模式相同，即双重出售模式。一方面通过创作优质的内容吸引大量用户的关注，同时，再将吸引来的受众的注意力售卖给广告主，广告主可以在自媒体中以冠名、赞助及插播的形式向自媒体的粉丝推送广告信息。自媒体也收取一定的广告费。但这种模式也因影响用户体验而饱受用户诟病，因此，自媒体在推广广告时需把握好度。

当然，综合当前国内各主要的自媒体，如"罗辑思维"、吴晓波频道、一条等，其盈利的模式多是综合运用上述几种盈利模式，而并非单一依靠某种形式，这样也有助于保障自媒体收益的稳定性和可持续性。

6.1　资讯媒介营销

6.1.1　案例引入

吴晓波频道：自媒体时代如何将知识内容变现

"吴晓波频道"是由国内著名财经作家吴晓波先生创办的自媒体。该节目以独特的视角细数企业家们走过的路、讲述财经热点新闻背后的故事、梳理与商业相关的八卦绯闻，其自媒体从最初的微型公众号逐渐扩展到涵盖音频、视频等内容，主要包括微信公众订阅号、财经类脱口秀视频及音频、书友会等的公众号，是知名财经类自媒体。

作为"中国最出色的财经作家"，吴晓波的视频节目受到了人们的极大关注。从 2014 年 5 月 8 日节目正式在爱奇艺上线，到 2014 年 7 月 25 日，短短两个月的时间已上线 12 期节目，总播放量突破 9000 万，逼近 1 亿大关。

互联网时代，作为内容生产者需要有产品意识。这就需要将创作者提供的内容以产品化的思维创作、打包、运营，从而实现知识的变现。吴晓波频道刚上线时，曾推出过一项"失败值测试"的产品。该产品设计了几个问题，让用户回答这些问题，最终给用户一个分级，65 分、75 分、85 分，回复一个数字，得到对应分数，进行评价。3 个多月的时间有 10 多万人参加测试。"如果今天做这个产品，我可能会增加一个支付的环节，你要取得那个报告，添加一个广告或者支付 3 元钱，或者 5 元钱，这个就是一个产品。"吴晓波说道，自媒体收费并不是一个趋势，而是工具革命给自媒体人带来的福利，内容产品化思维对内容产生者的改变非常彻底。

随着用户数量的不断增多，节目的营业收入逐步攀升，节目营收渠道和方式也走向了多元化。"吴晓波频道"的节目收入主要来自广告、培训、会员费及电商销售收入。其中"吴晓波频道"视频盈利模式比较单一，主要以冠名、赞助等传统硬广告的广告费为主。不仅如此，"吴晓波频道"还开展线下培训活动，如之前举办的电商大课，每天收取 1088 元/人，而且已成为节目现在的主要收入。此外，"吴晓波频道"微信公众号还向付费会员推出了"每天听见吴晓波"信息增值服务，每天收取 0.5 元。最后就是将自媒体转向电商，吴晓波开办的"美好的店"向粉丝售卖产品。

"吴晓波频道"成立两年半，用户超过 200 万，每天新增用户 2000 名，付费用户接近 10 万。他是如何做到的呢？吴晓波总结了几点，一是找到一个有充分刚需的细分市场；二是做成独一无二的风格，内容能被广大用户认可；三是快速做到全国前列，快速获取用户。再加上此前总结的，以内容产品化思路去做内容产品、以不同的媒体工具去做多元化内容呈现，每种呈现方式都带来了不同的变现路径。

思考：

"吴晓波频道"对于自媒体营销有哪些启示？

6.1.2　相关知识

1. 资讯媒介的兴起

近年来，内容创业开始火爆，并以惊人的速度点燃了中国创作者的热情。今日头条、一点资讯、搜狐自媒体、UC订阅号、百度百家等新兴的资讯自媒体迅速席卷了移动互联网市场，这些风格各异的自媒体争相吸引读者的注意力和消费潜力。

资讯类媒介的兴起与移动互联网的发展密不可分，智能手机和平板电脑等移动智能终端的普及极大地方便了用户上网，网民向移动端转移的趋势进一步强化。社交媒介和即时通信工具更是发展成为人们获取信息的主要传播渠道，传统的大众媒体不再是人们获取信息的唯一渠道，用户越来越依赖社交平台获取新闻。国内企鹅智库发布的《2016年中国新媒体报告》显示，用户通过社交应用渠道获取新闻资讯的比例达到49.4%，接近半数。

社交网络成为重要的新闻信息传播渠道，这表明社交网络和社交产品开始衍生出媒体属性。国内以微博、微信为代表的社交平台，成了各大媒体内容传播的热土。国外的Facebook、Google、苹果、Twitter等科技公司，已经开始提供基于社交核心的媒体入口。

社交平台成为资讯传播主渠道之一，对于内容源的影响能力加大。社交网络的流量正在转变为媒体分发的控制力，通过分发算法调整，控制媒体的流量命脉。媒体与社交平台之间的关系变得更加复杂，但无论如何，全面接入社交网络是媒体的必然选择。

2. 新兴资讯媒介营销渠道

目前，新兴的资讯媒介主要营销渠道有今日头条、一点资讯、搜狐自媒体、UC订阅号及百度百家公众号等，具体内容如下。

（1）今日头条

今日头条是一款基于数据挖掘的推荐引擎产品，也是一个提供新闻资讯的新兴媒介平台。当用户使用微博、QQ等社交账号登录今日头条时，它能够快速地通过算法分析用户的兴趣爱好，从而向用户推荐精准的、个性化的内容。今日头条于2012年8月正式上线，截至2016年8月，它已拥有超过5.5亿的装机用户，月活跃用户超过1.3亿，日活跃用户超过6000万。

今日头条自媒体平台，也叫头条号，是今日头条推出的致力于帮助企业、机构和自媒体在移动端获得更多的关注，持续扩大影响力，同时实现品牌传播和内容变现的媒体平台。不过，并不是任何人都可以在今日头条上发布文章的，用户需要申请入驻，审核通过后才能在平台上发布内容。

头条号作为内容创作平台，企业可以申请入驻，发布原创优质内容。基于其移动端的海量用户，通过强大的智能推算法，优质内容将获得更多曝光。借助头条广告和自营广告，入驻自媒体的价值变现将有更多可能。

（2）一点资讯

一点资讯是一款高度智能的新闻资讯应用，用户通过它可以搜索并订阅任意关键词，系统会根据用户的搜索浏览习惯对其兴趣进行分析，自动推送相关新闻信息。作为一款兴趣引擎，一点资讯通过用户选择兴趣身份，当用户使用微博、微信等社交网络账号登录时，系统会对其分析计算生成信息数据，以把握用户的兴趣方向。

截至2016年7月，一点资讯用户量已达2.3亿，日活跃用户达3 850万，拥有260万个性化订阅频道，超过7万家自媒体入驻，成为移动互联网内容最多的能够根据用户兴趣智能推荐信息的平台。

（3）搜狐

搜狐自媒体平台是搜狐公司推出的一款为智能手机用户量身打造的"订阅平台+实时新闻"的阅读应用，它集中了搜狐网、手机搜狐网和搜狐新闻客户端三端资源大力推广媒体和自媒体优质内容。各个行业的优质内容供给者（媒体、个人、机构、企业）均可申请入驻，为搜狐提供内容；利用搜狐自媒体平台强大的影响力，入驻用户可获取可观的阅读量，提升自己的行业影响力。

搜狐自媒体可以为自媒体用户提供展示广告、互动营销和原生广告三种广告形式。其中，展示广告由新闻客户端提供广告位和广告主，另外，搜狐自媒体新闻客户端还提供了原生广告位，自媒体可以自行选择广告主，而互动营销的方式更适合明星大号自媒体。

（4）UC订阅号

UC订阅号是UC推出的自媒体服务平台。用户通过UC订阅号可以发布文章、上传视频、网络直播等，这些内容都可以在UC浏览器上传播。UC浏览器作为全球第二大浏览器，在移动客户端拥有5亿用户，月度活跃用户达到4亿。毋庸置疑，用户在UC浏览器平台上开展自媒体营销的价值较大。

UC通过整合阿里大数据资源，形成真实用户画像，进行精准信息推荐，实现信息到人、人找信息的两重飞跃，将自媒体创作者接入全球最大的零售商业平台，给予他们流量变现、社群电商等方面的便利和能力。

（5）百度百家

"百度百家"是百度旗下的自媒体平台。作为百度新闻原创栏目，借助百度大数据和自然语音理解技术等为用户提供个性化新闻推荐，用互联网模式首次建立完整的自媒体生态链，在内容和广告的良性交互转换下，实现作者、读者、传播者之间的无缝对接。"百度百家"引入了百度联盟的广告模式，根据流量多少给予入驻作者相应的广告收益，除此之外，百度百家未来还将依托百度新闻流量资源为入驻作者提供流量、渠道、内容方面的推广。

在入驻方面，首批入驻作者采取邀请制，这种方式是为了最大限度地保证内容原创，避免一些低质量的内容发布。现在平台已经开放入驻，但是审核依然比较严格，百度百家入驻阵营包括互联网、时政、体育、人文等多个领域。

3. 资讯媒介营销流程

在资讯媒介平台开展企业营销活动的过程较为漫长，需要长期优质的原创内容才能吸引受众关注，进而培养用户对自媒体品牌忠诚度，实现个人或企业的营销目的。那么，自媒体营销的流程包括哪些内容呢？详细内容如下。

（1）自媒体账号定位，确立品牌形象

开展自媒体营销的首要工作是进行账号定位，通过对受众市场进行垂直细分或者跨领域分割，找到自媒体的目标市场。一般来说，自媒体的定位可以从账号价值、功能及内容三方面考虑。

① 价值定位。价值定位是从对于用户主体意义角度而言的。一方面对于传播者或者自媒体来说，无论是企业账号还是个人账号，都可以起到提升其行业影响力，树立良好形象的作用；另一方面对于受众而言，自媒体所传播的内容能够给信息接收者带来价值，或者说给他们在工作生活中提供知识及经验性指导。

② 功能定位。功能定位是着眼于企业自媒体营销的目的而说的，即企业开展自媒体营销所要实现或者想要达到的营销目的。通常来说，企业开展自媒体营销的主要目的有营销功能、客服功能、售后服务功能。不过，需要注意的是，对自媒体账号功能定位后还要考虑以何种方式将功能变现，要有相配套的活动形式将功能充分展现，才能更好地开展自媒体营销。

③ 内容定位。资讯媒介平台开展自媒体营销的核心是优质的原创内容。受众上资讯媒体浏览信息主要想获取有利于自身生存和发展的有效信息，因而，企业的自媒体营销也是围绕内容展开的。企业在对自媒体价值和功能做好定位之后，需要按照价值和功能的要求和导向对账号的内容进行定位。内容定位可从行业资讯、企业案例、促销活动、口碑好评等因素考虑。

（2）自媒体内容制作，发起热门活动

对自媒体账号完成定位后，就可以按照定位的价值和功能创作内容，并到各大资讯媒介平台上发布消息。内容作为自媒体营销的重中之重，自媒体发布的内容质量将直接影响其营销效果，因此，内容制作也是自媒体营销中日常工作量最大、任务量最多的工作。

俗话说，"知彼知己，百战不殆"。在内容为王的时代，自媒体在创作内容时，首先要对定位的人群画像进行分析，根据用户的需求制作内容。分析时通常按照人口统计学意义上的性别、年龄、行业、区域、消费等级等属性对用户进行多维度的划分，将不同的受众群体进行归类打包。

找到用户的需求后，便可积极着手创作内容。创作内容时，文章标题作为用户的第一印象将直接影响用户后续的阅读和浏览行为，因而标题尽量要简练，富有创意，将文章中最新鲜、最有价值的内容"拎"出来，用通俗直白的语言告诉读者。同时，自媒体创作的内容也应当具有趣味性和可读性，以软文的形式将企业广告或者营销信息巧妙地植入其中，富有趣味性和独特性。最后，文章的配图要与内容具有相关性，具有一定审美价值或者实用价值。

此外，对于影响力较大的自媒体，可以结合时下的社会热点，策划相关的热门活动。通过热门活动快速吸引用户，形成粉丝效应，实现强关联性的媒体品牌传播，这也是企业在自媒体营销过程中的关键环节。

（3）积累粉丝，实现自媒体价值

做资讯类自媒体是一项长期的工作，对运营人员的执行力是一种考验。自媒体长期坚持原创优质内容，订阅用户数量会逐渐增多，积累的粉丝数量就会不断增加。当粉丝用户达到群体规模时，自媒体可以通过粉丝的自发传播，持续扩大其影响力，潜移默化地培养起用户对企业的认知心理，从而实现企业自媒体的营销价值。

4. 资讯媒介营销注意事项

通过自媒体营销实现企业的营销价值，这是每一个运营自媒体的人都梦寐以求的事情。但要真正实现这样的目标却并不容易。整体来说，运营资讯媒介自媒体的注意事项主要有以下几点。

（1）推广平台坚持"一主多辅"策略

选择推广平台坚持"一主多辅"的策略，以一个资讯媒介平台为中心，其他平台为辅助。而不要盲目在各个平台上全面推广，这样不但分散了运营的中心，而且不易聚集粉丝群体。

（2）根据企业广告预算量力而行

在自媒体营销过程中，可以根据实际情况，适度选择付费推广。例如，当企业发布新品或者举办促销活动及开展企业公关宣传活动的时候，可以考虑进行付费推广，加大推广力度。

（3）加强粉丝互动

做自媒体需要经常与粉丝互动，通过互动增强用户黏性和忠诚度。常见的互动方式有：有奖互动、趣味游戏、新品促销、反馈问答等，企业自媒体可以灵活选择。

（4）根据自身定位多渠道高效引流

可以鼓励读者主动分享文章但不要频繁打扰读者，以免招致读者的反感。例如，有些订阅号要求读者一定要分享到朋友圈获得足够多的点赞数后截图发送过去才能获取某些资源。优质内容的主动分享再加上读者走心的评论是最好的广告。

（5）评价内容付费的可能性

尽管自媒体带动的消费整体并不高，但是却具有很大潜力。内容丰富也意味着优质内容总是相对稀缺的。自媒体的内容付费，可以看做一种按需的资讯/资源定制化服务。

6.1.3 案例分析

"吴晓波频道"对自媒体营销的启示可以参考以下几点。

（1）转变营销理念，以用户需求为导向

"吴晓波频道"大型培训课成功的一个原因就在于它是针对客户需求而产生的，用户对该话题比较感兴趣，想要获得更多的信息或知识自然会报名参加。以用户需求为导向，发现用户需求，寻求他可能需要的产品或者服务并满足他。只有抓住了客户的需求才更容易开展营销活动。

（2）准确定位，明确目标市场

"吴晓波频道"是一个有着明确定位的自媒体，它的运作是一种典型的圈层经济——锁定一部分有共同特征的人，对这群人进行针对性的营销、传播，它所服务的对象不是大众，而只是一小部分人群，是社群化的服务。互联网时代，分众和定制服务已经逐步成为自媒体的发展方向，盲目追求粉丝的数量往往不利于增强用户的黏性，只有明确用户群体的范围和特征，才能提供更有针对性的服务和产品，从而使用户产生群体认同感。圈层经济是未来营销的重点。

（3）将内容产品化进行营销

产品是企业营销制胜的重要基础，也是企业在市场上立足的核心竞争力。产品有价值、有内容，才能够吸引用户关注。"吴晓波频道"自媒体的产品有微信公众号专栏文章、脱口秀视频、培训课程、电商售卖的产品等，文章、视频、课程都有内容、有深度，才能吸引目标受众。而一个终日不知所云、没有意义的自媒体终将会被舍弃。所以自媒体想要良好运营就需要将内容打造成高价值的产品。

（4）积极发展电商业务

电商是当前自媒体盈利的重要来源之一，也会成为自媒体发展的趋势。利用电商套现需要让"自媒体"的"自"成为一个受到大家关注与信任的有个人符号的人。利用个人风格魅力吸引公众购买电商产品，那么产品质量就需要有保障，若产品无法令人满意，导致的结果将会是破坏大家对于自媒体及个人的信任。

6.2 网络直播营销

6.2.1 案例引入

菠萝蜜：直播成为跨境电商发展的新动力

近年来，跨境电商悄然兴起，越来越多的网民加入到"海淘"队伍当中。许多商家将国外的商品卖到国内，满足不断升级的消费者需求。但是在购买海外商品时，对商品质量的不确定，对商家的不信任，让消费者很难确信自己买的就是货真价值的海淘商品。倘若不能消除消费者对商品货源、定价和海外团队的质疑，将会给跨境电商带来致命的打击。上海播乐网络科技有限公司打造的新型的跨境电商菠萝蜜全球购，提出了全新的跨境电商营销模式——视频直播。

为了消除消费者对海淘平台商品售价的质疑，菠萝蜜采用了一种"简单粗暴"的方法——直播商品的店头价。菠萝蜜的海外员工在当地拍摄每一件商品的店头价格标签，并在菠萝蜜 APP 中直接呈现，实现价格完全透明。有了标准海外价格一览表，消费者就可以对所有商家在每件商品上的利润一目了然，这无疑给了传统跨境电商致命一击。不仅如此，菠萝蜜更是将店头价作为定价策略，喊出只卖当地店头价的品牌口号，即以原产地国的店面零售价格，零手续费、零加价卖到国内。

此外，为了追求最公开、透明、彻底的真实，菠萝蜜还通过直播的方式向用户展示海淘商与国外品牌商合作的全过程。用户可以跟着菠萝蜜海外员工的手机镜头，看到菠萝蜜的海外员工去办公室、研究所、工厂、商店进行采访，从而进一步消除疑虑，产生信任。在直播店头价和品牌合作之外，菠萝蜜还直播自己在海外及国内的各大仓库，这招更是让消费者吃了一颗"定心丸"。

2015 年国内"双十二"当日，菠萝蜜做了 12 场直播互动狂欢，直播时同时在线人数达 6 万。直播地点分别位于宁波保税仓，东京和首尔的海外仓。正是因为现场直播的方式，毫无保留地展示了自己的仓库，才给了用户真实的感受，并成功获取了消费者的信任。图 6-2 所示为菠萝蜜 2015 年"双十二"活动现场。

图 6-2　菠萝蜜"双十二"购物现场

统计数据显示，"双十二"活动期间波罗蜜订单转化率达 30%。当天超过 60%的用户下了 2 单，20%的用户下了 3 单及以上。其中一位用户半天内下单 10 次，共计 5000 多元。而这都要归功于视频直播本身的魅力：高度参与强互动性带来的真实购物体验，让用户特别是女性用户产生极大信赖。在直播间，看到主播当刻的介绍和试验效果，消费者会按捺不住想立即拥有；一起参与直播互动的用户也在频发弹幕交流，如提醒某商品该补货，或讨论某些产品一起用效果好，这些都会引发购买欲望。这种场景消费赋予了传统海淘消费所没有的魅力，带来了高额的营业收入。

公司 CEO 张振栋表示："2015 年'双十二'的成绩主要归功于视频直播，用户的热情超出了我们的预期，较高的参与度和互动性受到了女性用户的青睐。让我们坚信波罗蜜视频互动直播这条路走得很对。"

菠萝蜜以视频直播为核心竞争力，以"眼见为实"的方式给用户带来信任感，以互动交流的方式增强现场感，以场景消费的模式形成参与感，这种互动视频和跨境电商相结合的"新玩法"，不仅给视频互动产业的发展带来了新思考，更是对整个跨境电商行业带来了积极的作用。

思考：

1. 常见的网络直播营销模式有哪些？菠萝蜜的直播活动属于哪种营销模式？请对活动效果进行分析。

2. 菠萝蜜运用的"电商+直播"营销模式与淘宝、京东等网购平台上的直播营销有何区别？请简要分析。

6.2.2 相关知识

1. 直播行业概述

2016 年，被称为网络直播爆发的元年。花椒、映客、熊猫 TV 等众多直播平台纷纷上线，国内在线的网络直播平台总数超过 200 家。不仅如此，根据 CNNIC 统计的数据，截至 2016 年 6 月，网络直播用户规模达到 3.25 亿，占网民总数的 45.8%。其中，视频直播市场的日用户活跃量规模已逾 2000 多万，这标志着全民直播时代的到来。

（1）直播行业的演进

网络直播出身于"草莽"，从产生之日起就以平民化的个性色彩进入网民的世界。网络直播从兴起到今日的盛行经过了 3 个发展阶段。

① 直播 1.0 时代，网民主要通过电脑上网，9158、YY 语音、六间房等推出的秀场直播开始兴起。

② 直播 2.0 时代，网络游戏的流行催生出游戏直播，网络直播市场进一步垂直细分化。

③ 直播 3.0 时代，随着网络技术和智能终端设备的普及，映客、花椒等新兴的移动直播平台不断涌现，移动直播开始兴起。各类网络红人、综艺节目、电商导购等直播活动层出不穷，直播进入泛娱乐化的 3.0 时代。

（2）直播行业的宏观环境分析

宏观环境分析又称 PEST 分析，这里的客观环境是指一切影响行业和企业的宏观因素。对宏观环境因素作分析，不同行业和企业根据自身特点和经营需要，分析的具体内容会有差异，但一般都会对政治（Political）、经济（Economic）、社会（Social）和技术（Technological）这 4 大类影响企业的主要外部环境因素进行分析。根据市场营销的 PEST 分析原则对直播行业的宏观环境进行分析，具体如下。

① 政治（Political）：国内相关行政管理部门不断加强对直播平台的管理。2016 年 9 月，国家新闻出版广电总局下发《关于加强网络视听节目直播服务管理有关问题的通知》，重申直播平台必须持有许可证，强调未取得许可证的机构和个人不能从事直播业务。

② 经济（Economic）：尽管直播在中国市场的出现时间并不长，2016 年是中国直播行业最繁荣的一年。急速成长归结于增长的直播平台个数和网络直播用户数量。据统计，2016 年全国在线的直播平台超过 200 家，网络直播用户数量达到 3.25 亿，网络直播迅速发展成为一种新的互联网文化业态。

③ 社会（Social）：智能手机逐渐普及，用户用于娱乐消费支出逐年上升。2015 年中国智能手机保有量达到 9.5 亿台，同比保持了 21.8%的增长率，根据《2015 年娱乐行业分析报告》，从 2006 年到 2015 年的 10 年间我国城镇人均娱乐性消费支出的年复合增长率达到 10.7%。

④ 技术（Technological）：智能手机拍照摄像等硬件技术发展迅速，直播所需要的 Wi-Fi 和 4G 技术已经成熟，但对于更好的用户体验所需要的 5G 技术尚未普及。

2. 直播营销的兴起

对于企业而言，一方面，直播平台拥有海量的用户，具有吸引用户注意力、引导流量的作用，而直播平台这种吸引"注意力"的作用让企业主看到了直播营销的巨大优势。另一方面，在线直播的门槛非常低，一台电脑和一个账号即可进行直播，智能手机更是可以随时随地进行直播，秀场、演艺、户外、电竞、明星等各类主播形态兴起，更是让企业家兴奋不已，他们都尝试着在直播平台上开展营销活动。

（1）直播营销的概念

随着信息呈现形式的变化，网络信息由文字、图片信息拓展到音视频、直播等多种实现形式。直播营销有广义和狭义之分。广义上讲的直播营销不仅局限于直播过程中的商业宣传，还包括直播前策划、造势、直播发布、二次传播全流程商业化运作的相关方，以及技术支持方等。而狭义的"直播营销"仅指直播营销业务链条的一个环节，即通过直播平台或工具实现的商业推广形式的统称。

（2）直播营销的优势

直播营销具有交互性好、真实感强、二次营销的优势，具体内容如下。

① 交互性好。直播活动的交互性近似于人际间的传播交流，具有带入感，企业和用户互动和反馈效果较好。也更容易表达企业的营销观点。同时，企业和用户在互动的过程中信息可能会产生二次传播，引发病毒营销的传播效应，从而持续扩大营销活动影响力。

② 真实感强。网络直播作为一种新创造的节目，可以满足用户的猎奇心理，拉近用户与媒介、用户与产品的距离，增加用户对企业的信任感。更重要的是，直播活动将单一的产品通过人为关联，能够实现真正意义上的场景营销。现场互动反馈更易表达真实感受，便于对产品进行优化和调整。

③ 二次营销。直播营销可以根据企业的营销规划贯穿整个直播活动，从前期的活动宣传到活动时的互动沟通及后期的跟进报道，将营销内容充分地传递给用户，因而信息的传播性更强。此外，在直播过程中，对于发现的新"卖点"或"话题"还可以设计系列直播话题进行逐一直播和二次营销。

3. 直播营销流程

这里讲的直播营销流程并非狭义上的直播营销业务中的某一个环节，而是指广义的直播营销活动，涵盖了直播前后的系列活动环节。它不仅仅局限于直播过程中的商业宣传，还包括直播前的策划、造势、直播的发布及二次传播等全流程商业化运作的相关工作。图 6-3 所示为直播营销的基本流程，详细内容如下。

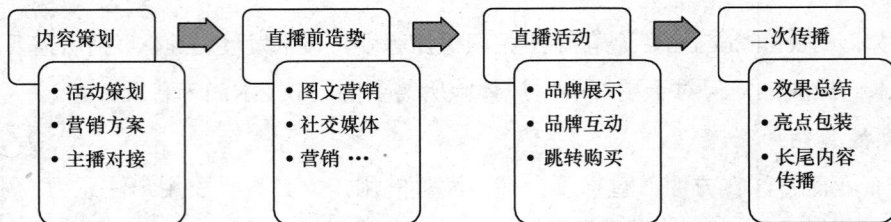

图 6-3　直播营销流程示意图

（1）内容策划

内容策划属于直播活动前的准备工作，包括策划直播活动的创意并撰写营销方案，此外还需做好主播对接的工作。通常，企业会选择与第三方广告平台合作的方式联合策划直播活动。

（2）直播前造势

为了取得良好的营销效果，达成企业营销目标，在直播开始前，企业通常会在社交平台上做大力的推广宣传，营造声势，为直播创造良好的活动氛围，吸引关注，增加人气。

（3）直播活动

根据活动规定的时间，安排好活动的环节和对接的主播，开始现场直播。需注意的是，对于直播过程中出现的技术问题应随时和直播平台进行对接，以保证直播的顺利进行。

（4）二次传播

直播活动结束后，及时对直播活动的效果进行总结，并对制作好的直播节目进行包装，重新向市场出售，进行二次营销。

4. 直播营销的主要模式

直播活动采取的形式不同，所得到营销效果也不同。根据直播活动的内容不同，直播营销的模式可以分为"直播+电商""直播+发布会""直播+互动营销""直播+内容营销""直播+广告植入""直播+网络红人"6 种模式，具体内容如下。

（1）"直播+电商"模式

"直播+电商"模式是直播营销中最常见的一种营销模式，通过"网络红人"与电商平台上的用户群体直播互动，吸引潜在消费者接触广告，并最终购买产品。阿里巴巴在开通淘宝平台与新浪微博的数据接口后，微博成为直播的重要流量入口。借助微博平台上的人气开展营销，已成为时下主流的电商营销模式。例如，2016 年 6 月 19 日"网红张大奕"举办的淘宝直播，观看人数超过 41 万，2 小时的直播给店铺"吾喜欢的衣橱"带来了近 2000 万的销售额。图 6-4 所示为"张大奕"举办的淘宝直播活动场景。

（2）"直播+发布会"模式

新产品发布会携手直播平台成为品牌推广新品进入市场的另一个重要渠道。企业在直播发布会的同时，结合电商平台，将直播引来的流量转化为现实的客户。例如，在美宝莲纽约邀请明星 Angela baby 举办的新品发布会直播活动中，由 Angela baby 及 50 余位网红在美宝莲纽约新品发布会上展示新品。全场直播共有超过 500 万人次观看，2 小时直播时间内新品即卖出 10 000 支口红新产品，销售额超过了 140 万元。图 6-5 所示为 Angela baby 直播中的场景。

（3）"直播+互动营销"模式

这种模式将"直播"与社交平台结合，吸引社交平台的流量参与线上直播活动。同时，以直播反哺流量，引起社交平台上粉丝的热议。线上线下相配合，招募粉丝亲身参与直播节目，满足大众猎奇心理。例如，网易为推广网络游戏《天下 3》，携手映客直播平台的六大人气主播发起的直播活动"寻找天下最佳男友"，就是一场典型的"直播+互动营销"的尝试。主播从民政局出发一路到闹市区对路人进行随机采访，在线下互动的同时向访客推荐网游《天下 3》，整场直播活动吸引了数十万的《天下 3》游戏用户观看和讨论。图 6-6 所示为"寻找天下最佳男友"直播活动场景。

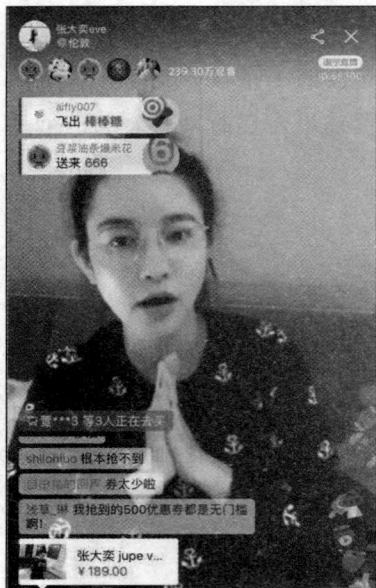

图 6-4 "张大奕"淘宝直播场景

图 6-5 美宝莲纽约邀请 Angela baby 举办
新品发布会直播

图 6-6 "寻找天下最佳男友"直播活动场景

（4）"直播+内容营销"模式

内容新颖新奇是其在众多直播营销事件中能够脱颖而出的关键。选择合适的目标人群，针对目标人群的基本属性、特征偏好，策划直播内容。例如，熊猫 TV 携手《鲁豫有约》策划的"亚洲首富王健林的一天"直播活动，意在宣传万达南昌文化旅游城。直播过程中，由于通信信号不稳定，直播效果受到一定程度的影响，但在直播高峰时段也有近 30 万人在线观看。图 6-7 所示为王健林参与《鲁豫有约》直播活动场景。

图 6-7　王健林参与《鲁豫有约》直播活动场景

（5）"直播+广告植入"模式

该模式颠覆了传统广告有意而为之的做法，在有趣的直播场景下，配合观看者的直观评论感受，自然而然地进行产品和品牌的推广，悄然触动消费者购买心理，促成购买。例如，2016 年 6 月 10 日，联想在美国举办的创新主题会议 Tech World，联想 CEO 杨元庆为配合联想美国的 Tech World 科技大会，推广联想的一系列新产品，在映客直播平台上开启了长达 5 个小时的直播。该活动更是吸引了 200 多万人在线收看，成功地以新的形式即在满屏映客礼物的覆盖下，为联想新产品做广告，赢得了粉丝的良好口碑。图 6-8 所示为联想 CEO 杨元庆在映客平台上的直播活动场景。

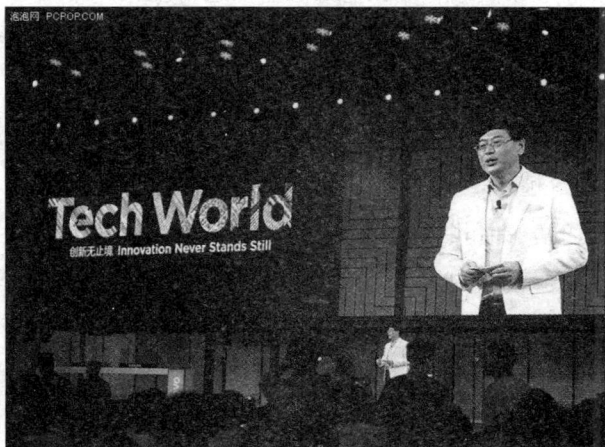

图 6-8　联想 CEO 杨元庆的直播活动场景

（6）"直播+网络红人"模式

"直播"平台成为"网红经济"的一个重要渠道，为以"个人"为单位的"网络主播"提供了更为广阔的粉丝平台，并降低了进入"门槛"。粉丝基础和粉丝互动是成就个人网红的核心元素，也是个人网红平台化的出发点。例如，2016 年 7 月 11 日，网络红人"papi 酱"携手签约的 8 大直播平台展示直播首秀。与美即面膜合作发布了第一支视频直播广告，吸引了近 2000 万人次观看，获得粉丝近 1 亿的点赞量，成功将网红个人最大价值平台化，如图 6-9 所示。

图 6-9 papi 酱直播活动场景

5．直播营销的困境及发展趋势

（1）直播营销的困境

直播营销是伴随着移动直播的兴起而出现的一种新的网络营销方式，仍处于发展的早期阶段，行业的激烈竞争及瞬息万变的移动互联网市场让直播营销在未来发展道路上依然充满了风险和挑战。当前直播营销发展的困境主要有以下几方面。

① 市场规模难以预估。对于目前直播营销的市场规模有多大，市场培养周期需要多久无法做出准确预期，这给投资者和广告主做市场判断带来困难。

② 行业认知度低，大众认知尚处于狭义阶段。目前直播营销行业仍处于发展的初级阶段，主要靠行业内的直播平台以及广告公关公司来推动直播营销行业的发展。广告主对于直播营销的概念还停留在直播过程中进行广告植入或电商买卖的狭义阶段，对于广义直播营销认知不够。

③ 直播行业受众群形象低端，广告主对营销抵达目标客户没信心。大部分广告主的目标用户与大众认知中直播行业低端、单一的受众群形象不符，这也导致广告主不愿意选择直播渠道进行营销，但是直播行业受众群目前还没有准确画像。

④ 广告投放的营销效果无法进行量化评估。对于在直播平台上投放的广告和直播过程中进行的营销活动或广告植入，能带来的用户转化和购买没有形成量化的评估机制，广告主无法对投入直播渠道的广告和营销效果进行评估。

⑤ 直播营销过程复杂，隐性成本高。目前进行一次完整的营销活动，从广告主到受众要经历中间服务商、直播平台、网红主播四个过程，中间环节繁琐复杂，费用不透明。

（2）直播营销未来发展趋势

① 企业商务直播营销的潜力大。借助网络信息技术，企业商务直播营销在未来将获得进一步发展。现在的企业商务直播活动还不能实现将线上会议系统与企业信息系统进行数

据整合，二者之间兼容性较差，会议数据无法对接企业信息系统。企业未来直播活动依托 SaaS（Software-as-a-Service，软件即服务）网络服务，可将直播内容数据通过 SaaS 网络服务进行沉淀，直接与企业信息系统对接，为企业带来高价值的业务数据。

② 个人直播营销模式趋向标准化。现阶段的个人直播营销活动需要广告主和服务商进行单独的定制合作，而且广告主通常对直播场景的策划、执行等环节缺少经验，因而在前期与服务商的沟通成本较高。此外，当前直播市场上的广告相关业务一般是直播平台直接定价，直播行业市场的价格体系尚未真正形成。随着直播行业的发展，其带动的直播营销也将经历由粗放的原始状态到标准化的转化过程。这主要表现在两方面，一方面基于个人开展的直播营销业务将会根据直播场景形成标准化的营销产品；另一方面在综合性的直播平台进行的直播广告刊例也将会趋向标准化。

③ 直播电商服务深化拓展。未来，电子商务将借助网络直播继续深化发展。"直播+电商"的营销模式给第三方购物平台所带来的巨额流量将成为带动电子商务行业深度发展的重要引擎和发展动力。"场景化营销"和真实互动给用户带来的友好体验，更是大大提高了商家对用户的服务质量。随着电子商务平台和直播平台的资源整合，国内一些大型电子商务平台也将陆续推出自己的直播平台，网络直播将逐步发展为第三方电子商务平台为商家提供的社会化营销工具。

④ 大型中间服务商覆盖全部中间环节。在目前的直播营销模式下，企业作为广告主需要与直播平台、网络红人，以及活动策划方逐个对接，营销活动的环节较多，广告主工作量较大。同时，由于参与活动的各方独立运作，因而广告主更是需要向各服务商支付高额的广告费用，而且也不利于沟通协调。而在未来，直播营销市场化运作的机制将逐步建立，通过市场资源整合，集广告平台、网络红人及内容策划制作为一体的大型中间服务商将会出现，他们能简化中间环节，实现广告主与大型中间商直接合作的直播营销模式。

6.2.3 案例分析

1. 目前，常见的网络直播营销模式主要有"直播+电商""直播+发布会""直播+互动营销""直播+内容营销""直播+广告植入""直播+网络红人"6 种模式。

菠萝蜜开展的直播营销活动属于"直播+电商"模式，为了消除消费者对于海淘平台商品售价的疑虑，菠萝蜜将整个商品购买过程进行了全程直播，从直播商品店头价到直播海淘商与合作商合作，进而到直播海外的各大仓库，追求商品购买过程公开、透明。成功取得了消费者的信任。

此外，菠萝蜜通过直播活动努力营造出的产品场景给用户带来了真实的购物体验，直播中的现场互动更是大大提高了用户的参与度，容易让女性用户产生信赖，促使用户下单购买商品。直播带来高达 30% 的转化率，使菠萝蜜在跨境电商领域赢得一席之地。

2. 菠萝蜜与淘宝、京东等电商平台虽然都采取了"电商+直播"的营销模式，但是二者直播的形式和直播的内容各有不相同，主要表现在以下几点。

（1）首先，菠萝蜜直播主打的特色是"真实的现场购物体验"，以"眼见为实"的方式为用户带来信任感，以互动交流的方式增强现场感，以场景消费的模式形成参与感，从而促使消费者下单购买商品。

而淘宝、京东等电商平台上的直播活动虽然也是利用直播平台开展营销活动，但是从其活动形式上说，更多的是采用"网络红人+直播"的营销模式，邀请一些当下的"网络红人"在直播平台软性植入营销，或者也可以说利用的是"粉丝经济"，即利用"网络红人"的影响力对其长期积累的粉丝进行营销。故而可以说二者是活动形式相同，但营销本质不同。

（2）其次，菠萝蜜主打"真实的现场购物体验"特色，从而取得消费者信任，将"视频直播"作为海淘平台的重要功能特色及核心竞争力。直播营销作为菠萝蜜海淘平台的常规化的营销手段逐渐成为平台的一大特色。而反观淘宝、京东电商平台上的直播，与其说后是一种营销手段，不如说是促销方式。现有的直播活动要么主打"粉丝经济"，要么采用特价促销方式，直播活动还没有发展成为电商平台上营销的主要渠道。

6.3　网络电台营销

6.3.1　案例引入

奇瑞瑞虎携手考拉 FM 聚首"明星宝贝故事汇"

近年来，亲子类综艺节目在国内发展迅速。借助明星的加盟助阵和精彩动人的节目场景，这类节目成功吸引了 80 后、90 后年轻家庭用户的关注。移动互联网时代，综艺节目的发展不仅给节目制作方、服务商带来了巨额的广告收益，也为企业营销传播提供了新的机会，使企业借助新兴的网络媒体及综艺节目的品牌进行营销传播成为可能。

勇于尝试新事物才能把握发展新机会。2015 年 10 月，奇瑞公司对瑞虎汽车的营销就是一次全新大胆的尝试。由奇瑞瑞虎联手考拉 FM 倾力推出明星亲子娱乐互动节目——《明星宝贝故事汇》第一季正式上线开播，将以全新的"技术流"＋"内容流"，把亲子教育推进到移动互联新媒体时代。首季出场的明星家庭阵容由田亮、叶一茜、Cindy 一家三口组成，明星效应加上欢乐互动，牢牢地捕获了广大年轻家庭成员的耳朵。图 6-10 所示为《明星宝贝故事汇》节目发布会现场。

图6-10　《明星宝贝故事汇》发布会现场

　　一边是掌握国内领先技术的中国自主品牌汽车企业，另一边是近年新兴的国内主流网络电台，虽来自不同行业领域，但双方却都是"最懂年轻人"的品牌，都拥有庞大的年轻用户。双方强强联手，以阳光欢乐、彻底解放双眼的时尚语音节目，将给"年轻化、时尚化、网络化"主流汽车人群带来一场全新听觉盛宴！奇瑞汽车将考拉FM应用顺利植入最新上市的新瑞虎5中，以"移动互联的汽车"和"时尚鲜活的网络电台内容"二者的融合，将差异化的汽车驾乘全新体验带给更多年轻家庭。

　　不仅如此，在线上的营销活动中，奇瑞公司还在考拉FM应用上以奇瑞瑞虎特约冠名和田亮、Cindy口播植入两种方式进行内容定制，通过APP开机画面、首屏焦点图、分类页焦点图和声音贴片等方式进行广告曝光，提高传播效果。而线下方面，结合考拉FM平台自身拥有的优势资源，在北京举办大型明星亲子有声读物《明星宝贝故事汇》发布会，并且邀请田亮、叶一茜等明星到场助阵，树立了良好的家庭形象，现场还开展了亲子互动游戏和车载预装活动，为节目和品牌推广效果加分。图6-11所示为《明星宝贝故事汇》指定用车——奇瑞瑞虎5。

图6-11　《明星宝贝故事汇》节目指定用车——奇瑞瑞虎5

考拉 FM 大数据调查发现，94.9%的受众看过《明星宝贝故事汇》后会加深对奇瑞瑞虎品牌印象；从 2015 年 11 月开始至 2016 年 1 月份为止，受众在看过广告后对于亲子活动参加意愿达到了 78%以上。不仅如此，该节目及广告还覆盖了超过 40 余家平面媒体，500 余家网络媒体，主流视频网站和近百位自媒体人品牌曝光更是多达 8000 万次。传播效果的扩展影响有效地提升了用户的转化率，促进了后续的消费行为。

思考：

1. 网络电台的营销模式有哪些？请说明奇瑞汽车联合考拉 FM 举办的《明星宝贝故事汇》营销活动属于哪种营销模式？

2. 请对奇瑞瑞虎携手考拉 FM 聚首《明星宝贝故事汇》活动效果进行分析。

6.3.2 相关知识

1. 认识网络电台

（1）网络电台的定义

网络电台是指通过网络向听众提供包括在线收听、下载及播客上传与 RSS 聚合等多样服务的一种新型广播形态。简言之，网络电台就是在互联网上设立的电台。伴随着移动互联网技术的发展与自媒体的活跃，兼具广播和网络优势的网络电台开始逐渐得到网民的关注并取得了快速的发展。

（2）网络电台的特点

网络电台是传统广播电台在互联网环境下的新发展，它既有传统电台的传播特性，又融合了网络媒体的特点。概括起来，网络电台的特点包括个性化风格、点播式收听，以及 PUGC 助力，内容强大丰富三方面，具体内容如下。

① 个性化风格

喜马拉雅、蜻蜓、荔枝 FM 等网络电台，无论在话题内容还是表现形式上，都能够尊重听众的个性化需求，紧跟潮流和时代步伐，为不同层次的受众分别定制个性化节目。由于互联网和移动终端逐渐普及，信息传播变得异常活跃，充斥在人们周围的信息平台也越来越多，想在眼花缭乱的新媒体中脱颖而出，第一时间俘获受众的芳心，新媒体网络电台就必须有与众不同之处，个性化与人性化追求变成必然选择。自媒体网络电台要想长期生存，必须把受众的个性化需求放在首位，从用户的心理层面入手，提高他们对网络电台的使用黏度。

② 点播式收听

传统广播受技术和制度的局限，不能充分满足听众的主动性和互动性需求，听众基本是在被动接受信息，不能按照自我意愿主动选择收听内容，而媒体自媒体网络电台借助互联网和新媒体终端，却能轻而易举地满足听众愿望，听众甚至还可以通过评论或私信与喜爱的主播互动交流，将个人观点、态度和期待直接反馈给传播者，从而实现传播效果的最优化。

③ PUGC 助力，内容强大丰富

网络电台的节目模式为 PUGC，即专业用户产生内容。节目由具有专业素养的用户自己制作生成内容。纵观国内各大流行的移动网络电台，拥有大量超聚人气的专业主播，更有如罗振宇、郭德纲、吴晓波、高晓松等知名自媒体人，他们形成了网络电台上一条产品生产链，将原创的优质内容源源不断的传播给听众。

2. 网络电台营销的兴起

随着移动互联网的快速发展，满足用户碎片化生活的网络电台赢得了众多网民的追捧，例如，喜马拉雅、蜻蜓 FM、荔枝 FM 等一大批移动网络电台都拥有庞大的用户数量，网络电台成为继社交工具之后移动互联网世界又一重要的流量来源。在移动互联网世界，用户流量意味着市场，网络电台拥有的海量用户让许多企业看到了网络电台营销的巨大价值，以移动网络电台应用为基础的网络电台营销模式开始兴起。

3. 网络电台的营销优势

网络电台作为新兴的信息传播媒介，企业通过它开展营销有着巨大的优势，具体表现在以下几方面。

（1）营销模式多样化，避免引起用户反感

网络电台营销不同于传统广播的硬广推送，其广告更加人性化，能从听众所属群体和需求出发，通过品牌冠名、软性植入、音频贴片等多种方式向用户推送，从而将广告和音频内容巧妙地结合起来，能够有效避免用户的反感。

（2）通过大数据技术，实现精准营销

网络电台通过大数据技术对平台上的海量用户的收听习惯和行为进行分析，根据用户的兴趣和爱好来推送推广信息，并结合场景对用户实现精准的定向广告推送，从而提高了用户黏度，减少了营销的盲目性，有效降低了广告成本。

（3）用户反馈及时，广告效果易监测

与传统广播广告相比，网络电台的广告营销活动周期和跨度比较短，用户反馈更及时，用户在接收到广告信息后能快速做出反应。同时依托先进的网络技术支持，广告投放效果可以得到有效监测，数据更加可靠。

4. 网络电台的营销模式

网络电台凭借其丰富多元的内容，能够满足人们对不同音频内容的需求。同时，搭载于移动智能终端上的电台应用，其伴随性特征也更符合当下用户碎片化收听音频内容的现实需要，网络电台因而备受音频爱好者青睐。网络电台内容的丰富性及电台应用的便利性，使网络电台的应用场景及营销模式愈加成熟。概括起来，网络电台的营销模式主要有以下几种。

（1）原生信息流广告

与传统的硬性广告不同，原生信息流广告是根据音频用户兴趣对品牌的潜在目标消费者进行智能推广的模式。网络电台拥有的巨大优势就是可以对受众数据进行精准收集和分析，用户的单击率和对节目的选择，可以清晰地留存在互联网电台的收听数据上。通过大数据分析，不仅可以对用户习惯进行细分管理，还可以精准地向用户投递定向广告，有效避免广告使用户产生反感，从而增强了用户的体验度。

（2）展示类广告

展示类广告营销模式是指在电台 APP 页面上将广告主所要传达的产品或服务的信息直接地、快速地传达给用户，这类广告信息直白易懂，用户只是被动接受，不需要进行复杂的信息处理。这种营销模式是对传统媒体广播营销的继承，通过将广告信息置于热点位置或内容中，吸引听众注意，达到信息宣传的目的。在喜马拉雅 FM 中，展示类广告营销主要表现为在 APP 页面的品牌展示广告，如 banner、通栏、焦点图、背景图等。

（3）音频贴片广告

网络电台具有很强的互动性，听众在收听音频节目的时候，可随时将自己的感受以评论方式反馈给主播，实现传播者和收听者的即时互动。音频贴片广告营销模式就是以主播和用户之间的互动实现营销目的。例如，喜马拉雅 FM《非常不着调》的主播就与广州悦世界信息科技有限公司合作开展了一场成功的音频贴片广告营销。主播掉掉通过亲身体验游戏"悦世界——神域之光"，巧妙融入节目中，使自己成为一个虚拟现实的游戏衍生，并带头组建公会，玩转音频社交，吸引众多粉丝参与，取得了意想不到的营销效果。

（4）品牌冠名

品牌冠名是网络电台上一种新的广告营销模式。该模式依托一些超聚人气的音频节目，以节目冠名的方式来实现营销的目的。一般来说，品牌冠名对于节目的粉丝数量及节目主播的影响力要求较高，因而冠名播出的广告费用也较高。例如，喜马拉雅 FM 的明星栏目《段子来了》与惠普公司合作，以旗下新品"惠普惠省打印机"完成了四期节目的冠名播出，四期节目实现了 500 万左右的播放量，成功为惠普打印机完成了一次新产品推广。

（5）品牌软性植入

这种营销模式，借助于内容营销和场景营销，同时兼顾用户体验，将广告信息渗透到音频节目内容中，使听众在潜移默化中接收产品信息。例如，考拉 FM 上有一档脱口秀节目《不亦乐乎》，曾有一期节目谈论汽车，主播"小胆"在谈论自己要买什么样的车时，软性植入了东风日产的新楼兰，热心的听众现场就与"小胆"互动起来。这种方式既达到了营销的目的，也保证了节目的质量。

（6）"O2O+粉丝经济"

"O2O+粉丝经济"的广告营销模式即网络电台与品牌商合作，利用明星主播的号召力，调动粉丝的积极性，制造话题，实现跨平台的线上线下 O2O 的互动营销，最终达到品牌推广的目的。该模式的核心是"粉丝经济"。换言之，依托平台上培养的大量明星主播，利用主播的影响力开展"粉丝经济"营销。利用这种模式可以大大提高线上广告投放的精准性，而线下的体验活动，则拉近了与用户的距离，增强了互动性也有利于营销目的的实现。

5. 网络电台营销的发展趋势

当前，网络电台仍处于市场发展的初级阶段。随着移动互联网的发展，网络电台在未来将会继续加速发展进程，逐步呈现原生化、精准化、跨终端化的营销特征。原生广告将以音频内容组成部分软性广告植入给用户，并且利用新的音频识别和匹配技术对用户进行全方位的分析、发掘，以保证对社群用户及场景开展精准化营销。除此之外，未来网络电台受地域限制的影响将会趋弱，用户使用终端渠道的方式将会更加多元化，跨终端的音频平台出现成为可能，而这必将推动网络电台营销的继续发展。但目前看来，网络电台营销还处于初级阶段，需要一定的时间去挖掘和探索其发展的规律。

6.3.3　案例分析

1. 目前，常见的网络电台营销模式主要包含原生信息流广告、展示类广告、音频贴片广告、品牌冠名、品牌软性植入及"O2O+粉丝经济"等 6 种营销模式。

根据案例材料，奇瑞瑞虎联合考拉 FM 冠名的《明星宝贝故事汇》亲子类娱乐互动节目活动中运用的营销模式有展示类广告、音频贴片广告、品牌冠名、品牌软性植入及"O2O+粉丝经济"，具体内容如下。

一方面考拉 FM 在线上通过将应用软件植入到瑞虎 5 中，把《明星宝贝故事汇》中的亲子教育推进到移动互联网新媒体时代。推出阳光欢乐的《明星宝贝故事汇》节目，彻底解放用户的双眼，为用户带来全新听觉盛宴。此外，他们还在线下开展了一些活动，如举办节目发布会，邀请田亮、叶一茜等明星到场助阵，再加上现场的亲子互动游戏和车载预装活动，拉近了与用户的距离。这属于"O2O+粉丝经济"模式，通过线上与线下互相配合，不仅提高了节目的收听、收视率，而且也加深了受众对品牌的印象认知度。

另一方面，主办方还在 APP 上以奇瑞瑞虎特约冠名和田亮、Cindy 口播植入两种方式进行内容定制，通过 APP 开机画面、首屏焦点图、分类页焦点图和声音贴片等方式进行广告曝光，其中包含了展示类广告、音频贴片广告、品牌冠名及品牌软性植入等营销模式，提高了传播效果。

2. 首先，《明星宝贝故事汇》向观众所传递的亲子教育、家庭生活等内容与奇瑞"为家人造车"的理念不谋而合，都强调对家庭的责任，瑞虎 5 与考拉 FM 联合将"移动互联网汽车"和"流行的网络电台内容"巧妙融合，以差异化的汽车驾乘体验吸引更多年轻家庭。知名明星田亮的参与，以及在节目中表现出的对家庭、配偶及子女的体贴，展现出了他富有责任感的好男人形象，与见证明星小家庭幸福的瑞虎 5 组成"最佳拍档"，在呵护用户家庭、品质值得信赖等方面具有较高的契合度，将品牌内容营销提升到了一个新的高度。

其次，在活动策划执行上，将线上与线下资源全面融合，实现了立体式、多元化传播。此次活动将考拉 FM 应用植入到瑞虎 5 中，把《明星宝贝故事汇》中的亲子教育推进到移动互联网新媒体时代，借助线上 APP 平台，方便用户及时收听，同时开展线下活动，吸引年轻家庭持续关注，加深受众对品牌的认知度。。

最后，《明星宝贝故事汇》的成功营销源于与人群、理念极度契合的品牌冠名，以及考拉 FM 巧妙的音频植入，有深度的专题采访，线上线下有情感互动的亲子活动，以及广泛的网络报道和自媒体传播。这些不仅仅能满足受众的视觉感、参与感要求，还能有效地抓住他们的需求点和兴趣点，与其产生情感共鸣，有效促进其表达和分享，从而实现活动的全方位、立体的传播。

6.4　课后习题

一、选择题

1. 以下选项中，哪些属于当前自媒体营销的主要盈利模式？（　　）

    A. 服务输出型模式　　　　　　　　B. 社区关系型模式

    C. 内容输出型模式　　　　　　　　D. 电商新零售型模式

2. 下列选项中，属于当前新兴的主要资讯媒体渠道的有（　　）。

    A.一点资讯　　　　B. 今日头条　　　C.UC 订阅号　　　D. 简书

3. 下列选项中，关于当前直播营销面临的困境的说法正确的是（　　）。

    A. 行业混乱，市场秩序不稳定

    B. 受众形象较低，广告主对营销目标客户没有信心

    C. 直播过程太复杂，成本偏高

    D. 直播广告效果难以有效测评

4. 下列选项中，哪些属于直播营销的优势？（　　）

    A. 真实感强　　　　B. 成本较低　　　C. 交互性好　　　D. 二次营销

5. 下列选项中，属于网络电台营销优势的是（　　）。

A. 通过大数据技术，实现精准营销

B. 用户反馈及时，广告效果易监测

C. 营销模式多样化，避免引起用户反感

D. 信息传播迅速，宣传成本较低

二、判断题

1. 广义而言，自媒体营销是指利用互联网技术，以微信、网络电台、直播等新兴媒介为载体的一系列营销活动。（　　）

2. 一个完整的直播营销活动主要包括内容策划、直播活动及二次传播等。（　　）

3. 网络电台品牌软性植入营销模式就是以主播和用户之间的互动实现营销目的的。（　　）

4. 直播营销的发展成为引领电商未来发展的重要方向。（　　）

5. 网络电台的特点包括个性化风格；点播式收听；PUGC 助力，内容强大丰富；借助网络，收听便捷四方面。（　　）

模块 7
户外新媒体营销

【学习目标】

知识目标	➤ 了解户外新媒体的主要形式及其内涵 ➤ 理解主要户外新媒体形式的传播特点 ➤ 掌握主要户外新媒体的营销应用
技能目标	➤ 能使用户外新媒体推广各类商品 ➤ 能根据户外新媒体特点制定不同的营销策略

　　随着信息时代的发展，以及新技术的不断涌现，传统的户外广告更是借助新技术焕发出新的活力，朝着更加多元化的方向发展。这突出表现在以户外 LED 广告、商业楼宇广告、移动

车载新媒体为主的新型户外媒体的出现，它们必将为企业实施户外营销提供强有力的支持。

本模块由了解户外新媒体、户外 LED 营销、楼宇新媒体营销及移动车载新媒体营销四部分组成。其中，了解户外新媒体部分属于知识储备内容，向学生简要讲解新兴户外媒体的相关基础知识。重点以户外 LED 营销、楼宇新媒体营销及移动车载新媒体营销为主，详细讲解新兴的户外 LED、楼宇广告及移动车载电视等相关营销知识，使学生了解和熟悉新兴的户外新媒体营销渠道，掌握新兴户外新媒体营销的方法和技巧。

【知识储备】

1. 什么是户外新媒体

户外新媒体是指安放在人们一般能直接看到的公共场所的数字电视等新媒体，是有别于传统的户外媒体形式（广告牌、灯箱、车体等）的新型户外媒体，比如，公交、航空、地铁、轻轨上，同时也包括这些交通工具相应的辅助场所如航空港、地铁（轻轨）站、公交站内所衍生的渠道媒体——LED 彩色显示屏、视频等，其内容主要是广告，也有人将移动电视也看作户外新媒体。

2. 户外新媒体发展趋势

户外新媒体的出现，顺应了人类发展的趋势，同时也积极推进了时代前进的步伐，户外新媒体的发展具有两极化的趋势。主要表现为大众化趋势和超细分趋势两方面，具体内容如下。

（1）大众化趋势

大众化趋势近几年比较明显，尤其是在相对封闭的公共环境，如公交车站、地铁站、航空港等这类比较封闭的公共环境里。户外广告通常都在人群密集的场所投放，因而其覆盖人群规模较大，受众的日常接触频率较高，特别是近年来，新兴的户外 LED、移动车载电视等户外新媒体大量投放，户外媒体更是逐步实现了大众化的发展趋势。

（2）超细分趋势

自从分众概念出现后大众也完全接受了细分的概念，但是细分有时甚至到了泛滥成灾的地步。现在的户外新媒体还是以渠道类媒体为主，主要来源于受众的接触点。每一个接触点可能都产生新媒体。实事求是地讲，媒介细分应当以符合受众的需求为标准，过分细分化可能会引起受众厌恶。

从主观上讲，未来 10 年内在大城市，户外传统媒体也许会逐步被户外视频、户外 LED 等新形式所取代。户外传统媒体更多的是点概念，广告的实际覆盖人群面积和受众停留时间都比较少。同时户外媒体新技术领域比较活跃，新技术发展很快，这会进一步刺激新媒体的发展。

但是人们对新媒体的判断，可能跟传统媒体会有较大区别，传统媒体更多依赖内容的影响力来获得崛起或持续成功，而户外新媒体有四个因素影响其持续成功，即渠道资源、技术、资本、品牌。

3. 户外新媒体的价值

随着户外广告的不断增长、成熟，其相对于户外传统媒体的优势也愈加明显，由此也就可以总结出户外媒体在应用上的一些价值体现。

（1）提升广告传播效果

户外新媒体的传播效果相对于传统户外媒体有着明显的提升，户外新媒体更具有灵活性的创意增强了广告的记忆度。无论是移动电视、液晶电视或是大型 LED，高清的屏幕、动态的视听效果，都极大地增强了广告的表现力。户外新媒体既可以实现传统户外媒体平面形态的创意，又可以完成影视广告的效果。

（2）节约广告成本

户外新媒体能够节约广告主的宣传成本，同时为广告主带来更多新的营销方式，所以越来越多的广告主将广告投入到户外新媒体中，使得网络化模式的覆盖率更广，而且也降低了广告主的投放成本。户外新媒体也为广告主带来了全方位立体式的营销。新媒体可以填补传统媒体传播效力之外的空白，比如卖场终端的广告可以唤起消费者对品牌的回忆。再加上互联网交互技术，新媒体可以让受众在互动体验中获得更深刻的产品认知。

（3）推动户外广告创新发展

网络技术的发展所催生的户外新媒体，将为户外广告提供更大的发展空间，推动户外广告创新发展。目前，户外广告领域的 AR 技术、裸眼 3D 显示屏等技术在不断地发展、普及，增加了户外广告与受众之间的互动，真正意义上实现了双向传播。受众不仅可以和广告内容进行互动，还可以通过个人移动设备查询或者直接购买广告中感兴趣的商品。传播技术的发展是没有止境的，科技的发展加上数字媒体的革新，改变了消费者的生活形态，必将把户外媒体广告带入一个新的发展阶段。

7.1 户外 LED 营销

7.1.1 案例引入

户外 LED 广告，四天赢全城关注

2016 年 7 月 17 日上午，一大批来自广州天河城、北京路和丰兴广场的照片出现在朋友圈，"广州，再见"弄得好多人不知所云，副标题一句"我当初来这座城市的决定对吗"倒是引得不少"广漂"陷入沉思，LED 展示如图 7-1 所示。当天，这个戳痛人心的 LED 广告已经成功挑起公众兴趣，打开微信群和朋友圈，满屏都是红底白字，如图 7-2 所示。

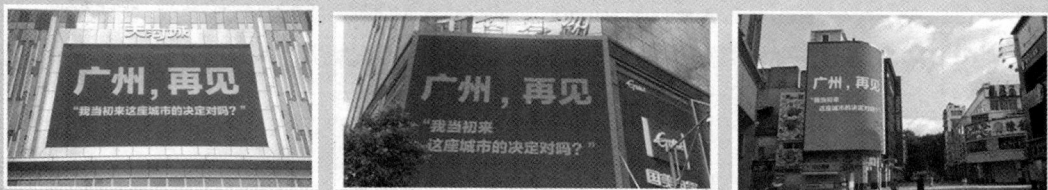

图 7-1　主题为"再见"的 LED 广告

图 7-2　朋友圈截图

7 月 18 日，走心 LED 全线蔓延手机屏幕，白领、市民、游客都在"八卦"与讨论，各大媒体争相报道。甚至，反应迅速的企业马上出了山寨版，如图 7-3 所示。

7 月 19 日，剧情又有了大逆转，LED 屏显示的不是"再见"而是说"留下"了，如图 7-4 所示。

随着"再见"党的崛起，更多新的企业加入到了这次"红底白字"的 P 图大赛当中，而且规模越来越大。在这一片喧闹的争论中，事件迎来了新的进展，7 月 20 日 LED 屏再次更新，而这次整个"红底白字"刷屏事件的主角终于出现了，原来是一家名为"金融街·融穗御府"的开发商投放的 LED，图 7-5 所示为更新后的 LED 展示。

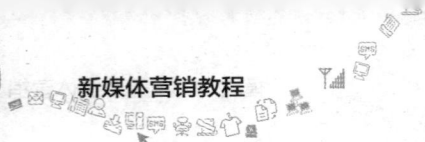

图 7-3 山寨版广告牌

图 7-4 主题为"留下"的 LED 广告

图 7-5 7 月 20 更新后的 LED 广告

通过这次 LED 广告营销，更多的人知道了"金融街·融穗御府"，为其带来了许多的客户。

思考：

请根据 LED 广告的传播特点对该次营销活动进行分析。

7.1.2 相关知识

1. 了解户外 LED

（1）户外 LED 的含义

LED 是 Light-Emitting Diode（发光二极管）的英文缩写，简称 LED。它是一种能够将电转化为可见光的固态的半导体器件，它可以直接把电转化为光，图 7-6 就是户外 LED 的媒体展示。户外 LED 电子屏媒体是 21 世纪广告业发展的趋势，是具有音频功能的户外广告展示设备。其面积可以随意调整，不仅能播放音频广告节目，而且四面还可以加装固定灯箱广告位。

LED 的电子屏媒体分为图文显示媒体和视频显示媒体，均由 LED 矩阵块组成。图文显示媒体可与计算机同步显示汉字、英文文本和图形；视频显示媒体由微型计算机进行控制，图文、图像并茂，以实时、同步、清晰的信息传播方式播放各种信息，还可以显示二维、三维动画、录像、电视、VCD 节目及现场实况。LED 电子屏媒体显示画面色彩鲜艳、立体感强，广泛应用于金融、税务、工商、教育等领域，以及车站、码头、机场、商场、医院等公共场所。

图 7-6　户外 LED 媒体展示

（2）户外 LED 的特点

除上述对于户外 LED 的基本原理及应用场所的讲解的基础之上，还应了解户外 LED 的以下特点。

① 户外 LED 广泛应用在广告宣传、城市停车场、城市停车场和地铁、铁路等交通引导系统及高速公路等公共场所。

② 采用 VGA 同步技术，大屏内容与 CRT 同步，更换广告内容间接方便；超大画面、超强视觉体验切亮度高、寿命长。

③ 色彩丰富，显示方式变化多样，外观新颖独特，可提升城市科技水平，丰富城市居民文化生活，因此居民更易接受。

2. 户外 LED 的营销传播特点

户外 LED 广泛应用在人们的日常生活中，它之所以能够被广泛应用，就是因为它具有很好的推广效果及独有的传播特点。

（1）到达率高

通过策略性的媒介安排和分布，户外广告能创造出理想的到达率。据实例传播的调查显示，户外媒体的到达率目前仅次于电视广告，位居第二。

由于受众对户外媒体的关注度在逐渐增加，很多客户越来越偏好使用户外媒体，同时户外媒体的关注度和媒介的使用习惯呈逐年增长趋势。房地产、邮电、通信、金融、服务和家电行业的投放额比例逐年增大。

户外媒体触达能力的无限性，一方面来在于它自身的无孔不入，许多地方都可以发布大小、形式不同的广告，另一方面则基于人们户外活动的规律性。这也就使户外媒体具有了高频次的接触率。人们每天的生活总是有规律可循的，简单地说，一个人的普通生活就是若干"点与线"的组合。"必经之路"便成了户外广告"守株待兔"的最佳位置。例如，人们每天下班途中总会遇见若干次户外广告。当广告人找到消费者相关活动的规律后，也就产生了户外广告应有的效应。

（2）发布时段长

许多户外媒体是持久地、全天候发布的。户外广告每天24小时、每周7天地矗立在户外，这一特点令其更方便且更容易的使受众见到。

（3）城市覆盖率高

在某个城市中通过分析目标人群，正确地选择发布地点以及使用正确的户外媒体，广告主可以在理想的范围接触到多个层面的人群，广告主的广告可以和其受众的生活节奏配合得非常好。

7.1.3 案例分析

回顾4天中金融街融穗御府投放的LED屏幕画面其实并不复杂，红底白字一目了然，但正是易于记忆的界面，对比强烈的颜色和带挑拨人心技能的文案，使得传统LED广告的传播力度放至最大化。

第二次更新的LED画面是以"留下"为主题，这一次的画面更新好像是在呼应别人的观点，又好像是说出什么新的观点。也正是因为这种充满了让人想象的空间，迎来了网友的热议和更多企业的模仿。

金融街融穗御府在本次LED营销中并没有生搬硬造纯广告，而是很走心地像是在讲一个故事。于是，项目结合自身定位和客户群体，抓准市中心区楼盘的高价、拥堵和压抑等特点，精准喊出"广州，再见"的口号，一下揪住了挣扎迷失在一线城市的奋斗青年们的心，说出了他们如鲠在喉的话，成功地借用了在广州打拼的无奈感，营造出一种强烈的情绪共鸣，尤其是在如朋友圈那样的新媒体环境中，"情感"成了影响传播效果的关键因子。

从广告投放的第一天起，关于这个红底白字的话题便从早到晚在网络上从未间断，无数网友自主分享互相调侃，从而获得了病毒式的传播效果，摆脱了以往广告"自嗨"的尴尬，从而真正成为全城"群嗨"话题。

7.2　楼宇新媒体营销

7.2.1　案例引入

转转：利用楼宇新媒体带来用户

看多了此前洗脑式的广告"58 同城，一个神奇的网站"，在 2016 年春节前夕，由 58 同城 CEO 姚劲波亲自上阵，为旗下二手交易平台"转转"代言的楼宇广告，让人眼前一亮。

在广告片中，CEO 姚劲波身穿 58 标志的橙色服装，化身"暖男"，靠手指一转，轻松地把闲置在家的手机电脑、家电家具及儿童玩具都"转"成了实实在在的现金。图 7-7 所示为广告截图。

图 7-7　姚劲波代言"转转"广告截图

58 同城的这波楼宇广告，将品牌诉求附着到用户真实生活场景中，不但迎合了春节前辞旧迎新的寓意，而且也是国人添置新装备和处理闲置物品的高峰期。当"梦寐以求的 iPhone6s 刚拿到手，才用了一年的土豪金 iPhone6 怎么办"成为当时用户关心的问题，"转转"这样一个闲置物品交易平台的落地营销就显得格外及时，将受众的潜在问题成功引爆。

　　"转转APP"于2015年11月中旬上线，不同于一般的二手交易网站，"转转"与微信达成战略合作，其登录入口只开放给个人微信，用户登录后通过微信支付完成交易。通过微信好友关系链，让闲置商品在朋友圈里转起来。在"转转"上发布的商品，可以一键分享到朋友圈，吸引熟人来购买。用户也可以轻松发现朋友圈的好友在"转转"上的卖品，而不是在刷朋友圈的时候只想屏蔽对方。

　　据相关调查数据显示，楼宇受众中约92%的人群集中在20~45岁，一线城市月收入超过3000元的占89%。他们正是"转转"最主要的潜在客户。"转转"采用线上线下同时进行的推广策略，集中瞄准潜在客户。一方面，在一些知名电视栏目中以赞助的形式做线上推广；另一方面，在青年消费者群体较为集中的公寓及写字楼投放楼宇广告做线下推广，从而形成了立体组合与无缝传播。"转转"这样的组合投放方式可以在关键时间点，集中对目标群体产生合力，大大增强了营销效果。

　　从2016年1月11日开始，"转转"分别在分众楼宇TOP20的城市投放广告。采用楼宇大屏及互动小屏轮番播放的形式，对等候电梯的白领们进行"刷屏"。此轮广告推出两天后，"转转"在App Store（iOS）排行榜的排名就升到了生活类APP的第13位，再结合春节期间，"转转"品牌此前积累的势能得以充分释放，可以说一炮而红。图7-8为"转转APP"楼宇广告场景。

图7-8　"转转"楼宇广告场景

　　正式上线两个月后，"转转"日活跃用户量就达到了100万，日订单量也过万。每周的新增用户和订单数量都持续保持着20%以上的增速，订单平均金额在500元。在分类信息的大平台上，58同城从信息分发切入交易，从58到家服务、瓜子二手车，到如今的"转转"发力二手商品交易，楼宇广告已成为其品牌落地推广的首选场景。

请根据上述案例资料进行分析：

1. 为什么说楼宇广告媒体成为了"转转"线下推广的首选？

2. 请结合案例分析楼宇新媒体营销有哪些传播特点？

7.2.2　相关知识

1. 楼宇新媒体的内涵

楼宇新媒体也就是在新媒体的概念下，围绕着楼宇展开的一系列的广告宣传活动。其中包括楼宇户外超大液晶电视、电梯等候区的楼宇液晶电视、电梯内部的框架广告等。

应用最广泛同时也最具代表性的就是楼宇液晶电视，其精确直达目标受众、成长迅猛、回报丰厚等"杀手锏"，紧随被誉为"第五媒体"的互联网和手机短信之后，荣登"第六媒体"宝座。

楼宇液晶电视是用液晶电视机在商业楼宇播放商业广告的新型媒体形态。多将 17 英寸多功能、高清晰、超薄液晶电视，安置于消费能力较高的白领聚集的甲级智能化办公楼宇，以及人流量密集的中高档知名商厦的电梯轿厢内或电梯等候厅按钮上方，每天近 80 次自动循环播放高品质的商业广告、各类娱乐信息和社会公益宣传片。

2. 楼宇新媒体营销的传播特点

任何一种新媒体的崛起都不是偶然的，楼宇电视能够在短时间内引起广告主的注意，证明它有相对于传统媒体独特的传播优势。

（1）强烈的社区终端渗透能力

楼宇广告的出现，使得商家的营销触角可以推进到目标消费群的居住区和工作区。事实上，楼宇电视等于在目标群的必经之处开设了一个"信息窗口"，将商品和品牌信息的传播活动"嵌入"了目标群的生活环境，商家精心变卖的信息直接展露给毫无戒心的消费受众，传播效果自然比传统媒体更为理想。

（2）目标精准定位

从某种意义上讲，楼宇电视可以理解为声画的画外广告媒体：两者都是从固定地点向流动的受众展示信息；对位置的独占都有排他性；都具有很强的地域选择性。户外广告和楼宇电视的不同之处在于：传统户外媒体传播环境复杂，干扰信息繁多，影响了受众接受；户外广告的流动受众成分相对混杂；楼宇电视受众会在同一地点反复接受同一信息，而户外媒体受众对信息的重复接受相对较少。

楼宇电视接收设备因所在楼盘经营物业的不同会有差异，按照物业性质分类，一定的楼盘总是连接了具有一定共性的消费群体，通过对楼盘信息的考察就可以对其背后的消费群体进行详尽的描述，在此基础上完全能够实现对目标受众的精确划分，这样信息传播也就有了其他媒体难以比拟的分众性。

（3）信息接收的强制性

虽然楼宇电视也播放商业广告以外的节目内容（通常是一些天气预报、影视娱乐、体育比赛的简短信息等），但是由于这些所谓的节目在制作上比较初级，每个节目时间极短，内容也不具完整性，因此楼宇电视不应该属于内容性广告载体，既然不是依靠提供内容来吸引受众阅读广告的媒体，那么受众就不可能像阅读报纸一样随意选读喜欢的版面、跳过不喜欢的内容，也不能像电视观众那样随意更换频道，一旦受众进入楼宇电视的辐射范围，只能选择看还是有意识地抵制不看。

（4）受众的支付能力强

楼宇电视瞄准的是中高端受众，他们是当下社会的主流消费群体，一般从事比较体面的工作，拥有相对稳定和中等偏上的收入且家庭负担较小，大多数处于青年的年龄阶段，其中不乏事业有成的社会精英；他们思想观念比较开放，追求更高层次、更高品质的生活，愿意尝试新事物，有较好的品牌消费意识；与老年消费者不同，他们还有没强烈的储蓄观念和危机意识，对消费者欲望的约束不是特别严格，由于社会交往和家庭生活的需要，每月的消费支出将占去很大比例。而这样的消费群体正是商家所追逐的目标，在他们身上广告信息传播也更容易产生积极的效果。

（5）广告信息传播的排他性

楼宇电视是一种稀缺的媒体资源，对位置有很强的垄断性，一旦传播网络覆盖了某个楼宇，那么就不会再有其他同类媒体出现在同一个位置，这就决定了楼宇电视传播的广告信息具有排他性，几乎没有同类竞争性信息的干扰，因而受众比较容易接受广告内容。

（6）低廉的传播成本

楼宇电视是新型的分众媒体，它的受众群不是包括所有阶层的普通大众，如果将地区所有受众考虑在内，那么它的成本优势不是十分明显，但是从商家所需要的特定的目标受众进行传播的层面考察，楼宇电视相比传统媒体还是有很大优势的。有关调查显示，按照日收视人群 588 960 人次计算，楼宇电视相当于每天达到 4%～5% 的收视率的电视节目广告效应，其普通受众的 CPM（千人成本）约为 50 元，与电视基本一致；对于月收入超过 3 000 元的受众群而言，其千人成本仅为传统电视的 1/3；对于月收入超过 5 000 元的受众，其千人成本仅仅是电视的 1/7，且随着学历的增高、收入的增多，楼宇电视与传统媒体的广告成本差距会进一步拉大。

3. 楼宇新媒体营销技巧

进行楼宇新媒体营销时可根据其传播特点去策划适合所做活动的营销策划方案。相应的，楼宇新媒体营销也有其营销技巧。

（1）有效把握受众，降低媒体浪费

了解目标受众是营销的关键，因此，在利用楼宇进行营销活动前必须先了解楼宇新媒体受众的特点，这些受众的特点主要表现在以下几个方面。

① 年龄主要介于 20～50 岁。

② 以中高阶层为主，包括社会中坚力量、知名人士、政府官员、民营企业主、高校学生等。

③ 传播链中的意见领袖，具有对社会大众的感召力和影响力。

④ 是时尚潮流的引导者/时尚产品的追逐者。

⑤ 乐于接近和易于接受新鲜事物。

楼宇新媒体虽然属于小众传播媒体，但却是营销传播媒体组合中非常重要的一种类型。人们在等候时，没有其他信息的干扰，又处于无聊的状态，这时对广告接受程度是最高的。另外，在现代这种信息爆炸的时代，高频次的广告出现，是增加品牌记忆的最有效手段。据调查，办公室楼宇中高达 90% 的人对这种液晶电视广告的形式有好感，与传统报纸、电视媒体等相比，楼宇广告的品牌回忆率最高。

（2）科学把握广告的投放周期及特点

科学把握楼宇广告的投放周期及其特点，可以实现事半功倍的传播效果。例如，5 秒时间，适合投放促销信息，5 秒高频广告多次播放，可以增加消费者的购买行为；15 秒时间，适合推广具体的产品，能够促进更多的消费者重新激活对该产品原有的记忆，从而起到品牌提醒的作用；30 秒时间，适合做品牌广告，30 秒的片场可以将产品阐述得更清晰，将品牌的核心概念植入到消费者的心中，达到品牌忠诚度的最高追求。

（3）加强对楼宇电视广告的投放周期把握

学科把握楼宇电视广告的投放周期，往往可以起到更好的传播效果。目前来说，根据播放时长可以将楼宇电视广告分为 5 秒、15 秒及 30 秒三种形式，不同时长的楼宇广告有不同的投放策略，具体内容如表 7-1 所示。

表 7-1　投放时间策略表

时长	投放策略
5 秒	适合投放促销信息，5 秒高频广告多次播放，而促销广告可以增加消费者的购买行为
15 秒	适合推广具体的产品，能触及更多的消费者重新激活对该产品的原有记忆，起到品牌提醒的作用
30 秒	适合做品牌广告，30 秒的播放，可以将品牌阐述得更加完整清晰，将品牌的核心概念植入到消费者的心中，达到品牌忠诚的最高追求

7.2.3　案例分析

1. 传统的地推模式人力成本高、效率低，案例中的"转转"则通过楼宇媒体轻松锁定目标用户群体。在目标群体较为集中的公寓和写字楼轮番投放广告，再结合广告发布时间点，对目标群体产生合力，大大增强了营销效果。

楼宇受众中约 92% 的人群集中在 20～45 岁，一线城市月收入超过 3000 元的占 89%。他们有较高的收入，工作节奏较快，是消费的主要群体，也是"转转"最主要的潜在客户，因此在楼宇投放广告是最合适的。

2. 楼宇新媒体营销的传播特点主要表现在以下六方面。

（1）强烈的社区终端渗透能力

58 同城将"转转"广告投放到公寓和写字楼中，可以让商家的广告信息直达目标用户的居住区和工作区，从而取得良好的传播效果。楼宇电视相当于在目标群的必经之处开设了一个"信息窗口"，将商品和品牌信息的传播活动"嵌入"到目标人群的生活环境中，使得商家宣传推广的信息可以直接推送给受众，传播效果自然比传统媒体更为理想。

（2）目标定位更加精准

从某种意义上讲，楼宇电视可以理解为有声画的户外广告媒体。楼宇电视一般固定在某个地点，具有很强的地域选择性，楼宇电视受众会在同一地点反复接受同一信息，"转转"将广告投放在目标群体较为集中的公寓及写字楼，可以集中地营销目标群体，获得较好的营销效果。

（3）信息接收的强制性

虽然楼宇电视也会播放商业广告之外的节目（如天气预报、影视娱乐、体育比赛等信息），但由于这类节目在制作上比较初级，时间较短，内容不完整，因此楼宇电视并不属于内容性广告载体，受众不可能像阅读报纸一样可以随意选读自己喜欢的版面，跳过不喜欢的内容，也不像电视媒体，观众可以随意更换频道，楼宇媒体受众一旦进入楼宇电视的传播范围，只能选择看或者不看，信息接收具有强制性。"转转"就是以这种方式进行推广。

（4）受众的支付能力强

楼宇电视瞄准的是中高端受众，他们是当下社会主要消费群体，从事着比较体面的工作，拥有相对稳定且中等偏上的收入，大多数处于青年阶段，其中不乏事业有成的社会精英。"转转"的目标用户正是这一群人，他们思想比较开放，追求高层次、高品质的生活，愿意尝试新事物，有较好的品牌消费意识。这样的消费群体正是"转转"所追逐的目标，广告信息传播也更容易产生积极效果。

（5）广告信息的排他性

楼宇电视媒体属于一种稀缺的媒体资源，对广告位置有很强的垄断性，一旦传播网络覆盖了某个楼宇，便不会再有其他同类媒体出现在同一位置，这就决定了楼宇电视传播的广告信息具有排他性，几乎没有同类竞争性信息的干扰，受众更容易接受广告内容。"转转"也就是利用这一特点轮番播放广告。

（6）低廉的宣传成本

楼宇电视作为分众媒体之一，它的受众群体并不包括所有阶层的消费者，如果将地区所有受众考虑在内，它的传播优势并不是十分明显，但是从商家对目标受众传播的层面进行考察，楼宇电视的传播优势则非常明显。

7.3　移动车载新媒体营销

7.3.1　案例引入

米老头移动车载新媒体投放案例

技术进步带动了新媒体的繁荣，以移动电视为代表的新媒体已经成为城市中信息的传播通道，渗透到生活、工作的各个领域。新媒体的发展不仅装点了城市、传递了信息，也逐步成为企业展示产品、营销推广的舞台，为品牌走近消费者、与消费者建立密切的沟通提供了机会。随着新媒体的传播价值逐渐被认可和重视，已有越来越多的企业打破旧有的传播模式，转而关注新媒体投放，并取得了良好的市场回报。

四川米老头集团就是一家敢于尝试和勇于创新的公司，它借助新媒体开展营销并创造了丰厚的经济效益。公司率先尝试应用公交移动电视投放来做广告宣传。除电视广告投放外，自 2011 年，米老头经过尝试投放，最终确定以城市生活圈中与目标人群接触最为普遍的、沟通时间最长的媒体——公交与地铁移动电视作为最新的品牌传播渠道，在时间段、观众结构上与电视实现互补，提高传播深度。

CTR 公交收视基础调查数据库调查数据显示，如图 7-9 所示，公交移动电视受众广泛，在城市中受众规模接近于电视，受众以城市上班族为主，年轻人群较多。同时，公交移动电视在上下班高峰时段的传播恰好弥补了电视在白天时段传播弱势的不足，两种媒体的组合投放实现了针对目标人群的高频推送，进而有效提高了品牌在消费者心中的影响力，统计分析如图 7-10 所示。

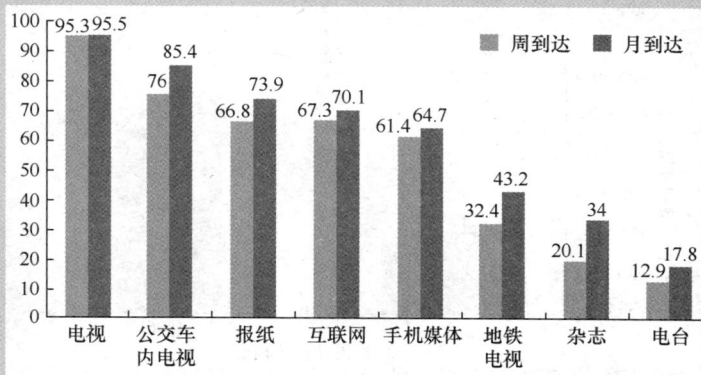

图 7-9　城市居民日常媒体接触习惯

从米老头应用公交电视投放的地区销量表现来看，公交移动电视的传播效果得到了印证。无论是公交移动电视还是地铁移动电视，累计广告投放频次越高，带来的经济效益就越大，如图7-11所示。米老头集团总裁杨林广在总结米老头取得的成绩时表示，"大力推进营销转型，强化区域精细化运作"，改变"原有的单一电视媒体"为电视

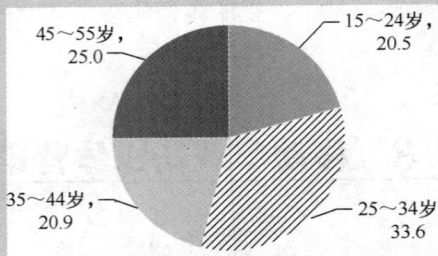

图7-10　公交人口受众结构

和公交地铁媒体联动的模式是其销量快速提升的重要原因之一。在营销战略上，杨林广总裁表示，"合作初期，我们选择成都为试点区域，采取高频次的硬广投入，有效呼应卫视广告，强化了与区域KA（Key Account，关键客户）活动的联动，到2012年3月进行评测时，产品销量增幅、市场份额占有率提升、品牌知名度提升远超预期。

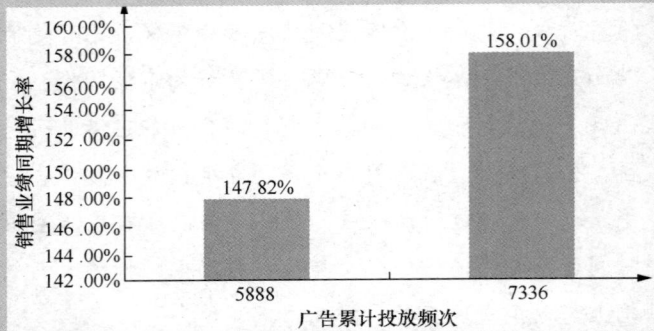

图7-11　2012年公交媒体广告投放情况和销售业绩

公司半年度经营报告数据显示，2012年1月至6月，集团公司实现销售同比增长27%，其中公交地铁广告投放城市实现销售同比增长约50%。这应该是在2012年国家经济增速大幅下滑的宏观环境下，休闲食品行业最亮丽的一份业绩报表了，统计数据如图7-12所示。

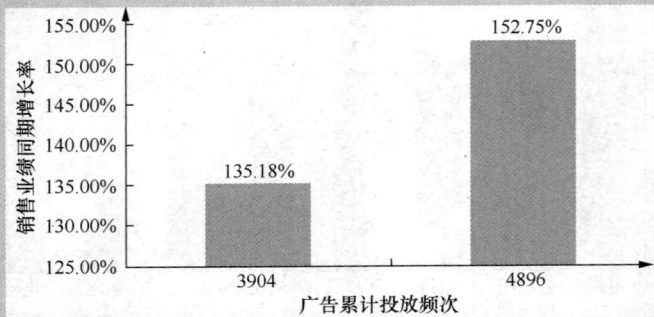

图7-12　2012年地铁媒体广告投放情况销售业绩数据

米老头的案例表明，融入消费者乘车时间的公交移动电视传播是对受众品牌认知和印象提升的有益提示，且交通工具本身的载体特性使得移动电视的传播更贴近购买时刻，因而对销量提升有显著作用。米老头的传播模式和销售业绩已经有效地证明了这一点，2012 年米老头在公交移动电视的深耕发展，将有望支持其销售业绩更上一层楼。"

思考：

请根据所给案例信息分析米老头投放广告后业绩增长的原因有哪些？

7.3.2　相关知识

1. 移动车载新媒体的内涵

移动车载新媒体是指利用数字广播电视地面传输技术播出的信息，以满足流动人群的试听需求为主的新型媒体。因为它的接收终端主要安装在汽车、电车、火车、地铁、飞船、船舶等各类交通工具上，故又被称为交通媒体。

交通传媒是以出租车、公交车等为载体，以车内数字 LED 为媒体工具播放的一种新型传媒方式。车载传媒通过新颖的造型、醒目的视觉效果和快速的传播速度，让商家和企业的产品迅速打开并占领了市场，得到了广大客户的认可和赞许，赢得了众多企业的青睐。

2. 移动车载新媒体的传播特点

移动车载新媒体在日常生活中的应用越来越广泛，它之所以能够受到众多企业的青睐，就是因为它具有传播效果好、到达率高、费用低廉等特点。

（1）覆盖广泛

现代社会出租车、公交车已经成为人们日常出行中非常重要的交通工具，遍布在城市各个角落，多出入高密度人群区域。同样，公交车也有固定的运营路线，通过线路的重合交叉、互相补充，保证人们到达城市的每一个区域，这种地毯式覆盖的优势和特点，在传媒行业中呈现出了绝对的优势。车载传媒每天的受众人群数量惊人，几乎可以覆盖社会主流的消费群体，由此带来的广告效益和回报是巨大的。

（2）到达率高

移动车载新媒体的传播到达率很高，所以宣传效果非常好。根据专业公司的调查和统计，车载传媒的广告认知率为 54%，信息传达的准确率达到 72%，与报纸杂志、广播电视等传统媒体相比，属于高到达媒体。

（3）针对性强

移动车载新媒体的针对性很强，能使受众记忆深刻。由于媒体新颖，所以很多人只看一遍就能记住。

（4）强制性高，重复率高

车辆在行驶过程中会遇到堵车、等红灯等状况，所以鲜亮夺目的 LED 显示屏，无论是对司机、乘客还是对道路两旁的行人来说，无疑都是最吸引人眼球的。再加上全天 24 小时不断重复，每月每辆车有近 600 小时的有效宣传时间，这在受众视线无法回避的同时，还有效突显了广告商的品牌形象和营销诉求。

3. 移动车载新媒体的营销优势

越来越多的企业选择在车载视频媒体机上发布广告，主要是由于车载新媒体营销具有以下几方面优势。

（1）唯一可移动的户外媒体

与其他户外媒体相比，车载广告的传播方式是主动地出现在乘客的视野中，在传播方式上最为积极、主动；长时间广告环境全封闭，无干扰，到达率高。因此，车载媒体视频广告能在各种广告媒介载体中脱颖而出，得到更多的关注。

（2）展示时间长

车载广告的发布可以 24 小时展示在受众眼前，保证广告的长期效果，色彩艳丽、醒目的画面，容易吸引受众注意；受众可以在舒适的较长闲暇时间和独立空间内在听觉、视觉上强制接受这些广告信息。

（3）适合各类商家的产品发布

适合所有行业发布广告信息，其中有食品、饮料、酒类、保健品、化妆品、日用品、家电、药品、房地产、金融证券、银行保险、家具建材、服装服饰、办公用品、生活服务、教育培训和公益广告等。

（4）可信任度高

正规车行的出租车是广大市民出行的主要交通工具之一，为广大市民的交通出行带来了极大的方便，这在无形中便增加了公众对出租车的亲切感，同样依附于出租车里的广告自然容易得到广大市民的认可。

7.3.3 案例分析

案例中米老头公司在公交与地铁上进行了广告投放，并实现了销售业绩的增长，业绩增长的原因主要以下几点。

（1）广告覆盖广泛

公交移动电视受众广泛，在城市中受众规模很大，且受众以城市上班族为主，上下班高峰都会看到米老头的广告，这弥补了电视广告在白天时段传播不足的弱势，通过这两种媒体的组合投放实现了对目标人群的高频推送，有效提高了品牌在消费者心中的影响力。

（2）广告强制性高

公交与地铁上的移动电视广告在乘客乘车过程中无疑是吸引眼球的，所以无意间也会给乘客留下深刻的印象，再加上广告的重复率很高，所以米老头的广告给受众人群留下了深刻的印象。

（3）广告展示时间长

公交与地铁的广告可以长时间展示在目标群体面前，在车辆行驶过程中受众可以在舒适的较长闲暇时间和独立空间内在听觉、视觉上强制接受。

（4）广告的可信任度高

公交、地铁已经成为人们日常出行的主要交通工具，同时深受人们的信任，所以在公交、地铁的广告投放更能得到大家的认可。

米老头将广告融入消费者乘车时间的公交移动电视传播是对受众品牌认知和印象提升的有益提示，且交通工具本身的载体特性使得移动电视的传播更贴近购买时刻，因而对销量提升有显著作用。

7.4　课后习题

一、选择题

1. 下列选项中，哪些属于户外新媒体所具有的价值？（　　）

    A. 提升广告传播效果　　　　　　　　B. 节约广告成本

    C. 推动户外广告创新发展　　　　　　D. 提高用户的参与度

2. 以下选项中，属于楼宇新媒体营销传播特点的是（　　）。

    A. 强烈的社区终端渗透能力　　　　　B. 信息接受的强制性

    C. 低廉的传播成本　　　　　　　　　D. 受众支付能力强

3. 下列选项中，关于移动车载新媒体营销优势的说法中正确是（　　）。

    A. 唯一的可移动的户外新媒体形式　　B. 展示时间长

    C. 适合各类商家的产品发布　　　　　D. 可信任度高

4. 下列选项中，关于对楼宇新媒体广告投放策略的说法中正确的是（　　）。

    A. 5 秒钟广告，可投放促销广告信息

    B. 15 秒钟广告，适合推广具体产品

    C. 30 秒钟广告，适合做品牌广告

    D. 60 秒钟广告，适合投放大型活动广告

5. 以下选项中，属于当前较为流行的户外新媒体的是（　　）。

    A. 户外 LED   B. 路牌广告

    C. 移动车载新媒体   D. 楼宇新媒体

二、判断题

1. 户外 LED 在生活中应用广泛，据实际传播数据显示，户外媒体的到达率目前仅次于电视媒体，位居第二。（　　）

2. 楼宇新媒体主要在楼宇间进行展示，其实质与过去传统户外广告形式并无很大差别。（　　）

3. 楼宇电视瞄准消费能力强的高端消费者，因而在楼宇新媒体播放广告时可以选择中高端的商品。（　　）

4. 目前来说，对于 15 秒钟的楼宇电视广告，非常适合投放品牌广告。（　　）

5. 与其他户外媒体相比，车载广告是唯一以移动方式出现在乘客视野中的广告。（　　）